REGIONALIZAÇÃO NO ÂMBITO
DA GESTÃO AUTÁRQUICA

JOSÉ ANTÓNIO ROCHA

REGIONALIZAÇÃO NO ÂMBITO DA GESTÃO AUTÁRQUICA

ALMEDINA
1955-2005

REGIONALIZAÇÃO NO ÂMBITO DA GESTÃO AUTÁRQUICA

AUTOR
JOSÉ ANTÓNIO ROCHA
jarocha@sapo.pt

EDITOR
EDIÇÕES ALMEDINA, SA
Rua da Estrela, n.º 6
3000-161 Coimbra
Telef.: 239 851 904
Fax: 239 851 901
www.almedina.net
editora@almedina.net

EXECUÇÃO GRÁFICA
CLÁUDIA MAIROS
Email: claudia_mairos@yahoo.com

IMPRESSÃO
G.C. - GRAFICA DE COIMBRA, LDA.
PALHEIRA - ASSAFRAGE
3001-453 COIMBRA
Email: producao@graficadecoimbra.pt

Julho, 2005

DEPÓSITO LEGAL
229515/05

Toda a reprodução desta obra, por fotocópia ou outro qualquer processo,
sem prévia autorização escrita do Editor,
é ilícita e passível de procedimento judicial contra o infractor.

PREFÁCIO

A discussão sobre a necessidade de institucionalização, no ordenamento jurídico português, de Regiões Administrativas como um nível indispensável para uma correcta Administração do território, pareceria, no momento actual, desenquadrada e inoportuna.

Com efeito, não se tendo procedido, em concreto, à instituição deste tipo de autarquia local, dado a *"consulta directa, de alcance nacional e relativa a cada área regional"* realizada, para o efeito, no dia 8 de Novembro de 1998 não ter obtido o voto favorável expresso da maioria dos cidadãos eleitores, poderia pensar-se estar esta via definitivamente afastada, ideia que parece reforçada pelas mais recentes alterações legislativas em matéria de organização administrativa intermunicipal conducente à criação das grandes áreas metropolitanas e comunidades urbanas.

Contudo, não estando afastada a via da regionalização, dada a necessidade, nos termos da Constituição, da existência deste nível autárquico, a questão que importa colocar é a de saber se as vias alternativas que vêem sendo apontadas se revelam como a melhor opção, designadamente do ponto de vista do ordenamento e desenvolvimento do território e do cumprimento dos seus objectivos mais importantes — como a coesão territorial e social, a correcção das assimetrias regionais, a promoção e a valorização integrada das diversidades do território nacional, a coordenação e a concertação entre as várias entidades intervenientes no território —, ou se, pelo contrário, a regionalização tem ainda um papel importante a desempenhar no reforço da autonomia das autarquias locais e da descentralização administrativa e na resposta àquelas preocupações. Este é o núcleo central do texto que aqui se publica, da autoria do Mestre José

António da Costa Moreira da Rocha, que aproveita, para o efeito, entre outras, a sua qualidade de autarca.

Trata-se de um estudo teórico rigoroso, que procede a um levantamento exaustivo das várias dimensões do problema — a que não poderia faltar a vertente prática traduzida no caso de Castelo de Paiva —, que permite recolocar no mapa das preocupações actuais a regionalização administrativa.

Não duvidamos, por isso, da utilidade e oportunidade da sua publicação num momento, como o presente, em que se exige a concretização de passos importantes de reforma da Administração Pública.

Professora Doutora Maria Luís Pinto
(Universidade de Aveiro)

Mestre Fernanda Paula Oliveira
(Universidade de Coimbra)

NOTA PRÉVIA

O presente trabalho corresponde à dissertação de mestrado apresentada e discutida na Universidade de Aveiro em Janeiro de 2005, com a sua aprovação obtida por unanimidade do júri. As provas públicas tiveram lugar perante um júri constituído pelos Senhores Professores Doutores José Manuel Lopes da Silva Moreira, Professor Associado da Universidade de Aveiro, Fernando Alberto Baetas de Oliveira Ruivo, Professor Auxiliar da Faculdade de Economia da Universidade de Coimbra, Maria Luís Rocha Pinto, Professora Auxiliar da Universidade de Aveiro e Mestre Fernanda Paula Marques de Oliveira, Assistente da Faculdade de Direito da Universidade de Coimbra.

Nesta nota é obrigatório referir e agradecer os valiosos contributos recebidos durante a elaboração deste trabalho.

Assim, quero deixar aqui o meu reconhecimento:

- À Doutora Maria Luís Rocha Pinto que de forma sábia e empenhada me orientou;

- À Mestre Fernanda Paula Marques de Oliveira pela disponibilidade e pelo entusiasmo com que colaborou na orientação;

- Ao Dr. António Martins pela pertinência das suas observações na fase final da elaboração deste trabalho.

O meu reconhecimento vai também para a minha família, em especial para o meu filho José Luís e para a minha esposa Maria Inês, a quem prometo dedicar mais tempo de ora em diante.

Castelo de Paiva, 25 de Abril de 2005

José António Rocha

ÍNDICE

ÍNDICE DE FIGURAS (MAPAS E QUADROS) 13

SIGLAS USADAS 15

INTRODUÇÃO 21

    Justificação da Opção de Estudo 21

CAPÍTULO I
CONTEXTUALIZAÇÃO
E FORMULAÇÃO DO PROBLEMA 35

    1.1. Formulação do Problema 35
        1.1.1. Pressupostos Subjacentes à Definição do Problema 51
        1.1.2. Globalização e Regionalização 54
        1.1.3. Centralização, Descentralização, Região
            e Regionalização 61
        1.1.4. Administração Central versus Administração
            Local Autárquica 69
        1.1.5. Portugal como Estado unitário 74
    1.2. Objectivos a Atingir 77

1.3. Breves Considerações Relativas à Metodologia 80
1.3.1. Metodologia, método e técnicas 81
1.4. A escolha de Castelo de Paiva para análise de trabalho 84

CAPÍTULO II
HISTÓRIA DA ADMINISTRAÇÃO SUPRAMUNICIPAL 87

Introdução 87

2.1. Da Administração directa do Estado à Administração
     indirecta e autónoma 95
2.2. A importância dos "concelhos" 99
2.3. Evolução histórica da administração supramunicipal 103
2.4. Conclusão 115

CAPÍTULO III
ESTUDO COMPARADO 117

3.1. Introdução 117
3.2. O Caso de Espanha 122
   3.2.1. Introdução 122
   3.2.2. Atribuições e competências das Comunidades
          Autónomas 130
   3.2.3. Autonomia Política 133
   3.2.4. Autonomia Financeira 136
   3.2.5. Breve caracterização das Comunidades 142
3.3. O Caso de Itália 146
   3.3.1. Introdução 146
   3.3.2. As regiões 150
   3.3.3. Os Órgãos regionais 152
   3.3.4. As Competências 154
   3.3.5. Finanças Regionais 158
3.4. O Caso de França 163
   3.4.1. Introdução 163

3.4.2. Le Préfet 170
3.4.3. Delegação do Ordenamento do Território e da
       Acção Regional(Délégation a L'aménagement
       du Territoire et a L'action Régionale) (DATAR) 173
3.4.4. As reformas de 1982 - 1986 180
3.4.5. As regiões de hoje 184
3.4.6. Caracterização das regiões 186
3.4.7. As actuais competências das regiões Francesas
       e os recursos financeiros 189
3.4.8. Os órgãos das regiões 192

CAPÍTULO IV
AS REGIÕES ADMINISTRATIVAS DEPOIS DA CONSTITUIÇÃO
DA REPÚBLICA PORTUGUESA DE 1976 195

4.1. Introdução 195
4.2. Desenvolvimento Regional, Estruturas Administrativas
     e Planeamento Regional 196
4.3. Consagração na CRP das regiões administrativas como
     autarquias locais 205
  4.3.1 Que atribuições? 210
    4.3.1.1. Princípio da Subsidiariedade 213
    4.3.1.2. Princípio da igualdade 217
    4.3.1.3. Princípio da solidariedade 219
    4.3.1.4. Princípio da parceria 219
  4.3.2. Atribuições e competências das regiões
         administrativas 220
  4.3.3. Os órgãos das regiões 226
  4.3.4. As competências dos órgãos 226
  4.3.5. As Finanças regionais 233
4.4. Síntese das iniciativas regionalizantes 242
4.5. Argumentos a Favor e Contra a Regionalização 247

CAPÍTULO V
A QUESTÃO DA DIVISÃO TERRITORIAL 255

Introdução 255

5.1. O Modelo de regionalização proposto em 1998 256
5.2. Outros modelos de regionalização 265
5.3. As Áreas Metropolitanas e as Regiões Administrativas 274
5.4. O Novo Regime de Criação das Áreas Metropolitanas
   e das Comunidades Intermunicipais 281
5.5 Castelo de Paiva, e o seu enquadramento administrativo 292
   5.5.1. Introdução 292
   5.5.2. Castelo de Paiva e o mapa da regionalização 295
   5.5.3. Castelo de Paiva e a Administração periférica do Estado 296
   5.5.4. Comunidade Urbana do Vale do Sousa 304

CONCLUSÕES 307

BIBLIOGRAFIA 315

ANEXOS 331

ÍNDICE DE FIGURAS
(MAPAS E QUADROS)

Figura 1 - cartograma de índice de poder de compra (prasd) 39

Figura 2 - quadro comparativo da despesa pública
(adm. central/adm. local) 41

Figura 3 - quadro com o número de funcionários públicos
por sector 70

Figura 4 - quadro com as unidades administrativas de Portugal
no final séc. XVIII 91

Figura 5 - quadro com alguns indicadores sobre as Comunidades
Autónomas de Espanha 143

Figura 6 - mapa com a densidade populacional das províncias de
Espanha 144

Figura 7 - quadro com a evolução do PIB per capita das Comunidades
face à média da União Europeia 145

Figura 8 - mapa com os territórios das Comunidades Autónomas
de Espanha 146

Figura 9 - quadro com a densidade populacional das regiões de Itália .. 161

Figura 10 - mapa dos territórios das regiões de Itália 162

Figura 11 - quadro com o número de departamentos e densidade populacional das regiões francesas 187

Figura 12 - quadro com a população das regiões francesas e a sua evolução 188

Figura 13 - mapa com os territórios das regiões francesas 193

Figura 14 - mapa de Portugal e as respectivas CCR 203

Figura 15 - quadro com a distribuição da aplicação da derrama pelos municípios 239

Figura 16 - mapa com as regiões do referendo de 1998 263

Figura 17 - mapa do distrito de Aveiro 297

Figura 18 - representação da NUTS II Norte e respectivas 8 NUTS de nível III 298

Figura 19 - agrupamento de zonas agrárias, Sousa e Ribadouro 300

Figura 20 - representação da NUTS III Tâmega e respectivos municípios 301

Figura 21 - mapa da Região de Turismo da Rota da Luz 302

Figura 22 - quadro com dados populacionais do Vale do Sousa 305

Figura 23 - representação da Comunidade do Vale do Sousa no âmbito da CCRN 306

SIGLAS USADAS

AM –	Área Metropolitana
AMAL –	Associação de Municípios do Algarve
AML –	Área Metropolitana de Lisboa
AMP –	Área Metropolitana do Porto
ANMP –	Associação Nacional dos Municípios Portugueses
CEE –	Comunidade Económica Europeia
CCR –	Comissão de Coordenação Regional
CCRN –	Comissão de Coordenação Regional do Norte
CDS –	Centro Democrático Social
ComUrb –	Comunidade Urbana
CPR –	Comissão de Planeamento Regional
CRP –	Constituição da República Portuguesa
DATAR –	Délégation a L'aménagement du Territoire et a L'action Régionale
DGAP –	Direcção Geral da Administração Pública
DGARL –	Direcção Geral da Administração Regional e Local
DGCI –	Direcção Geral dos Impostos
DL –	Decreto-Lei
EPR –	Établissements Publics Régionaux
EUA –	Estados Unidos da América
FEDER –	Fundo Europeu de Desenvolvimento Regional
FEOGA –	Fundo Europeu de Orientação e Garantia Agrícola
FSE –	Fundo Social Europeu
GAT –	Gabinete de Apoio Técnico
IDUAL –	Instituto de Direito do Urbanismo e do Ambiente, Lda

IED –	Instituto de Estudos para o Desenvolvimento
INA –	Instituto Nacional de Administração
INE –	Instituto Nacional de Estatística
INCM –	Imprensa Nacional Casa da Moeda
IP –	Itinerário Principal
IPC –	Índice de Poder de Compra
ISCSP –	Instituto Superior de Ciências Sociais e Políticas
JN –	Jornal de Notícias
LOADDT –	Loi d'Orientation pour l'Aménagement et le Développement Durable du Territoire
LOFCA –	Lei Orgânica de Financiamento das Comunidades Autónomas (Espanha)
LQRA –	Lei Quadro das Regiões Administrativas
MAI –	Ministério da Administração Interna
MDP –	Movimento Democrático Português
MEPAT –	Ministério do Equipamento, do Planeamento e da Administração do Território
MPAT –	Ministério do Planeamento e da Administração do Território
MREAP –	Ministério da Reforma do Estado e da Administração Pública
NUT –	Nomenclatura de Unidade Estatística Territorial Para Fins Estatísticos
OCDE –	Organização de Cooperação e Desenvolvimento Económico
OE –	Orçamento do Estado
PCP –	Partido Comunista Português
PIDDAC –	Plano Investimento Desenvolvimento da Administração Central
PPM –	Partido Popular Monárquico
PRASD –	Programa de Recuperação de Áreas e Sectores Deprimidos
PRD –	Partido Democrático Renovador
PS –	Partido Socialista
PSD –	Partido Social Democrata
QCA –	Quadro Comunitário de Apoio
RAN –	Reserva Agrícola Nacional

SEARL –   Secretaria de Estado da Administração Regional e Local
SEPDR –   Secretaria de Estado do Planeamento e Desenvolvimento Regional
UE –   União Europeia

"A regionalização do continente de Portugal é um daqueles temas que regressa ciclicamente ao debate político e cientifico e que, mesmo quando parece ausente, permanece como uma das questões importantes que se colocam ao regime democrático."

Luís Sá (1989: em contra capa),
REGIÕES ADMINISTRATIVAS – O PODER LOCAL QUE FALTA

"É assim que na centralização os problemas do Minho ou do Algarve são decididos em Lisboa pelos órgãos nacionais do país; na desconcentração esses problemas são resolvidos "In loco" mas por pessoas nomeadas por Lisboa independentemente das decisões de Lisboa; na descentralização, enfim, os mesmos problemas são decididos "In loco" e por pessoas eleitas para o efeito pelos minhotos ou pelos algarvios, sem dependência de ordens ou autorizações de Lisboa. As diferenças - e as vantagens são evidentes."

(In *"LIVRO BRANCO SOBRE A REGIONALIZAÇÃO, 1981"*)

"A regionalização do território continental é uma pura ficção política. (...) Se for avante, a regionalização pode introduzir, a mais ou menos curto prazo, uma perigosíssima dinâmica de fragmentação do Estado."

Alfredo Barroso, (1998:8),
CONTRA A REGIONALIZAÇÃO

INTRODUÇÃO

Justificação da Opção de Estudo

A valorização dos *poderes locais* é um tema que está presente no debate do meio académico e entre actores sociais desde os anos 80. Uma onda de reformas com vista à descentralização do Estado instalou-se na Europa e em especial na Itália, França e Espanha.

MENY, em 1991, escrevia que *"rien n'a plus été étudié au cours de ces dernières années que l'évolution et les transformations des systèmes locaux au sein des sociétés occidentales"*[1]. Interesse que se mantém actualmente, tal é o número de encontros e seminários que se realizam em torno de temas como o poder local, governo local ou regional, território e administração, áreas metropolitanas, etc.

Para Rodríguez Álvarez, *"La gobernanza local, en general, y el gobierno urbano, en particular, se están convirtiendo en uno de los temas más abordados por los estudios politológicos en los últimos tiempos."*[2]

Se em alguns casos esta valorização, ou revalorização, do governo local está associada a transições democráticas, condicionadas por movi-

---

[1] MENY, Yves, em prefácio da obra de Luciano Vandelli: (1991), *Pouvoirs Locaux*, Paris: Economica.
[2] RODRíGUEZ ÁLVAREZ, José Manuel, "Presentación", in *GAPP - Gestión y Análisis de Políticas Públicas*, (2002), p. 3.

mentos sociais e forças políticas que associam descentralização com ampliação da cidadania, como ocorreu na Espanha, em outros casos, esta onda descentralizadora pode prender-se com uma certa "crise" do Estado e a sua moderna tendência em se retirar do "mercado" criando espaço para o surgimento de outros actores[3], entre os quais, sobressaem os governos locais, sejam como municípios ou como regiões.

Deste debate foram-se polarizando duas vertentes de opinião, cada uma com as suas análises: uma defendendo e evocando as virtualidades da descentralização e dos poderes locais, outra, pelo contrário, alertando para os perigos que ela significava.

O nosso interesse em realizar este trabalho advém da nossa preocupação com o funcionamento do poder local, motivada por um lado por formação académica e, por outro, pelo envolvimento, enquanto autarca[4], com estas realidades.

Estamos convencidos que, apesar da dinâmica do poder local, no nosso país actualmente reduzido quase só aos municípios, há determinados empreendimentos que são grandes para serem executados pelo município mas pequenos[5] para justificarem a intervenção do Governo via administração central.

O planeamento e a realização de diversas intervenções devem conformar-se ao território a uma escala regional,[6] o que significa que essas intervenções têm um âmbito supramunicipal.

---

[3] É necessário o reforço de um verdadeiro terceiro sector, independente do sector público e do sector privado e que pode acontecer pela contracção do Estado.

[4] Como eleito para Assembleia de Freguesia e Assembleia Municipal.

[5] Uma primeira aproximação ao princípio da subsidiariedade. Neste sentido cfr. AMARAL, Diogo Freitas (2002), *Curso de Direito Administrativo*, p. 532, quando diz que *"O legislador ordinário há-de, pois, confiar às regiões aqueles interesses públicos cujo **nível óptimo de decisão** não sejam nem o municipal nem o nacional, mas o de um escalão intermédio entre ambos – o escalão regional..."*. Este princípio, que está consagrado na Constituição, será, mais à frente, objecto da nossa atenção.

[6] *"Ao nível regional: o nível mais apropriado para prosseguir uma política de planeamento regional / espacial, coordenação entre as próprias autoridades regionais e as autoridades locais e nacionais assim como entre regiões de países vizinhos"*, in Carta de Torremolinos sobre Planeamento Regional.

A elaboração do Plano[7] Regional de Ordenamento do Território[8], o enquadramento de regras para a elaboração de planos municipais de ordenamento de território[9], a despoluição de um rio, a construção de sistemas intermunicipais de abastecimento de água ou de esgotos, a criação, gestão e manutenção de parques naturais regionais, tratamento de resíduos sólidos, a planificação de vias de comunicação regionais, a escolha na concessão de incentivos, a gestão de fundos comunitários destinados ao desenvolvimento regional[10], a promoção das potencialidades da região, o apoio técnico aos municípios, transportes, formação profissional, entre muitas outras, são exemplos de áreas de actuação em que as Regiões Administrativas desempenhariam, certamente, com elevados níveis de eficácia e eficiência, as suas competências.

---

[7] Os planos regionais de ordenamento do território definem a estratégia regional de desenvolvimento territorial, integrando as opções estabelecidas a nível nacional e considerando as estratégias municipais de desenvolvimento local, constituindo o quadro de referência para a elaboração dos planos municipais de ordenamento do território, cfr. N.º 1 do artigo 51.º do DL n.º 380/99, de 22 de Setembro.

[8] A noção jurídico-administrativa de ordenamento do território nasceu em França, em 1950, através de uma comunicação do Ministro CLAUDIUS PETIT, intitulada " Pour un plain national d`aménagement du territoire", segundo o qual *"o ordenamento do território é a procura, no quadro geográfico da França, de uma melhor repartição dos homens em função dos recursos naturais e das actividades económicas."* Cfr. AMARAL, Diogo Freitas, "Ordenamento do Território, Urbanismo e Ambiente: Objecto, Autonomia e Distinções" in *Revista Jurídica do Urbanismo e do Ambiente*, (1994), p. 13.

[9] Os planos municipais de ordenamento do território estabelecem o regime de uso do solo, definindo modelos de evolução previsível da ocupação humana e da organização de redes e sistemas urbanos e, na escala adequada, parâmetros de aproveitamento do solo e de garantia da qualidade ambiental, cfr. N.º 2 do artigo 69.º do DL n.º 380/99, de 22 de Setembro.

[10] Desenvolvimento só por si já tem uma componente espacial. Assim, falar de desenvolvimento será falar de desenvolvimento regional, não há desenvolvimento se não houver desenvolvimento regional, cfr. LOPES, A. Simões, "Regionalização e Desenvolvimento", in *Regionalização e Desenvolvimento*, (1996), p.127.

"Criar um modelo de Administração Pública ao serviço do desenvolvimento harmonioso do país, das necessidades da sociedade em geral e dos cidadãos e agentes económicos em particular tem sido uma das preocupações permanentes da modernização administrativa,..."[11].

Conceitos como, modernização administrativa, eficácia, eficiência, qualidade nos serviços públicos, desburocratização, simplificação de processos, direito à informação, carta deontológica do serviço público, regionalização, descentralização e desconcentração administrativa, missão da administração pública, novas tecnologias de informação, têm sido nos últimos anos explorados para mudar o rosto, o desempenho e a postura da administração pública. Alguns destes conceitos serão por nós explorados ao longo deste trabalho.

Conscientes da importância que a Administração Pública tem, seja pelo número de funcionários que envolve, seja pelas verbas que movimenta, enfim, uma organização que influencia toda a nossa economia, justifica-se toda a atenção que lhe têm prestado quer o Governo, quer a sociedade civil, políticos e académicos. O peso da Administrações Públicas dos países da União Europeia é de tal ordem que absorvem cerca de 50% do Produto Interno Bruto e empregam quase 20% da população activa.

Em Portugal estas preocupações foram ao ponto de, já na década de 60, existir um Secretariado da Reforma Administrativa. Diz-nos Mesquita Gonçalves que *"na execução do Plano Intercalar de Fomento (1965-1967) e na preparação do III Plano de Fomento (1968-1973), sentiu-se a necessidade do que se chamou Reforma Administrativa."*[12] Foi no seio de um dos grupos de trabalho formados no âmbito destes planos de fomento (o Grupo de Trabalho 14), que nasceu a ideia da criação do referido

---

[11] Preâmbulo do Decreto-Lei n.º 135/99, de 22 de Abril, diploma que estabelece medidas de modernização administrativa.

[12] GONÇALVES, Júlio Dá Mesquita "A Reforma Administrativa em Portugal: Os Primórdios, a Teoria, a Panorâmica e a Finalidade", in *Reformar a Administração Pública: Um Imperativo*, (1999), p. 32.

Secretariado[13]. Para este Professor, *"a Reforma Administrativa em Portugal, "..." nasceu do processo de planeamento económico e social,..."*[14].

No 2.º Governo Constitucional surge, pela primeira vez, um Ministério da Reforma Administrativa. É justo reconhecer, então, que esta atenção sobre a Administração Pública ganha especial relevo a partir da segunda metade da década de oitenta.

Importa desde já invocar que o conceito tradicional de Administração Pública[15] comporta duas concepções. Por um lado temos o conjunto dos órgãos, com os respectivos poderes de autoridade pública - a concepção orgânica de Administração Pública.

"A Administração Pública em sentido orgânico é constituída pelo conjunto de órgãos, serviços e agentes do Estado e demais organizações públicas que asseguram, em nome da colectividade, a satisfação disciplinada, regular e contínua das necessidades colectivas de segurança, cultura e bem-estar."[16]

Por outro lado temos a actividade desenvolvida por esses órgãos – ou a concepção material de administração pública.

"A administração pública em sentido material ou funcional compõe-se do conjunto de acções e operações desenvolvidas pelos órgãos, serviços e agentes do estado e demais organizações públicas ocupadas em assegurar, em nome da colectividade, a satisfação disciplinada, regular e contínua das necessidades colectivas de segurança, cultura e bem-estar"[17]

---

[13] Cuja criação foi publicada em 23 de Novembro de 1967.

[14] GONÇALVES, Júlio Dá Mesquita "A Reforma Administrativa em Portugal: Os Primórdios, a Teoria, a Panorâmica e a Finalidade", in *Reformar a Administração Pública: Um Imperativo*, (1999), p. 32.

[15] Administração Pública em sentido orgânico e em sentido material, conceitos que podem ser aprofundados, entre outros, em AMARAL, Diogo Freitas (2002), *Curso de Direito Administrativo*, pp. 34-41.

[16] Caupers, João (2000), *Introdução ao Direito Administrativo*, p. 36.

[17] Caupers, João (2000), *Introdução ao Direito Administrativo*, p. 37.

Para objecto de estudo deste trabalho importa, principalmente, a concepção orgânica. Não vamos alhear-nos da actividade, no entanto, a nossa preocupação vai centrar-se essencialmente na estrutura e o conjunto dos órgãos que asseguram, em nome da colectividade, a satisfação das necessidades colectivas.

Desde já, para evitar confusões, assumimos que vamos utilizar ao longo deste trabalho, "administração pública", em letra minúscula, quando nos referirmos à actividade administrativa de interesse público desenvolvida e "Administração Pública", (com maiúsculas), quando estivermos a invocar o conjunto das entidades jurídicas reconhecidas como capazes de realizarem aquela actividade.

Alguns factos recentes ajudam a justificar a tempestividade do tema proposto para este trabalho. Em Julho de 2002, o Governo aprovou uma resolução[18] que continha um conjunto de medidas favoráveis à descentralização administrativa, de onde se destacam a transferência de algumas atribuições para os Municípios[19], porque se reforça a *"descentralização administrativa com inegável benefício para as populações, atenta a maior proximidade dos titulares dos órgãos de decisão ao cidadão à maior*

---

[18] Que SANTOS SILVA considerou como "... *o tiro de pólvora seca que foi o "pacote" pretensamente descentralizador que o Governo fez aprovar. Do novo decreto de transferência de competências para as autarquias pouco mais resulta de efectivo do que poderes acrescidos em matérias como a fiscalização dos elevadores ou o licenciamento de motociclos.*" Cfr. SANTOS SILVA, A. (2002), "A Regionalização Não Ressuscita, o Território Não Morreu", in *Público*.

[19] Que se concretizou no Decreto-Lei n.º 310/2002, de 18 de Dezembro, através do qual *"passam a ser objecto de licenciamento municipal o exercício e fiscalização das seguintes actividades: guarda-nocturno; venda ambulante de lotarias; arrumador de automóveis; realização de acampamentos ocasionais; exploração de máquinas automáticas, mecânicas, eléctricas e electrónicas de diversão; realização de espectáculos desportivos e de divertimentos públicos nas vias, jardins e demais lugares públicos ao ar livre; venda de bilhetes para espectáculos ou divertimentos públicos em agências ou postos de venda; realização de fogueiras e queimadas, e realização de leilões"*. Estas eram matérias cuja competência estava, até à entrada em vigor deste diploma, facto que ocorreu em 01.01.2003, cometida aos governos civis.

celeridade e eficácia administrativa"[20], a "revisão" do estatuto das áreas metropolitanas[21] e a criação das comunidades intermunicipais[22].

Em Novembro, do mesmo ano, o secretário-geral do Partido Socialista, no discurso de encerramento do seu XIII congresso retomou a regionalização, novamente, como umas das "bandeiras" a erguer. A estes pode-se acrescentar as recentes alterações na composição das NUTS[23] e consequentes ajustamentos, em particular da Comissão de Coordenação Regional (CCR) de Lisboa e Vale do Tejo, *"decorrentes de alterações na estrutura administrativa e, especialmente, proceder à adequação das NUTS ao actual perfil sócio-económico das regiões"*[24], o que vem também comprovar a necessidade de repensar a organização territorial.

---

[20] Cfr. preâmbulo do Decreto-Lei n.º 310/2002, de 18 de Dezembro.

[21] Lei que estabelece o regime de criação, o quadro de atribuições e competências das áreas metropolitanas e o funcionamento dos seus órgãos, foi aprovada na Assembleia da República em 20 de Março de 2003 e publicada sob o n.º 10/2003, de 13 de Maio.

[22] A Lei que estabelece o regime de criação, o quadro de atribuições e competências das comunidades intermunicipais e o funcionamento dos seus órgãos, foi aprovada na Assembleia da República em 20 de Março de 2003 e publicada sob o n.º 11/2003, de 13 de Maio.

[23] NUTS – Nomenclatura de Unidades Territoriais Para Fins Estatísticos, criadas pelo Dec-Lei n.º 46/89, de 15 de Fevereiro. Esta nova divisão veio criar no continente cinco grandes regiões, as NUTS de nível II e mais 27 sub-regiões, as NUTS de nível III que, do ponto de vista demográfico, apresentam muito maior homogeneidade. Esta divisão, desencontrada com a divisão distrital, provocou, no entanto, uma quebra total na apresentação dos dados estatísticos a nível distrital, não existindo um mecanismo de conversão simples entre o novo conceito de divisão territorial e a anterior divisão distrital. Assim, qualquer análise evolutiva dos indicadores fornecidos pelo Instituto Nacional de Estatística (INE) encontra aqui um grande obstáculo. Cfr. PINTO, Maria Luís Rocha, "As Tendências Demográficas", in *Portugal 20 anos de Democracia*, (1994), p. 296. Dificuldades encontrará também quem quiser trabalhar os dados actuais por distritos. Para exemplificar o total desencontro com a anterior divisão distrital, repare-se que a NUTS de nível III – Tâmega, engloba concelhos de cinco distritos diferentes (Aveiro, Viseu, Porto, Vila Real e Braga).

[24] Cfr. preâmbulo do Decreto-Lei n.º 244/2002, de 5 de Novembro. Com esta alteração a região de Lisboa e Vale do Tejo ficou reduzida a apenas duas unidades de nível III da NUTS, Grande Lisboa e Península de Setúbal, fruto da passagem para a região Centro de duas dessas unidades, Oeste e Médio Tejo, e, para e região do Alentejo, a Lezíria do Tejo.

Assim, por um lado, é o Governo a falar de descentralização e a alterar a composição de algumas CCRs, e, por outro, é o maior partido da oposição a reavivar o tema da regionalização. E, se há quem se pronuncie contra o reavivar do pensamento regionalizador para o combate às assimetrias regionais, a verdade é que continuamos a assistir diariamente a um país a viver a duas velocidades. Um país em que as condições de vida e de acesso aos bens e serviços públicos no interior rural ficam cada vez mais longe do nível das condições de vida do litoral e de algumas cidades do interior. Que solução poderemos então esperar quando sabemos que, por exemplo, o associativismo intermunicipal, com pouca ou nenhuma sustentação económica e social e sem legitimidade própria, se tem mostrado muito pouco profícuo?

Um outro facto, inserido no processo de desconcentração[25] e descentralização administrativas, foi a extinção das Comissões de Coordenação Regionais, e das Direcções Regionais do Ambiente e do Ordenamento do Território, e em simultâneo a criação das Comissões de Coordenação e Desenvolvimento Regional (CCDR), no âmbito do Ministério das Cidades, do Ordenamento do Território e Ambiente[26].

Esta iniciativa foi vista, por muitos, como mero calculismo financeiro, útil para o acesso e distribuição dos Fundos Estruturais, a que o Governo deitou mão ao isolar uma pequena parcela do território, com um Produto Interno elevado, de modo que esta não afectasse os territórios envolventes que apresentam um Produto Interno mais reduzido.

[25] A desconcentração significa a transferência de poderes para outros órgãos, em regra em níveis hierárquicos inferiores. Refere-se, assim, à forma como se organiza uma pessoa colectiva pública. Estamos perante uma estrutura mais ou menos concentrada, conforme haja mais ou menos poderes no órgão máximo. Falar em desconcentração implica estarmos apenas na presença de uma única pessoa colectiva pública. QUEIRÓ, Afonso R, Entrada: "Desconcentração" in *Dicionário Jurídico da Administração Pública*, Volume III, Director: José Pedro Fernandes, Lisboa: 1990, p. 577, resume o conceito de desconcentração à *"repartição pela lei, dos poderes administrativos de decisão entre os vários órgãos subalternos do Estado, hierarquicamente ligados entre si, de acordo com um critério espacial ou geográfico ou de harmonia com um critério funcional, objectivo ou técnico."*

[26] Apesar desta referência à criação das CCDR, no trabalho as referências serão sempre para as CCRs, atendendo ao momento em que esta alteração foi aprovada (Decreto - Lei n.º 104/2003, de 23 de Maio) e o início deste trabalho.

As novas Comissões de Coordenação, nas áreas do planeamento e desenvolvimento regional, ambiente, ordenamento do território, conservação da natureza e da biodiversidade, vão ficar com competências que estavam nas estruturas entretanto extintas. Estabelece-se o envolvimento dos diversos agentes do *desenvolvimento sustentável*[27], de acordo com a apresentação deste diploma, feita pelo Governo.

"Com a criação das CCDR, pretende-se o envolvimento dos mais representativos agentes do desenvolvimento sustentável ao nível local e regional, adoptando mecanismos institucionais de participação dos principais actores públicos e privados, desde as autarquias locais às organizações não-governamentais do ambiente, passando pelas universidades e institutos politécnicos, as associações de interesses patronais e sindicais que passam a dispor de poderes de intervenção efectiva nos processos de decisão e acompanhamento das políticas públicas nas áreas de desenvolvimento regional local, ordenamento do território e ambiente"[28].

---

[27] O conceito de desenvolvimento sustentável não é facilmente estabilizável. Vejamos o que nos diz sobre este conceito Gisèle Grandbois em "L`integration des Enjeux Environnementaux et de Développement Durable dans les Travaux de Vérification du Bureau du Vérificateur Général du Canada" in *Revista Jurídica do Urbanismo e do Ambiente*, (2002), p. 188. *"La notion de «développement durable» est une difficile à cerner et à utiliser. Jusqu`ici, la vaste majorité de nos vérifications dans ce domaine ont traité surtout d`enjeux environnementaux. Seules quelques vérifications se sont attaquées aux enjeux plus complexes du développement durable, discutant à la fois de protection de l`environnement, de développement économique et social, et d`équité entre les générations ou les régions. La compréhension de la notion de développement durable a grandement évolué au cours des dernières années, de même que son utilisation par les gouvernements, la société et les entreprises."* Fernanda Paula Oliveira diz-nos que *"o desenvolvimento sustentado envolve a noção de durabilidade, sendo o desenvolvimento que responde a necessidades presentes sem comprometer a capacidade das gerações futuras para satisfazerem as suas próprias necessidades."* Cfr. OLIVEIRA, Fernanda Paula " Uma breve aproximação à noção de Ordenamento do Território" , in *Revista de Administração e Políticas Públicas* (2001), p. 147.

[28] In texto de apresentação do Decreto-lei que extingue as Comissões de Coordenação Regionais, e as Direcções Regionais do Ambiente e do Ordenamento do

Este recente diploma vem, também, consagrar o direito, agora reconhecido aos conselhos regionais, de apresentação ao Governo da proposta de nomeação[29] dos presidentes das CCRs. Com esta medida reparte-se a responsabilidade da nomeação do presidente deste importante órgão da Administração Central. Será este o início daquilo a que chamaram: *"descentralização – uma revolução tranquila"*, dando um passo no sentido de uma democratização completa das CCRs, o que, no limite, corresponderia a fazer a regionalização sob uma outra capa?

O objecto do presente trabalho é a regionalização: criar ou não criar as regiões administrativas tal como foram previstas na CRP, quais as vantagens e os inconvenientes, qual a delimitação e com que atribuições, os receios e os fantasmas que se foram formando e qual o impacto desta reforma na *administração periférica do Estado*[30] e na Administração Pública em geral, sempre numa óptica predominantemente organizativa. A organização, sistematização e a dimensão das unidades territoriais cria, de facto, os mais diversos e por vezes críticos problemas à eficiência da administração pública. Já Marcello Caetano ensinava que os problemas organizativos eram para a ciência da administração o seu mais importante objecto de estudo. Lembremos que a ineficiência da acção está normal-

---

Território, e cria as Comissões de Coordenação e Desenvolvimento Regional, no site http://www.governo.gov.pt.

[29] Nesta proposta o conselho regional indicará três nomes. No entanto, o Governo não está obrigado ou limitado a nomear como presidente da CCDR um de entre estes, uma vez que apenas *"devem ser tomadas em consideração as indicações do conselho regional, sem prejuízo de ser designada individualidade que, no entender do Governo, seja mais apta ao desempenho das funções."* Cfr. n.º 5 artigo 10.º do Dec-Lei .º 104/2003, de 23 de Maio.

[30] Por administração periférica do Estado entende-se *"... o conjunto de órgãos e serviços de pessoas colectivas públicas que dispõem de competência limitada a uma área territorial restrita, e funcionam sob a direcção dos correspondentes órgãos centrais"*, cfr. em AMARAL, Diogo Freitas (2002), *Curso de Direito Administrativo*, p. 305. Este conjunto de órgãos e serviços de modo algum deve ser confundido com a administração local autárquica. Num caso são órgãos ou serviços do Estado ou por ele criadas para a prossecução dos interesses nacionais, noutro caso são as autarquias locais: municípios e freguesias.

mente ligada a carências organizativas. Ou seja, não basta ter boas e melhores políticas públicas se não houver uma organização que as implemente de forma excelente. Para isso é necessário que as entidades públicas tenham poder e se sintam motivadas a exercê-lo.

No nosso entender a Administração Pública necessita de uma reforma que entre outras coisas, passa pela sua reorganização, no sentido de um reajustamento de espaços territoriais e de distribuição de competências, eventualmente por novas entidades que, sendo politicamente responsáveis, se encontrarão mais motivadas para um desempenho mais eficaz e eficiente. E com menos burocracia[31].

Paralelamente, impõe-se que se avancem medidas de desconcentração, num processo que, compatibilizado com os objectivos sectoriais respectivos e enquadrado numa lógica de modernização administrativa, concorra para uma melhor qualidade, eficiência e eficácia dos serviços públicos. Desconcentração que deveria, sempre que possível, conformar-se a um único desenho regional. Mas é a própria natureza da desconcentração administrativa que permite que esta se faça de qualquer forma e sem qualquer oposição. Como refere Valente de Oliveira,

"ninguém ligou muito ao que se fez na Agricultura, a não ser os funcionários do Ministério da Agricultura, ou quando muito, os agricultores; ninguém ligou muito ao que se fez no sector da Educação, a não ser os responsáveis pela gestão das escolas; quase ninguém deu conta das mudanças operadas nas regiões militares; e assim, sucessivamente (...). O resultado foi verificarmos, um dia, a coexistência das tais mais de oitenta divisões diferentes."[32]

---

[31] O termo burocracia é utilizado aqui com o sentido que é dado pelos leigos e que representa os defeitos do sistema (disfunções) e não o sistema. Para Max Weber "*a burocracia é a organização eficiente por excelência*" – cfr. CHIAVENATO, Idalberto (1993), *Teoria Geral da Administração*, p. 15.

[32] OLIVEIRA, Luís Valente (1996), *Regionalização*, p. 88.

Por outro lado, a deficiente formação dos funcionários públicos, a inexistência de verdadeiros mecanismos de avaliação do seu desempenho, a existência de redes informais que facilita o fenómeno da "cunha" e que investe o funcionário público com "poderes" para gerar bloqueios às respostas do cidadão e, em outros casos, a sobreposição da cultura do zelo processual a critérios de eficácia e eficiência, levam a que "... *a principal conclusão que devemos referir é a de que a reforma administrativa é vista, de facto, como urgente e transversal a todos os sectores da Administração Pública.*"[33]

Justifica-se aqui uma pequena nota para referir que, entre a ideia de Max Weber, sobre a teoria da burocracia das organizações, e o que hoje temos na nossa administração pública, há uma grande diferença. "*A burocracia é a organização eficiente por excelência*", e, assim, para se conseguir essa excelência nos resultados, todos os procedimentos estão devidamente predefinidos e sob o controlo de normas racionais e legais, escritas e exaustivas, de modo que a "*previsibilidade do comportamento dos seus membros*"[34] seja a consequência desejada. Isto não acontece, infelizmente, na nossa administração pública. Em regra o que acontece é uma grande diferenciação nos comportamentos em vez da uniformidade de rotinas, de procedimentos e da constância das decisões a que a burocracia faz apelo.

Por isso, novamente referimos, que o termo burocracia é muito utilizado de forma injusta para a esta teoria, porquanto quase sempre a sua utilização apenas tem como objecto as suas disfunções.

Para nós, temos que o estudo da Administração Pública, com recurso à ciência administrativa[35], também se justifica. Parece-nos é que em

---

[33] *A Imagem dos Serviços Públicos em Portugal 2001* – Equipa de Missão para a Organização e Funcionamento da Administração do Estado, (2002), p. 50.

[34] CHIAVENATO, Idalberto (1993), *Teoria Geral da Administração*, p. 22.

[35] Vista como ramo das ciências sociais e cujo objecto passa pela descrição e explicação da estrutura e das actividades dos órgãos que, sob a autoridade do poder político, constituem o aparelho do Estado e das colectividades públicas.

Portugal esse estudo foi esquecido durante muito tempo. Não há, como há em França[36], uma tradição escolar na formação de funcionários para a administração pública. Também nos Estados Unidos, desde cedo e com grande adiantamento em relação a muitos países europeus, houve grandes avanços no estudo da ciência administrativa.

A administração pública constitui o objecto de estudo da ciência da administração. Apesar de não se verificar unanimidade no entendimento quanto à construção de uma ciência social autónoma, balançando as teorias entre os que defendem que os estudos sobre a administração pública são parte da ciência do direito administrativo e os que consideram este estudo sem outro âmbito que não seja o da generalidade das estruturas organizativas, a verdade é que *"os problemas relativos à organização e funcionamento da coisa pública preocupam os homens desde a antiguidade"*[37].

Também Freitas do Amaral começa por recordar a falta de unanimidade de opiniões sobre o que é a Ciência da Administração, avançando que para uns se trata de um ramo da Sociologia, para outros uma técnica de administração ou até uma forma de política. No entanto acaba por "definir" a Ciência da Administração

"como a ciência social que estuda a Administração Pública como elemento da vida colectiva de um dado país, procurando conhecer os factos e as situações administrativas, construir cientificamente a explicação dos fenómenos administrativos, e contribuir criticamente para o aperfeiçoamento da organização e funcionamento da Administração"[38]

Com esta definição, justificamos esta pequena passagem pela Ciência da Administração. Para estudar a Administração Pública, não

---

[36] Escola Nacional de Administração, de onde são provenientes, por exemplo, os prefeitos e suas equipas, na maior parte dos casos. Esta é uma escola de grande tradição e prestígio reconhecido.

[37] CAUPERS, João (1994), *A Administração Periférica do Estado*, p.17.

[38] AMARAL, Diogo Freitas (2002), *Curso de Direito Administrativo*, p. 186.

basta a Ciência do Direito Administrativo, pois esta tem como objecto as normas jurídicas administrativas e o sistema por elas formado. É necessária a ajuda de outras ciências, a que Freitas do Amaral chama de disciplinas auxiliares das quais destacamos a Ciência da Administração.

Sobre determinado assunto, não basta ter o quadro legal perfeitamente definido e estabelecido que nos é dado pela Lei. Para uma investigação sobre a administração pública e as suas instituições, é necessário conhecer a sua origem e a sua evolução histórica, como também, uma abordagem comparativista com os países mais próximos. Depois temos de analisar como é que a prática se encaixa na teoria. Se há neutralidade nas decisões ou se há interferências sejam elas políticas, sociais ou quaisquer outras. Vejamos um exemplo: o quadro legal para a transferência de recursos financeiros do Orçamento de Estado (OE) para as autarquias está devidamente positivado. No entanto, há depois um conjunto de intervenções e de decisões, com um impacto local importantíssimo, e que ficam por vezes, condicionadas a influências de determinados *lobbies*. Digamos que esta é uma fase de análise.

Depois, a partir daquela análise, é necessário construir conceitos e teorias que ajudem a explicar a ocorrência de determinados factos indesejáveis que é necessário contrariar com propostas de medidas correctivas adequadas.

CAPÍTULO I

CONTEXTUALIZAÇÃO E FORMULAÇÃO DO PROBLEMA

1.1. Formulação do Problema

"A reivindicação regionalista (...) é também uma resposta à estigmatização que produz o território de que, aparentemente, ela é produto. E, de facto se a região não existisse como espaço estigmatizado, como «província» definida pela distância económica e social (e não geográfica) em relação ao «centro», quer dizer, pela privação do capital (material e simbólico), que a capital concentra, não teria que reivindicar a existência..."[1].

A desertificação humana e física de vastas áreas do interior do território nacional é visível em indicadores incontroversos, reflectindo a quebra acentuada da população rural não absorvida pelas "cidades médias" no interior do país. A esta desertificação corresponde, por outro lado, um processo de crescimento das áreas metropolitanas de Lisboa e do Porto em

---

[1] BOURDIEU, Pierre, (1989), *O Poder Simbólico*, p. 126.

condições comprometedoras para os equilíbrios sociais, culturais e ecológicos.

"... *mantendo-se o interior, embora aqui e além mesclado por ilhas de urbanidade, com características rurais associadas ao sector primário, perdendo população e apresentando uma dinâmica social crescentemente deficitária, já que a dinâmica económica há muito tempo se encontra ausente.*"[2]

Se no interior temos desertificação, em contraste temos, nas cinturas das grandes cidades, amontoados de pessoas que são obrigadas a viver em condições que não respeitam as mais básicas regras de qualidade de vida.

Os resultados dos Censos 2001 confirmam uma evolução demográfica marcada por um crescimento populacional descontínuo e limitado ao litoral. No interior, apenas algumas capitais de Distrito contrariam a perda generalizada de população.

Consequentemente e como defende Joana Chorincas,

"Portugal é um país de contrastes, em que o litoral e o interior, o rural e o urbano não constituem regiões homogéneas: as regiões litorais e mais urbanizadas são mais densamente povoadas que as interiores e rurais, detêm uma população mais jovem e maior potencial demográfico."[3]

Este quadro vai ao encontro de um recente estudo efectuado no âmbito do Programa de Recuperação de Áreas e Sectores Deprimidos (PRASD) e que teve como critério, para a definição das áreas críticas, o

---

[2] ALONSO SANTOS, José Luís & CAETANO, Lucília (EDS.) (2002), *Modelos de Organización Territorial en la Raya Central Ibérica – Una Visión de Conjunto*, p. 33.

[3] No relatório: "Dinâmicas Regionais em Portugal – Demografia e Investimentos", (2002), Departamento de Prospectiva e Planeamento do Ministério das Finanças – consulta efectuada em www.dpp.pt.

índice do poder de compra (IPC). De acordo com os dados apresentados (figura 1), verifica-se que o IPC fora de: AMs, capitais de distrito, Algarve e do litoral se situa, em regra, muito abaixo da média.

O quadro mostra-nos os concelhos em que o referido índice não excede os 75% da média nacional, existindo concelhos em o índice revela valores abaixo dos 40%.

Em outro documento oficial constatamos que

"a consideração do índice composto de desenvolvimento humano (que conjuga, num indicador sintético, quatro indicadores ligados às condições de saúde e de conforto da população, ao seu nível educacional e ao PIB per capita) permite concluir que, a nível de regiões NUTS II, apenas a região de Lisboa e Vale do Tejo se situa acima da média nacional; e que, mesmo quando a análise é efectuada a nível das regiões NUTS III, somente três regiões (Grande Lisboa, Grande Porto e Baixo Vouga), correspondentes às áreas metropolitanas ou a pequena distância destas, e situadas no litoral, ultrapassam essa mesma média."[4]

Por outro lado, as NUTS III Tâmega, Alto-Trás-os-Montes e Baixo Alentejo apresentam os mais baixos valores daquele índice. Impõe-se que destas análises se retirem as consequências que possam racionalmente contribuir para o esbatimento destas assimetrias, permitindo o desenvolvimento mais equilibrado do País.

Podemos afirmar que, perante este quadro sócio-económico, a regionalização continua a ser um problema adiado, independentemente dos discursos e dos argumentos utilizados no plano político sobre a sua instituição em concreto, quer pelos seus opositores quer pelos seus defensores. Problema, para já sem solução, sendo que no plano jurídico,

---

[4] Quadro Comunitário de Apoio, Portugal 2000 – 2006, no ponto 4.8 – Assimetrias Regionais.

enquanto esta continuar inscrita na CRP, considera-se que constitui um imperativo constitucional que falta cumprir.

O princípio da autonomia local e o princípio da descentralização democrática da administração pública, princípios estruturantes do Estado de Direito Democrático[5], surgem na CRP de 1976, numa clara inversão à *"forma de pensar a organização do poder político"*[6] da Constituição de 1933.

A instituição de regiões administrativas surge, na CRP de 1976, como uma autarquia supramunicipal, na tentativa de romper com a tradição dos distritos e das províncias. Entidades que se foram substituindo mutuamente ao longo de vários séculos, sem que nenhuma delas fosse capaz de vingar efectivamente.

---

[5] Estado de Direito ou Estado de Direito Democrático, caracteriza-se pela "primazia da consagração e da garantia dos direitos fundamentais dos cidadãos e das entidades por eles criadas, com particular relevo para os direitos, liberdades e garantias", REBELO DE SOUSA, Marcelo (1999), Lições de Direito Administrativo, p. 74.

[6] KIRKBY, Mark, "O Processo de Regionalização" in *Finisterra*, (1998), p. 80. A descentralização que se vivia era apenas em sentido jurídico. Havia autarquias locais, juridicamente distintas do Estado, mas com presidentes nomeados pelo Governo, razão pela qual não havia descentralização em sentido político.

Figura 1 - Cartograma com o índice de poder de compra[7]

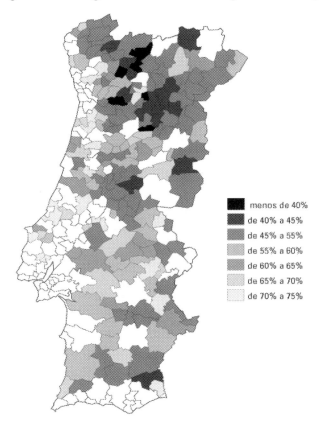

Fonte: MUNICÍPIOS & REGIÕES DE PORTUGAL, n.º 5, Outubro de 2003, p.16.

---

[7] O encarregado de missão, Prof. Daniel Bessa, do Programa de Recuperação de Áreas e Sectores Deprimidos (PRASD), com base nos dados recolhidos em estudo efectuado em 2003, isolou do total de 18 grandes áreas em que foi dividido o país, correspondentes às chamadas NUTS III, isoladas ou nalguns casos agregadas, as seis regiões que se distinguem como as de maiores dificuldades: Trás-os-Montes e Alto Douro, Cávado e Ave, Tâmega, Beira Interior, Pinhais Interiores e Alentejo. Estas seis regiões do país apresentam os maiores problemas socio-económicos, de acordo com critério usado por Daniel Bessa, assente no índice de poder de compra "per capita". Critério que é o mais relevante em termos da vida das pessoas e que é precisamente o mesmo que é utilizado pela União Europeia para definir as suas políticas regionais e de coesão.

Estabelecia a CRP de 1976, na sua primeira versão, que:

"O país será dividido em regiões Plano com base nas potencialidades e nas características geográficas, naturais, sociais e humanas do território nacional, com vista ao seu equilibrado desenvolvimento e tendo em conta as carências e os interesses das populações."[8]

Referindo-se às regiões administrativas, estabelecia que *"a área das regiões deverá corresponder às regiões-plano"*, ao mesmo tempo que admitia a diversidade de estatutos das regiões administrativas[9]. Fruto das muitas revisões constitucionais, deixou de existir a imposição da correspondência das regiões administrativas às regiões-plano. Mantém-se, no entanto a possibilidade de *"diferenciação quanto ao regime aplicável a cada uma"*[10]

Com a criação destas entidades de âmbito regional, desde logo se podem conseguir dois objectivos: por um lado dotar a administração local autárquica de estruturas com dimensão territorial suficientes para responderem, de forma satisfatória e descentralizada, aos desafios a que os municípios, pela sua menor dimensão, são incapazes de responder; por outro lado criar espaços com uma base territorial relativamente homogénea[11] para que os serviços da administração central se desconcentrem, apontando fundamentalmente para a administração orientada para o desenvolvimento regional.

---

[8] CRP - artigo 95.º, Lei Constitucional n.º 1/76
[9] CRP – artigo 256.º, Lei Constitucional n.º 1/76
[10] CRP – artigo 255.º
[11] Falamos aqui em espaços de base territorial homogénea por acreditarmos que a previsão de aplicação de regimes diferentes a cada região, tem como objectivo, permitir o desenho de regiões com características comuns mas diferentes de outras regiões. Os desafios de uma região com grandes aglomerados urbanos são diferentes dos que se colocam a uma região com problemas de desertificação.

Fazemos aqui uma primeira referência à homogeneidade como critério para a delimitação de regiões. Conceito que depois será desenvolvido no capítulo da divisão territorial

Todos reconhecem que a nossa Administração Pública enferma, de entre outros defeitos, de uma enorme centralização. Já Freitas do Amaral, há quase vinte anos, ao apontar as evidências de uma Administração Pública ineficaz, reconhecia que esta *"não efectiva uma autêntica descentralização"* e ao mesmo tempo também *"não comporta uma boa organização do poder local."*[12]

Este mesmo autor comparava as despesas (ver figura 2[13]), da Administração central com as despesas das autarquias locais, para comprovar o excessivo peso do Estado (Administração central).

Figura 2 – Despesa pública da administração central e da administração local

Ano	Administração central	Administração local
1973	94 %	6 %
1980	92,9 %	7,1 %
1982	93,4 %	6,6 %
1984	93,6 %	6,4 %

Para reforçar esta desproporção, a comparação era acompanhada da descrição da situação em França e na Grã-Bretanha, com a administração

---

[12] AMARAL, Diogo Freitas (1985), *Uma Solução para Portugal*, p. 95.
[13] AMARAL, Diogo Freitas (1985), *Uma Solução para Portugal*, p. 103.

central responsável por 75% contra 25% das autarquias para o exemplo da França e 50% para cada lado no exemplo da Grã-Bretanha.

Ao tempo em que fazia esta análise, Freitas do Amaral acreditava que esta era uma área em que *"a integração europeia nos obrigará a transformar mentalidades, hábitos e vontades"*[14].

Passados quase vinte anos sobre este desiderativo, poderemos aplaudir o caminho percorrido no sentido da descentralização? Pensamos que não, como iremos tentar demonstrar.

Desde já importa sublinhar que hoje, comparativamente com os parceiros europeus, o volume de despesa pública que é decidida fora do nível central continua a ser, de facto, muito reduzido. Estamos nos 9% quando, nos Países do Norte, esse valor ronda os 50% e, em países como Itália, França ou Espanha temos valores que vão de 25% a 30 %.

A Regionalização continua a ser um imperativo constitucional. Este é um facto do nosso sistema jurídico e constitucional que não pode ser ignorado. A questão que se coloca é se de facto poderá ser um veículo de aprofundamento da Democracia[15] e, ao mesmo tempo, contribuir para um desenvolvimento mais equilibrado, que favoreça uma integração, que se quer plena, na União Europeia[16].

Note-se, o desenvolvimento é apresentado no interior da União Europeia não como uma questão de países, mas sim de regiões. Não se ajudam *"países atrasados"* mas sim *"regiões atrasadas"* ou *"deprimidas"*

---

[14] AMARAL, Diogo Freitas (1985), *Uma Solução para Portugal*, pp. 103-104.

[15] Não estamos totalmente de acordo com os autores que dizem que hoje *"não é para aprofundar a democracia que se farão as regiões"*. A regionalização corresponde à vontade de aproximar a Administração dos administrados, proporcionará uma maior participação e implicará um efectivo chamamento de um maior número de pessoas à vida pública, contribuindo, assim, para um aprofundamento, consolidação e exercício da democracia. Desiderato que não é de todo desprezível.

[16] A este propósito, podia-se ler no programa do XIII Governo Constitucional que *"a regionalização deve inserir-se numa estratégia de desenvolvimento equilibrado das várias regiões do País, de combate às assimetrias, de defesa da igualdade de oportunidades, de coesão económica e social, de solidariedade nacional, mas também de competitividade em vista dos desafios decorrentes da integração europeia."*

desses países. De acordo com o "Acto Único Europeu", "*a Comunidade procurará reduzir a disparidade entre os níveis de desenvolvimento das diversas regiões e o atraso das regiões menos favorecidas, incluindo as zonas rurais*"[17].

A Comissão Europeia tem lançado programas de cooperação inter-regional, como é o caso do Programa *Interreg* ou a Conferência das Regiões Periféricas e Marítimas. Com estes programas incentiva-se a troca de experiências e o desenvolvimento de projectos comuns entre as diferentes regiões, aproveitando diferentes sinergias.

Pode-se dizer que a expressão *Europa das regiões* faz parte da linguagem comunitária desde Fevereiro de 1975, altura em que foi ratificada a criação da Conferência dos Poderes Locais e Regionais na Europa (CPLRE).

O Comité das Regiões[18], na sua Resolução "Com vista ao Conselho Europeu de Copenhaga"[19], recorda a vantagem de uma descentralização da política regional, apela ao princípio da parceria entre os diferentes níveis de autoridades e os actores da sociedade civil, "*observando neste contexto, que a criação de parcerias ao nível local e regional, devidamente participadas pelos actores locais e regionais, é a chave do êxito das estratégias de desenvolvimento regional*". É a emergência da dimensão

---

[17] Artigo 130.º-A do Tratado que instituiu a Comunidade Europeia, artigo inserido neste Tratado pelo Acto Único. ALVES, Jorge de Jesus Ferreira (1992), *Tratados que Instituem a Comunidade Europeia e a União Europeia*, p. 134.

[18] O Comité das regiões foi instituído pelo Tratado de Maastricht, é composto por representantes das colectividades regionais e locais, e tem funções consultivas e capacidade de iniciativa para dar parecer. No entanto, como nos diz Luís Sá, o significado desta consagração não é unanimemente aceite. Para uns, trata-se de uma representação institucional que evidencia que a União Europeia deve ser construída, também, com a participação das autoridades regionais e locais. Para outros, este relacionamento directo e mais intenso entre a U. E. e as regiões, é visto como "*... um papel fundamental para as correntes europeístas mais radicais, que procuram assumidamente enfraquecer o Estado-Nação...*". Cfr. SÁ, Luís (1994), *As Regiões, a Europa e a «Coesão Económica e Social»*, p. 82.

[19] Jornal Oficial n.º C 073 de 26/03/2003 p. 0043 – 0045.

regional sub-nacional no processo de integração, discussão que tem ocorrido sob o lema da "Europa das Regiões"[20].

Ao discutir a criação de regiões administrativas, estamos a discutir o poder local. Parece pacífico que o poder local em Portugal ainda pode e deve crescer muito, tal como, também parece pacífico, o reconhecimento geral que é prestado ao desempenho dos autarcas pelo contributo prestado para a considerável melhoria das condições de vida das populações nestes últimos anos.

Também, e como nos refere Dray,

> *"cada vez com maior convicção se considera que a base para o desenvolvimento socioeconómico integrado que se pretende, para o aprofundamento da democracia, para o combate à pobreza e ao subdesenvolvimento, o Poder Local é a instância privilegiada."*[21]

Numa época em que assistimos a um cada vez maior afastamento do cidadão da vida política e das decisões do poder, fruto, por um lado, dos fenómenos de integração europeia e por outro lado, como refere Luís Sá, da constatação de que *"... a democracia foi sucessivamente esvaziada da sua dimensão igualitária e depois do próprio elemento de participação e intervenção popular nos assuntos públicos..."*[22], impõe-se que se criem condições que possam melhorar esta situação.

Na actual conjuntura de globalização das economias e de integração europeia, com as consequentes deslocações dos centros de poder para fora do Estado-Nação, torna-se mais visível a necessidade de desenvolvermos

---

[20] Apesar das dificuldades em falar de regiões na Europa, em geral. Vejamos, na Alemanha as regiões são diferentes das regiões na França. Mas, mesmo na Alemanha há diferenças entre as regiões do Norte e as do Sul. Em Itália há regiões de estatuto especial e regiões de regime comum. Em Espanha as regiões também têm diferentes estatutos. As regiões também podem ser entendidas como territórios dentro de um país ou atravessando países.

[21] DRAY, António (1995), *O Desafio da Qualidade na Administração Pública*, p. 99.

[22] SÁ, Luís (1989), *Regiões Administrativas – O Poder Local que Falta*, p. 31.

mecanismos de compensação que actuem contra essa privação de poderes e contra o alheamento do cidadão comum da coisa pública.

Ao reclamarem o incremento de importantes doses de participação e de aprofundamento da democracia, reformas como a descentralização e a regionalização, só por si, não resolverão aquele problema de alheamento do cidadão. No entanto, é razoável aceitar que poderão dar um importante contributo no desenvolvimento da democracia participativa, impedindo deste modo o agravamento desta fractura política entre o cidadão e o Estado.

Por outro lado, a Administração Pública, profundamente desequilibrada territorialmente[23], com grandes défices de qualificação e fortemente centralizada[24], continua à espera de uma verdadeira reforma no sentido da racionalização, da descentralização, do aumento da qualidade, da coordenação das políticas públicas e da introdução e utilização de novos instrumentos de gestão.

O próprio Governo assume que:

"Um novo modelo de organização da Administração Pública é absolutamente essencial. O modelo actual é confuso, rígido, burocrático, centralista, excessivamente hierarquizado, não promove a busca de economias de escala nem a partilha de informação entre os vários serviços."[25]

Em Portugal e nos serviços que mais próximo estão do cidadão, com a excepção das escolas básicas do primeiro ciclo, que têm fechado às

---

[23] 50% dos recursos humanos trabalha em Lisboa e no Porto.

[24] Sistema de Administração Pública de tipo Francês, acompanhando a sua característica ao nível da estrutura administrativa, fortemente centralizada ou seja órgãos centrais com todo o poder decisório cuja competência territorial coincide com as fronteiras do território nacional. Para que se desse o fortalecimento do Estado, houve um esvaziamento de competências dos municípios.

[25] Linhas de Orientação para a Reforma da Administração Pública - XV Governo Constitucional

dezenas[26] principalmente no interior do país, a divisão administrativa[27] tem-se mantido, nas últimas décadas, praticamente inalterada. Os distritos têm mantido a sua área, a criação de municípios raramente acontece, a sua extinção também não se tem registado. O mesmo não tem acontecido, por exemplo, em Espanha em que tem havido um reajustamento da organização administrativa com a variação da população. Com efeito, em recente estudo efectuado, entre os anos de 1960 e 2000, referem os autores[28] que

"durante el período analizado no sólo han desaparecido núcleos de población, sino que también se ha reducido el número de municipios, y eso es lo que igualmente ha ocurrido con los Partidos Judiciales, que podíamos utilizar como un indicador de la organización a escala comarcal."

Por outro lado, como refere CAUPERS sobre a concentração das pessoas e das actividades numa parte do território, *"a coincidente concentração da administração pública na mesma área não corresponde a qualquer imperativo organizativo e é indesejável."*[29]

O mesmo autor considera que:

"a dimensão da administração periférica, directa e indirecta, do estado português é excessiva, quando comparada com a da maioria dos países da Europa ocidental, indiciando um sistema muito centralizado."[30]

---

[26] Se se seguir a actual política de gestão de cobertura do primeiro ciclo do ensino básico, em que se prevê o encerramento das escolas com menos de dez alunos, há vários distritos do interior do país que terão, de repente, mais de 50% daquelas escolas encerradas.

[27] Pensamos que em Portugal existe um problema de excesso de freguesias e de municípios. A reforma administrativa do país deveria passar por fundir e/ou extinguir alguns municípios e freguesias. A última reforma desta natureza já conta quase 170 anos.

[28] ALONSO SANTOS, José Luís & CAETANO, Lucília (EDS.) (2002), *Modelos de Organización Territorial en la Raya Central Ibérica – Una Visión de Conjunto*, p. 262.

[29] CAUPERS, João (1994), *A Administração Periférica do Estado*, p. 609.

[30] CAUPERS, João (1994), A Administração Periférica do Estado, p. 611.

Verifica-se ainda que as dezenas de circunscrições administrativas, com as mais diversas áreas, definidas pela vontade de cada Ministério, de cada Direcção Geral ou Instituto Público, complica a indispensável coordenação de muitas das respectivas acções desenvolvidas e a sua coerência.

Analisemos, então, a necessidade da coordenação da política nacional, que é responsabilidade do Estado. Não nos podemos esquecer que fruto de uma atitude, infelizmente recorrente, de vários sectores estaduais em actuar de forma unilateral, surgem dificuldades traduzidas pela definição de políticas sectoriais não articuladas entre si, o que funciona como um pólo de conflitos com reflexos negativos sobre o território e a qualidade de vida do cidadão.

O exercício da maioria das atribuições do Governo e a assunção de políticas públicas pelos diferentes ministérios, necessitam de uma concretização espacial, designadamente, em áreas como os transportes, a energia e os recursos geológicos, a educação e a formação, a cultura, a saúde, a habitação, o turismo, a agricultura, o comércio e a indústria, as florestas e o ambiente. Mas estas múltiplas intervenções sectoriais do Estado carecem de coordenação com o objectivo de se integrarem num sistema coerente, em rede, ainda que complexo, de racionalização do uso do território nacional.

No desenvolvimento das bases da política de ordenamento do território e de urbanismo, legalmente estabelecidas, o Governo fixou, em decreto[31], o regime de coordenação dos âmbitos nacional, regional e municipal do sistema de planificação territorial. Temos, então, consagração legal desta figura da coordenação no regime jurídico dos instrumentos de gestão territorial, ao estabelecer, em forma de princípio geral que

"a articulação das estratégias de ordenamento territorial determinadas pela prossecução dos interesses públicos com

---

[31] Decreto-Lei 380/99, de 22 de Setembro, com a redacção conferida pelo Decreto-Lei n.º 53/2000, de 7 de Abril e pelo Decreto-Lei n.º 310/2003, de 10 de Dezembro.

expressão territorial impõe ao Estado e às autarquias locais o dever de coordenação das respectivas intervenções em matéria de gestão territorial."[32]

Este princípio geral desdobra-se em duas vertentes: coordenação interna e coordenação externa. Numa óptica de coordenação interna, impõe-se que

> *"as entidades responsáveis pela elaboração, aprovação, alteração, revisão, execução e avaliação dos instrumentos de gestão territorial devem assegurar, nos respectivos âmbitos de intervenção, a necessária coordenação entre as diversas políticas com incidência territorial e a política de ordenamento do território..."*[33]

Numa óptica de coordenação externa, estabelece-se que

> *"a elaboração, a aprovação, a alteração, a revisão, a execução e a avaliação dos instrumentos de gestão territorial requerem uma adequada coordenação das políticas nacionais, regionais e municipais com incidência territorial."*[34]

Conjugar esta necessidade e exercício de coordenação e cooperação com a nossa organização jurídico-administrativa, é uma tarefa complicada. Analisando os serviços desconcentrados dos diversos Ministérios, encontramos

> *"- 15 casos de desconcentração segundo o modelo distrital, como por exemplo, o Serviço Nacional de Protecção Civil ou o INATEL;*

---

[32] Artigo 20º, n.º 1, Decreto-Lei n.º 380/99, de 22 de Setembro.
[33] Artigo 21º, n.º 1, Decreto-Lei n.º 380/99, de 22 de Setembro.
[34] Artigo 22º, n.º 1, Decreto-Lei n.º 380/99, de 22 de Setembro.

- *20 casos de desconcentração agrupando distritos, como as Administrações Regionais de Saúde ou os Centros Regionais de Segurança Social;*
- *13 casos de desconcentração de acordo com o modelo das Comissões de Coordenação Regional, como as Delegações Regionais de Economia e as Direcções Regionais de Educação ou de Ambiente:*
- *26 segundo outras formas de delimitação espacial diversa, como o IGAPHE, as Direcções Regionais de Agricultura ou as Regiões de Turismo."*[35]

São setenta e quatro, as diferentes formas enumeradas de organização espacial da administração pública do Estado. Pensamos que não é com tamanha diversidade de espaços que se conseguirá a proporcionar ao Estado um sistema de gestão territorial integrado, harmónico e coordenado.

Reformas no sentido da descentralização, do aumento da qualidade dos serviços prestados e da racionalidade da administração, têm estado na ordem do dia, são prosseguidas e desejadas em várias administrações públicas, incluindo a Administração Pública dos EUA.

"Não podemos continuar a pagar cada vez mais pela nossa Administração Pública e a receber cada vez menos. A resposta para todos os problemas não pode ser sempre outro programa ou mais dinheiro. É tempo de mudar radicalmente o modo como a Administração Pública funciona – passando da burocracia hierarquizada para uma Administração Pública empreendedora que devolva poderes aos cidadãos e às comunidades para mudar o nosso país de alto a baixo. Temos que recompensar as pessoas e as ideias que dão resultado e pôr de lado as que não funcionam."[36]

---

[35] *Descentralização, Regionalização e Reforma Democrática do Estado* (1998), MEPAT, p. 23.

[36] BILL CLINTON; AL GORE, "Putting People First", Times Books, New York, (1992), citação em *Reinventar a Administração Pública – Da Burocracia à Eficácia*, (1994), p. 25.

Devolver *poderes aos cidadãos e às comunidades*, não é um objectivo que serve ou que é visto como necessário apenas à administração dos Estados Unidos. Tal como lá, aqui essa mudança também é necessária. Reforçar os poderes das administrações estaduais e locais é uma das preocupações presentes no Relatório de Al Gore, referindo nomeadamente que:

> *"aquilo a que usualmente chamamos Administração Pública é, de facto, uma massa confusa de diferentes níveis de serviços públicos – alguns dirigidos a partir de Washington, outros a partir de capitais de Estados, cidades e urbes*[37]*."*

A regionalização administrativa, num país como o nosso que esteve apegado e ainda está a um excessivo centralismo[38] durante parte da sua longa História, poderá contribuir para um desenvolvimento mais integrado do continente?

A esta questão, vários têm sido os autores (como veremos ao longo deste trabalho) que respondem afirmativamente. Outros, no entanto, não acreditam.

A centralização da decisão administrativa e financeira, tal como defende Eduardo Cabrita, *"é uma característica do sistema político-administrativo português, um índice de subdesenvolvimento e um entrave à eficácia das políticas públicas"*[39].

---

[37] Re*inventar a Administração Pública – Da Burocracia à Eficácia*, (1994), p. 101.

[38] "O centralismo é entre nós um problema secular", pode ler-se no Programa do XV Governo Constitucional.

[39] CABRITA, Eduardo, Alto Comissário da Comissão de Apoio à Reestruturação do Equipamento e da Administração do Território in FERNANDES, Abel (1998), *Fundamentos, Competências e Financiamento das Regiões na Europa: Uma Perspectiva Comparada*, p. 11.

1.1.1. Pressupostos Subjacentes à Definição do Problema

Esperam, os seus defensores, que a regionalização, entre outros positivos contributos, possa melhorar a coordenação, nomeadamente dos investimentos a nível regional, investimentos que hoje são decididos separadamente em cada departamento da administração central, utilizando os critérios do plano de desenvolvimento de cada região. A coordenação e a harmonização dos vários interesses públicos, com expressão espacial, reforçar-se-ão.

Há, no entanto, um conjunto de transformações[40], pelas quais a Administração Pública tendo vindo a passar, que convém não ignorar e, que são:

a) o fenómeno da descentralização administrativa, que desde o vinte e cinco de Abril deu uma enorme visibilidade, principalmente, aos municípios;
b) a multiplicação de formas de Administração indirecta do Estado, quer através de institutos públicos, quer através de empresas públicas, diversificando cada vez mais as suas figuras jurídicas e recorrendo também a formas organizatórias de direito privado;
c) a liberalização de alguns serviços públicos[41] durante muito tempo assegurados pelo Estado, em regra em regime de monopólio, passando o Estado da função de prestador para a função de regulação e controlo público dessas actividades privatizadas;
d) mais recentemente, assiste-se a um movimento de desintervenção económica e de privatização de tarefas administrativas, que além da clássica figura da concessão, faz aparecer a figura de "parcerias público-privadas"[42];

---

[40] MOREIRA, VITAL, (2001), *Organização Administrativa (Programa, Conteúdos e métodos de ensaio)*, p. 18 e segs., que seguiremos de perto neste parágrafo.

[41] Pelo Decreto-Lei n.º 372/93, introduziu-se uma alteração no regime de delimitação de sectores, pela qual o sector do saneamento básico passou a estar disponível à iniciativa privada.

[42] *"Com as Parcerias Público-Privadas visa-se sobretudo mobilizar o "know-how" do sector privado e apostar nas suas capacidades de inovação e gestão, colocando-as ao*

e) fenómenos de empresarialização[43] da Administração Pública, com origem nas preocupações de uma gestão mais racional dos recursos humanos e financeiros, que lhe são colocados à disposição, procurando obter a máxima eficiência, neste abandono de uma concepção meramente burocrática da Administração Pública[44];

---

serviço do sector público por forma a gerar valor acrescido para os fundos públicos aplicados no desenvolvimento de novos projectos ou na racionalização e expansão de serviços existentes." Cfr. SIMÕES, Jorge Abreu, "Parcerias público-privadas no sector da saúde" In *A Reinvenção da Administração Pública da Burocracia à Gestão*", (2002), p. 189.

Não podemos esquecer que os apoios comunitários de que temos vindo a usufruir vão, nos próximos anos, diminuir substancialmente, e que Portugal se encontra, ainda, obrigado aos apertados critérios do Pacto de Estabilidade e Crescimento pelo que a despesa do Estado terá forçosamente que diminuir. Assim, para que os valores de investimento necessário para debelar o atraso infra-estrutural do país se mantenham em níveis recomendáveis, obrigará a que outras formas de financiamento se generalizem. Pela considerável dimensão dos projectos (pontes, redes de energia, hospitais, transportes...) que justificam a utilização deste tipo de instrumento, somos de parecer que as Regiões Administrativas seriam entidades que retirariam dele grande proveito.

Por Resolução do Conselho de Ministros n.º 162/2001, foi criada *"uma estrutura de missão com a finalidade de executar a estratégia de promoção de formas inovadoras de gestão no âmbito do SNS, (...) nomeadamente através da criação de parcerias público-públicas e público-privadas."*

[43] Como exemplo veja-se a profunda reestruturação do Serviço Nacional de Saúde com a transformação dos Hospitais e serviços em sociedades de capitais exclusivamente públicos, apostando no aprofundamento das formas de gestão de natureza empresarial. Cfr. os estatutos de várias destas sociedades no DR I Série A n.º 286, de 11 de Dezembro de 2002.

Por outro lado, esta tendência de empresarialização da Administração Pública, também já chegou à administração local autárquica, que por impulso da Lei n.º 58/98, de 18 de Agosto que estabelece o regime jurídico das designadas *empresas municipais, intermunicipais* e *regionais*, passou a tratar algumas das suas competências através destas empresas.

[44] Para MOREIRA, José Manuel (2002), *Ética, Democracia e Estado - Para uma nova cultura da Administração Pública*, p. 66, *"... a aposta na desburocratização do procedimento administrativo, com menos papéis, regras mais funcionais, apresentação pública de contas, entre outras medidas, não poderá ser levada a bom porto sem uma Ética Pública..."* Para este autor, não há reforma que consiga colocar a administração ver-

f) a partir de 1986 iniciou-se um programa de privatizações de empresas públicas, sobretudo as que tinham sido alvo de nacionalizações a seguir ao 25 de Abril.

Paralelamente, no contexto internacional, as últimas décadas ficam também marcadas pela redução das actividades do Estado. Assistiu-se a um forte movimento de privatizações apoiado em políticas neoliberais que defendem a utilização ao máximo do mercado e a redução ao mínimo do Estado. Para este deve ficar apenas o papel de garante das prestações e não mais o de prestador. Estamos a assistir, a nível mundial, a uma redefinição da presença do sector público na economia. Portugal não foge a essa transformação.

A globalização dos mercados, a necessidade de reduzir os défices públicos e a desregulamentação implicam a abertura de um maior espaço para o desenvolvimento do mercado, aí incluindo, cada vez mais, a prestação de serviços públicos. Assiste-se assim, em simultâneo, a uma separação entre a entidade com a responsabilidade de garantir as *"actividades de interesse económico geral*[45]*"*, e a gestão concreta das *"empresas que prossigam actividades de interesse económico geral"*.

A exemplo do que acontece em outros países, vemos que *"se está produciendo en España la privatización de servicios públicos, especialmente acentuada a nível local."*[46]

---

dadeiramente virada para o cidadão, e para isso deve ser eficaz, simples, ágil, célere nos procedimentos mas respeitando o princípio da legalidade, se essa reforma não for acompanhada de *"novos e melhores hábitos e não simplesmente com novos valores"*. A Carta Ética da Administração Pública contém dez desses bons valores. Diremos nós que essa é a componente "software" da reforma. A Ética na Administração Pública. No entanto, neste trabalho vamo-nos limitar à parte "hardware" da reforma.

[45] Conceito constitucional, introduzido pela 4ª revisão da CRP – cfr. Artigo 86º, pelo qual, também se atribuiu ao Estado o dever de fiscalizar *"em especial"* o cumprimento das obrigações por parte *"das empresas que prossigam actividades de interesse económico geral"*

[46] *Privatización de Empresas y Descentralización de Servicios Públicos* (1998), Coordenadores: Lourdes Torres / Vicente Pina, p.111.

O acentuado crescimento da oferta de serviços públicos, por parte das colectividades locais nos últimos vinte anos (que originou um significativo aumento destas entidades na despesa pública), obrigou a busca de soluções de gestão, mais ágeis e flexíveis que as que o procedimento da administração pública oferece e, ao mesmo tempo – acreditando na crença de que o mercado é mais eficiente para gerir as actividades económicas do que o sector público – a procurar uma redução significativa na despesa pública e no correspondente défice.

Esta transformação, no entanto, não pode ser feita a qualquer preço e há que ter em conta, como no refere De Val Pardo, que:

"adoptar técnicas que tradicionalmente se han considerado propias del Sector Privado no es la panacea ni la vía de solución para los problemas que tiene la Administración Pública. Como siempre, in medio, virtus, y lo que no puede hacerse es pasar drásticamente de un Sector Público orientado tradicionalmente hacia las normativas, a una orientación exclusivamente instrumental por conversión al management."[47]

1.1.2. Globalização e Regionalização

Enquanto que a economia mundial parece atordoada pelas penetrações das tecnologias da informação e da comunicação, o ordenamento do território encontra um novo e importante papel. A localização das actividades é guiada doravante, por recursos imateriais que se constróem localmente: o tecido humano e social, a densidade das cooperações, a qualidade das competências. O papel da política de ordenamento do território encontra-se agora reforçado e importa criar, a montante, condições da competitividade. O desenvolvimento dos territórios necessita de pro-

---

[47] DE VAL Pardo, I. (1999), *Administración de Entidades Públicas*, pp. 99-100.

jectos fundados em redor de solidariedades activas entre o conjunto dos actores locais de um território, incluindo cooperações inter-empresas.

A globalização que hoje se vive, impulsionada pela ideia de capitalismo de mercado livre, deve pois, também ser motivo para pensarmos a administração pública. Como nos diz Thomas L. Friedman, *"a globalização significa a generalização do capitalismo de mercado livre a praticamente todos os países do mundo."*[48]

De facto o mundo global está em marcha e os resultados chocam-nos todos os dias. Fruto de um desenvolvimento extraordinário das novas tecnologias da informação e da comunicação, chegamos a um ponto em que podemos afirmar estar perante um processo de desterritorialização do poder económico. Ou seja, a localização das funções de gestão e controlo nas empresas multinacionais depende cada vez menos dos territórios nacionais, utilizando, por outro lado, cada vez mais a dimensão global para a definição das unidades produtivas.

O planeta tornou-se um todo, sem «exterior», diz-nos Perroux[49], ao mesmo tempo que nos avisa que *"o desenvolvimento recomendado é global."*

Esta globalização da economia mundial é um fenómeno que não pode ser ignorado pelos Governos. Há uma enorme concentração de capital associado a esta economia global, provocando uma não saudável dependência da economia mundial. Basta dizer que 80% do comércio mundial corresponde a transacções de empresas multinacionais.

Quer queiramos quer não a globalização faz parte do nosso dia a dia. E não é apenas na economia. Para Dominique Strauss-Kahn, *"a nossa visão do mundo alterou-se. Nunca mais terá como referência primeira o Estado-Nação"*[50].

---

[48] FRIEDMAN, Thomas L. (2000), Compreender a Globalização, Lisboa: Quetzal Editores, p. 33.

[49] PERROUX, François, *Ensaio sobre A Filosofia do Novo Desenvolvimento*, (1987), p. 322.

[50] STRAUSS-KAHN, Dominique (2002), *A Chama e a Cinza - O Socialismo, A globalização e a Europa,* p. 99.

Por outro lado, deveremos ter presente que "*nation and state have rarely coincided in the history of nation-state*[51]". Esta fractura de identidades, muitas vezes presente em vários Estados, fundamenta muitos sonhos de comunidades linguísticas, religiosas ou culturais, principalmente, quando não têm o devido reconhecimento institucional. Diversas ciências humanas têm acompanhado e estudado temas como: o regresso dos nacionalismos, a crise da Nação, o regionalismo[52] e a crise do Estado[53] soberano, para averiguar as consequências políticas e sociais que as alterações das últimas décadas poderão significar no equilíbrio das relações internacionais. Referimos alterações como a queda do muro, a desagregação da União Soviética, o conflito dos Balcãs, a tendência para a criação e desenvolvimento de espaços supra-estaduais[54] como é o caso da assinatura do Tratado da União Europeia e o aprofundamento e o reforço da capacidade de intervenção e de afirmação de organizações mundiais, como a O. N. U. Assim, sobre o Estado-Soberano "*pode-se afirmar a sua crise face a novos actores internacionais, com quem tem de partilhar o seu poder.*"[55]

---

[51] OPELLO, Walter C. Jr. & ROSOW, Stephen J. (1999), *The Nation-State and Global Order*, p. 236.

[52] Para AMARAL, Carlos Eduardo Pacheco (1998), *Do Estado Soberano ao Estado das Autonomias. Regionalismo, subsidiariedade e autonomia para uma nova ideia de Estado*, p. 126, "*o regionalismo apresenta-se como conceito de tal modo amplo que suporta e alberga uma vasta pluralidade de concepções e de realidades políticas. A reivindicação regionalista ocupa uma vastíssima gama conceptual que vai desde a descolonização e a autodeterminação nacional até à mera descentralização administrativa ou económica, e desde a destruição e a suplantação dos Estados até aos seus reforço e consolidação*".

[53] O modelo moderno de Estado encontra-se em crise, em particular a partir da Primeira Guerra Mundial. É manifesta a incapacidade de o Estado para assegurar uma série de tarefas que dele se esperava, como é o caso da segurança e a defesa internas e externas, o desenvolvimento sócio-económico e a qualidade de vida dos respectivos cidadãos.

[54] Fala-se em regionalismo super-estatal, no âmbito do qual se procura, através da construção de super-Estados, respostas para a crise do Estado. Além da UE, podemos encontrar o exemplo da NAFTA, do MERCOSUR e da ASEAN.

[55] RODRIGUES, José Conde, "A Nação Cercada: Crise do Estado-Nação ou Crise da Soberania", in *Finisterra*, (1998), p. 163.

Mas, o que para uns é crise no Estado-nação, para outros é mais *"uma erosão de soberania"*[56]. Mas, terá a regionalização alguma culpa desta crise ou desta erosão?

Pensamos que não. No entanto, para o nosso estudo, convém distinguir regionalização de regionalismo, apesar de nem este ser passível de confronto com aquele desgaste, como nos diz Amaral, *"... ao contrário daquilo que à primeira vista poderá parecer, longe de constituir uma ameaça, o regionalismo apresenta-se como garante da própria unidade e integridade do Estado"*[57].

Neste cenário de crise do modelo moderno de Estado, verificada que está a impossibilidade de este se adaptar à escala dos problemas de hoje, Amaral, classifica o regionalismo como um *"movimento para a renovação e para a reforma estrutural do Estado e, por isso mesmo, para a sua contínua afirmação – não para a sua rejeição"*[58].

A regionalização, tal como se demonstra e se discute ao longo deste trabalho, apresenta-se com uma natureza político-administrativa, substancialmente distinta da matriz regionalista que tem sido alimentada pela reivindicação dos nacionalismos[59].

Regionalismo implica a reivindicação de uma parcela de soberania, procurando proteger e satisfazer certas características muito próprias de uma população de uma determinada região ou comunidade.

Pode ser a língua ou a história.

---

[56] MOREIRA, Adriano (1995), "Conceito de Estratégia Nacional", in *Portugal Hoje*, p. 319.

[57] AMARAL, Carlos Eduardo Pacheco (1998), *Do Estado Soberano ao Estado das Autonomias. Regionalismo, subsidiariedade e autonomia para uma nova ideia de Estado*, p. 111.

[58] AMARAL, Carlos Eduardo Pacheco (1998), *Do Estado Soberano ao Estado das Autonomias. Regionalismo, subsidiariedade e autonomia para uma nova ideia de Estado*, p. 126.

[59] Em Espanha, de forma muito acentuada, o basco e o catalão. Com menor intensidade o galego e o andaluz.

"A reivindicação regionalista é a reivindicação da centralidade das comunidades contra a tendência para a sua periferização; é a recusa da dominação material e simbólica, em nome da liberdade e da autonomia."[60]

Exemplos desses regionalismos, encontramo-los em regiões da Bélgica, de Espanha e de Itália, como veremos mais à frente.

Assim, refutamos qualquer ideia de que a regionalização, conforme prevista na CRP, seja uma vertente da desagregação do poder central. O mesmo é dizer que não alinhamos com aqueles que declaram que a regionalização é o caminho para o enfraquecimento do Estado soberano.

Pelo contrário, para nós, a diversidade é um recurso, não uma limitação. A diversidade manifesta-se nas formas de a comunidade interagir com o território nas diferentes sinergias que se desenvolvem, e nas formas como cada comunidade se vai relacionar com o Mundo. Daí ser importante dar voz, pela descentralização, a entidades regionais que sejam capazes de valorizarem e aproveitarem as diversidades regionais, do nosso país, neste Mundo global.

Assim, as colectividades territoriais europeias – Regiões, Municípios ou outras da mesma natureza, são hoje, indubitavelmente, o paradigma de políticas personalizadas e concretas, menos ideológicas, estribadas que estão numa relação prolongada de proximidade e confiança recíprocas dos eleitos com os cidadãos, afirmando-se no terreno como a melhor e mais eficaz resposta às políticas demasiado distantes, abstractas e anónimas que a europeização e a globalização trouxeram às nossas sociedades de hoje.

Como nos diz Baptista Dias,

"... inversamente à tendência para a supranacionalização e a mundialização, a governação actual postula estruturas de gover-

---

[60] A. Teixeira Fernandes no prefácio da obra de: AMARAL, Carlos Eduardo Pacheco (1998), *Do Estado Soberano ao Estado das Autonomias*, p. 10.

nação locais e regionais que assegurem o exercício da cidadania com características de visibilidade e de proximidade... "[61]

Para Covas, *"O binómio integração europeia-regionalização administrativa marcará decisivamente a trajectória do Estado-nacional..."*[62] no século XXI.

As comunicações, os transportes, os controlos fronteiriços, as novas tecnologias de informação e comunicação, as desregulamentações, sofreram tal evolução que provocaram mudanças em todo o mundo. Em consequência dessas mudanças, as populações estão sujeitas, ou têm ao seu alcance, formas de intercâmbio que conduzem a uma harmonização de comportamentos. Criou-se um mercado global com fluxos transnacionais com reflexos quer no desenvolvimento quer nas estagnações económicas. É, em certa medida, uma aldeia global. Estamos perante uma conjuntura em que a dimensão internacional e mundial se sobrepõe ao nacional, constituindo o que Fernando Ruivo, considera ser *"num certo sentido um desafio à exclusividade do paradigma estatal e nacional como centro de análise"*[63].

Mas é na área económica que os seus efeitos poderão ser mais desagradáveis para o cidadão comum. A concorrência de países em que o custo da mão de obra é vergonhosamente mais baixo que o nosso, significa a deslocalização das unidades produtivas, deixando centenas e centenas de trabalhadores desempregados. No país são vários os exemplos de empresas multinacionais[64] que encerraram as unidades produtivas para se deslocarem para outras paragens.

---

[61] DIAS, J. P. Baptista, "Descentralização Administrativa e Alternativas à Regionalização", in *Revista de Administração e Políticas Públicas* (2001), p. 89.

[62] COVAS, António (1997), *Integração Europeia, Regionalização Administrativa e Reforma do Estado-Nacional*, p. 267.

[63] RUIVO, Fernando, (2000), *O Estado Labiríntico*, p. 13.

[64] C J Clark em Castelo de Paiva, exemplo de uma multinacional que, apesar de possuir uma fábrica utilizando as mais modernas tecnologias e produzindo com grande qualidade e elevada produtividade, em Janeiro de 2003, anunciou o seu encerramento, deixando cerca de seiscentos trabalhadores no desemprego, com a justificação de terem de procurar maior competitividade.

Já não é a localização ou a proximidade das matérias-primas ou dos mercados, que determinam a localização das actividades económicas de ponta, mas a possibilidade da rápida interacção entre os agentes económicos.

No futuro, o sucesso beneficiará as cidades e regiões que realizarem melhor a tarefa de interligar as empresas que operam nos seus territórios com a economia global. Qualquer actividade pode localizar-se em qualquer parte do planeta. Em função desta realidade pode-se afirmar que, mais do que nunca, todos podem ter acesso a tudo. Assim, qualquer região pode aspirar a desenvolver-se em termos económicos.

Mas, em contrapartida, e decorrente da mesma realidade global, todos estão em concorrência com todos. Regiões cujas actividades económicas (*"saberes e fazeres"*) estavam relativamente protegidas pelo facto de as comunicações serem mais difíceis e de os factores produtivos terem menor mobilidade, estão actualmente sujeitas a uma concorrência que pode ser fatal.

É então necessário garantir às empresas condições para que possam actuar de acordo com a estratégia *"pensar global – agir local"*.

Para concluir este ponto, diremos então que todos

> *"... os processos da reforma do Estado[65], que ocupam lugar de relevo nas preocupações governamentais há quase duas décadas, têm sido fortemente condicionadas pela internacionalização dos mercados, pelo processo de globalização da economia, pela crescente interdependência dos países, pela sua própria integração a nível regional, pelo reequacionamento das políticas públicas e pela redefinição das relações entre os Estado e a*

---

[65] Que pode passar, em nossa opinião, por uma forte descentralização da Administração Pública, pela alteração do Sistema Eleitoral, pelo financiamento dos Partidos Políticos, pela reformulação da Justiça, pela Regionalização ou por outras reformas na gestão pública como é o caso da privatização de serviços, gestão privada, empresarialização, etc.

Sociedade Civil e os processos de descentralização político-administrativa..."[66].

1.1.3. Centralização, Descentralização, Região e Regionalização

Impõe-se que se faça, desde já, a apresentação de alguns conceitos que nos vão acompanhar durante todo o trabalho. Assim começaremos pelos conceitos de "descentralização" e "centralização".

Para Silva Peneda este conceito de descentralização *"desenvolve-se especialmente com o Estado neoliberal ou pós-liberal"*[67] e com o progressivo aumento e variedade de funções a este exigido o que motivou a procura de uma maior eficiência na sua resposta.

Às vezes, por ignorância ou por demagogia, fala-se em descentralização quando as medidas que se propõem representam características fundamentais de regionalização. Neste sentido e a propósito de algumas propostas "*... de transformação das presidências das CCRs em Juntas Regionais praticamente eleitas pelos representantes dos municípios da Região...*"[68], diz, João Cravinho que estaríamos na prática a institucionalizar as regiões

Por descentralização entende-se o processo de transferência de atribuições e poderes de decisão, até aí na esfera de órgãos do Estado, para entidades independentes do Estado. Como ensina Jorge Miranda, fala-se de *"descentralização para designar o fenómeno da atribuição de poderes ou funções públicas a entidades infraestatais"*[69].

---

[66] Declaração de Lisboa, 1998, I Conferência Ibero-Americana de Ministros da Administração Pública e Reforma do Estado.

[67] SILVA PENEDA, José A. - Entrada: "Descentralização", in *POLIS Enciclopédia Verbo da Sociedade e do Estado 2*. 2ª edição revista e actualizada (1997). Lisboa: Editorial Verbo, p. 131.

[68] CRAVINHO, João, "Um contributo pessoal para um novo paradigma de organização e gestão da administração pública", in *Moderna Gestão Pública*, (2000), p.105.

[69] MIRANDA, Jorge (1994), *Manual de Direito Constitucional*, p. 174.

À descentralização opõe-se a centralização. O Estado de Polícia do século XVIII, na sua mais elaborada forma, era um Estado com uma centralização completa dos poderes no monarca.

"Diz-se que há descentralização administrativa quando uma parte, maior ou menor, da função administrativa é autonomamente realizada, não pelo Estado, através dos seus órgãos administrativos (ou seja, pelo governo e pelos órgãos dele dependentes), mas por outras pessoas colectivas públicas, através dos seus órgãos, mediante o exercício de poderes próprios, ainda que sob o controlo dos órgãos do Estado"[70]

Para se falar, então, em descentralização, temos logo de compreender que tal obriga à existência de várias pessoas colectivas públicas. Por exemplo, o Estado e as autarquias locais. No entanto, não basta haver autarquias locais para podermos assumir que estamos perante um sistema politicamente descentralizado. Vejamos como nos são apresentados estes conceitos.

Para Freitas do Amaral[71], os conceitos centralização e de descentralização têm de ser analisados sob dois prismas: No plano político-administrativo e no plano jurídico. Assim, no plano jurídico, para existir descentralização basta que existam outras pessoas colectivas públicas, sendo irrelevante o modo como são eleitos ou nomeados os seus órgãos e o grau de autonomia com que exercem as respectivas funções. No plano jurídico, os conceitos centralização e descentralização, são *"conceitos absolutos"*. Ou há centralização, no caso de não existir qualquer outra pessoa colectiva pública e assim todas as atribuições estarem entregues ao Estado, ou há descentralização, quando há divisão das funções por outras pessoas colectivas públicas.

---

[70] QUEIRÓ, Afonso R, Entrada: "Descentralização" in *Dicionário Jurídico da Administração Pública*, Volume III, Director: José Pedro Fernandes, Lisboa: 1990, pp. 569-570.

[71] AMARAL, Diogo Freitas (2002), *Curso de Direito Administrativo*, p. 693.

No plano político-administrativo a descentralização surge quando os órgãos das autarquias locais são livremente eleitos e cumprem os seus mandatos apenas no respeito pela Lei e sob uma tutela pouco visível. Neste mesmo plano já não podemos considerar os termos centralização e descentralização como conceitos absolutos. Antes temos de os comparar a um *continuum* em que dificilmente se encontrará um sistema num dos seus extremos. Diremos então que para a centralização ou descentralização, numa óptica política-administrativa, o que conta é o grau em que uma e outra se encontra.

De início, o conceito de descentralização apenas se aplicava quando o Estado reconhecia e transferia atribuições e poderes de decisão para as colectividades territoriais. Este conceito nasce em França por via da administração municipal. Estava-se no âmbito da descentralização territorial. É o reconhecimento pelo Estado—administração da existência de entidades, com personalidade jurídica e que actuam na prossecução dos interesses das populações respectivas, sem estarem sujeitas às ordens da administração central ou dos seus órgãos, antes actuando de acordo com o seu livre arbítrio, desde que no respeito pela Lei. No entanto, o conceito foi sendo utilizado para caracterizar outros tipos de relações. Com o aumento da complexidade organizatória do Estado, este foi-se multiplicando em serviços que, por vezes, para ultrapassar procedimentos burocráticos tradicionais, eram colocados fora da administração directa, com regimes jurídicos diferentes, de modo que garantissem maior agilidade e prontidão das respostas.

Com a institucionalização desta administração indirecta, surge a noção de descentralização funcional ou descentralização por serviços.

Como já foi dito, de início este conceito estava essencialmente ligado à autonomia das colectividades locais, sendo que como refere Vital Moreira, "*na França a noção dominante de descentralização tende a consumir a problemática da administração autónoma*"[72]. O que significa que

---

[72] MOREIRA, Vital (1997), *Administração Autónoma e Associações Públicas*, p. 143.

falar de descentralização é, praticamente, o mesmo que falar de administração autónoma. Hoje tal já não se verifica, e a concepção corrente de descentralização, como nos diz, de novo, Vital Moreira,

> *"tem um entendimento amplo que consiste na atribuição de funções administrativas (...) a entidades administrativas infra-estaduais, tanto territoriais (descentralização territorial) como funcionais (descentralização funcional ou por serviços)"*[73].

Este é, no entanto, um conceito em que a doutrina não tem uma posição unânime. Para alguns autores este é um conceito que deveria ficar apenas para identificar o processo de transferência de atribuições e poderes para as administrações autónomas seja a territorial ou associativa. Outros autores, dando-lhe um significado mais amplo, incluem neste conceito todas as formas de distribuição de atribuições por entidades, sejam estas da administração autónoma sejam da administração indirecta.

A centralização administrativa, corresponde a uma orgânica em que todos os interesses, sejam eles os gerais da comunidade nacional ou os interesses gerais de uma comunidade territorial menor, são geridos pelas chefias centrais, através relações de hierarquia. A descentralização existe quando, os interesses locais são geridos de forma autónoma por pessoas colectivas territoriais.

Para Marcello Caetano, existe uma outra figura importante para regular as conexões entre os diversos serviços e as pessoas colectivas que lhe servem de suporte. Refere-se à devolução de poderes que, para este autor, existe quando um determinado conjunto de tarefas é entregue a um serviço personalizado, por exemplo a um instituto público. *"... Método que consiste em entregar a gestão de certo interesse ou feixe de interesses colectivos a um serviço personalizado e autónomo..."*[74].

---

[73] MOREIRA, Vital (1997), *Administração Autónoma e Associações Públicas*, p. 143.

[74] CAETANO, Marcello, *Manual de Direito Administrativo*, (1990), p. 252.

Assim, quando o legislador destaca da organização administrativa do Estado determinados serviços aos quais confere individualidade jurídica, poderes de decisão e um património, estamos perante aquilo a que alguns autores chamam de «*descentralização por serviços*», outros de descentralização funcional, de descentralização técnica, de descentralização institucional, de descentralização objectiva ou, ainda, de «*devolução de poderes*».

Vital Moreira, fala na "*purificação do conceito de descentralização*"[75], o que "*passaria pela recondução ao conceito de administração autónoma*".

Para efeitos deste trabalho, basta-nos o conceito mais restrito, ou "*purificado*". Importa então estabelecer que descentralização administrativa se refere a um processo de transferência, por lei, de atribuições e de poderes de decisão (funções decisórias e executivas) da administração central para os órgãos da administração autónoma. Sendo certo que a administração autónoma comporta as autarquias locais, as regiões autónomas e as corporações ou associações, para nós importa, fundamentalmente, a administração autónoma representada pelas autarquias locais, sejam elas as freguesias, os municípios ou as regiões administrativas.

Para Sérvulo Correia, descentralização é,

"*o reconhecimento por parte do Estado do direito das populações que integram os diversos tipos de colectividades locais e regionais, de se organizarem em pessoas colectivas de população e território, dotadas de órgãos representativos que prosseguem com autonomia os interesses próprios dessas comunidades*"[76]

Entendido o conceito de descentralização, importa fixar, também, o conceito de centralização. Como já foi referido, a centralização num plano jurídico, caracteriza-se pela inexistência do reconhecimento de outras pessoas no seio da pessoa colectiva pública Estado.

---

[75] MOREIRA, Vital (1997), *Administração Autónoma e Associações Públicas*, p. 156.

[76] SÉRVULO CORREIA, J. M. (1982), *Noções de Direito Administrativo*, p. 129.

Pode no entanto acontecer estarmos perante um quadro de um sistema juridicamente descentralizado e, sob o ponto de vista político-administrativo, ser um sistema centralizado. Para tal basta que os órgãos das diferentes pessoas colectivas públicas sejam nomeados e demitidos pelo poder central.

Importa perceber a distinção dos conceitos de centralização e descentralização no plano jurídico e no plano político-administrativo pelo facto de que, como refere Freitas do Amaral, " ... *a descentralização jurídica pode na prática constituir um véu enganador que recobre a realidade de uma forte centralização político-admistrativa*"[77].

A descentralização administrativa constitui, também, um objectivo fundamental enquanto aposta estratégica no princípio da subsidiariedade[78]. Princípio que, inserido numa dinâmica de modernização do Estado e num modelo de organização administrativa, tende à obtenção de melhores níveis de satisfação das necessidades dos cidadãos, em termos mais eficientes e eficazes e mais conformes com o sentido de autonomia responsável dos regimes democráticos.

No domínio das regiões administrativas, Amaral diz-nos que

"a região é concebida fundamentalmente como invenção artificial, uma entidade nova que o Estado cria com vista a um exercício mais eficaz do seu poder soberano e a uma melhor implementação da sua vontade e das suas políticas."[79]

Quando se fala de regionalização, ocorrem, por vezes, confusões entre realidades que são bastante diferentes[80]. Para nós, o conceito aqui a

---

[77] AMARAL, Diogo Freitas (2002), *Curso de Direito Administrativo*, p. 694.

[78] Princípio a que voltaremos e dispensaremos alguma atenção.

[79] AMARAL, Carlos Eduardo Pacheco (1998), *Do Estado Soberano ao Estado das Autonomias. Regionalismo, subsidiariedade e autonomia para uma nova ideia de Estado*, p. 181.

[80] Na Bélgica, por exemplo, a nível intermédio existe simultaneamente a divisão em três estados federados e uma segunda divisão em dez "regiões" ou "províncias". No entan-

ser explorado refere-se à criação de estruturas intermédias entre o município e o Estado-nação, com órgãos representativos próprios e eleitos. Pessoas colectivas públicas de população e de base territorial[81], com autonomia administrativa e financeira, e que fazem parte da administração autónoma do Estado. Falamos de regiões administrativas que, de acordo com a CRP, são autarquias locais.

Para Freitas do Amaral, regionalização é

"a criação de entidades públicas novas, autónomas, chamadas regiões, com órgãos próprios de decisão, eleitos em sufrágio directo e universal pela população residente em cada região, e dotados de competências próprias para resolverem os seus próprios assuntos, através dos seus próprios recursos humanos, materiais e financeiros."[82]

No entanto, os conceitos de região e regionalização não são coincidentes para os diversos ramos do conhecimento que os utiliza, destes destacando-se o Direito, a Ciência Política e a Geografia. Como nos diz

---

to o conceito de regionalização é por vezes também estendido "*às situações de existência de estruturas intermédias não electivas*", como faz a União Europeia ao designar por "região" as áreas territoriais situadas a níveis abaixo do Estado-nação, podendo ser de nível 1, de nível 2 ou de nível 3. Estes diversos níveis visam essencialmente fins estatísticos. Para efeitos de política regional, o nível utilizado é principalmente o nível 2 e nele se incluem realidades diversas como as *provinces* na Bélgica, *regieriungsbezirke* na Alemanha, *regiões em desenvolvimento* na Grécia, *comunidades autónomas* em Espanha, *régions* em França, *regioni* em Itália, *provinces* nos Países Baixos, *comissões de coordenação regional* em Portugal e *groups of counties* no Reino Unido – cfr. SÁ, Luís, "Modelos Políticos de Regionalização: Sobre os Modelos "Os Modelos para Portugal", in *Regionalização e Desenvolvimento*, pp. 29-30.

[81] As regiões administrativas são pessoas colectivas públicas de população e de território porque "*visam a satisfação de interesses próprios das pessoas aí residentes*", cfr. DIAS, José Figueiredo & OLIVEIRA, Fernanda Paula (2001), *Direito Administrativo*, p. 62.

[82] AMARAL, Diogo Freitas (2002), *Curso de Direito Administrativo*, p. 541.

Pierre Bourdieu, estas divergências a que este autor chama "*as lutas pelo poder de divisão*"[83], salientam-se quando estamos perante a instituição em concreto de regiões. Em regra distinguem-se regiões económicas, culturais e políticas. Nem sempre estas três facetas se cruzam no mesmo espaço, no entanto, como refere Luís Sá, "*... a construção de relações de poder no espaço da região é um elemento que influi no sentido de se manterem ou reforçarem identidades...*"[84].

A ideia de região é, assim, representável sob vários tipos de análise. Diz-nos Simões Lopes que

"*para alguns é uma entidade real, objectiva, concreta, que pode ser facilmente identificada, quase que uma região natural; para outros não é mais do que um artifício para classificação, uma ideia, um modelo que vai facilitar a análise permitindo diferenciar espacialmente o objecto de estudo*"[85]

O conceito tradicional de região, como nos diz Figueiredo, "*significava uma divisão do espaço geográfico efectuada pela autoridade política e administrativa*"[86]. Para este autor, este conceito foi-se mantendo e foi utilizado para as delimitações regionais com "*os fins mais diversos: religiosos, administrativos, fiscais, agrícolas, judiciais, militares, eleitorais, hídricos, climatéricos, etc.*"[87]

A designação de região é utilizada para identificar realidades desiguais, pelo que não é tarefa fácil fixar-lhe um conceito. Como diz Argimiro Salgado,

"*... estamos ante una realidad caracterizada por la ambigüedad y la indeterminación, portadora de significaciones y*

---

[83] BOURDIEU, Pierre, (1989), *O Poder Simbólico*, p. 126.
[84] SÁ, Luís (1994), *As Regiões, a Europa e a «Coesão Económica e Social»*, p. 21.
[85] LOPES, A. Simões (1995), *Desenvolvimento Regional: problemática, teoria e modelos*, p. 31.
[86] FIGUEIREDO, Ernesto V. S. (1988), *Portugal: que regiões?*, p. 9.
[87] FIGUEIREDO, Ernesto V. S. (1988), *Portugal: que regiões?*, p. 9.

concepciones muy diferentes y por lo mismo susceptible de ser aplicada a realidades dispares."[88]

A concretização da região pode surgir por um processo de desconcentração ou de descentralização. No primeiro caso, temos regiões que dependem das orientações, directrizes e ordens do Governo. É o que acontece com as nossas CCRs. No segundo caso, a região é uma pessoa colectiva de direito público, diferente da pessoa colectiva Estado, com autonomia e em que os seus órgãos resultam de eleição pelos cidadãos aí residentes.

As regiões administrativas são autarquias de âmbito regional. São parte do poder local[89], entidades intermédias, situadas entre o Poder Central e os Municípios, eleitas pelas populações e destinadas a complementar a acção municipal. É assim que a CRP as consagra e define estabelecendo que a organização autárquica no país é constituída, no continente, pelas freguesias, municípios e regiões administrativas.

É desta regionalização que nos ocupamos.

1.1.4. Administração Central *versus* Administração Local Autárquica

Convém dizer que, quando nos referimos à administração local, queremos identificar a administração autárquica, o poder local representado pelos municípios e pelas freguesias.

---

[88] SALGADO, Argimiro Rojo (1996), *La Exigencia de Participación Regional en la Unión Europea*, p. 29.

[89] Para haver poder local, não basta haver autarquias locais. É necessário que as autarquias sejam verdadeiramente autónomas, tanto administrativa como financeiramente. As suas atribuições têm de ser suficientemente amplas, estarem devidamente dotadas de recursos técnicos e humanos e libertas de uma excessiva e controladora tutela administrativa e financeira. Por isso, concordamos com a afirmação de AMARAL, Diogo Freitas (2002), *Curso de Direito Administrativo*, p. 541, segundo a qual *"a regionalização não é o reforço do poder local"*.

Figura 3 - Número de Funcionários Públicos por Sector

Serv. De Apoio aos Órgãos de Soberania	5.725
Presidência do Conselho de Ministros	2.131
Equipamento Social	6.604
Negócios Estrangeiros	3.874
Defesa Nacional	51.622
Administração Interna	50.896
Finanças	17.263
Economia	5.639
Trabalho e Solidariedade	27.280
Justiça	24.818
Planeamento	2.790
Agricultura e Pescas	14.528
Educação	228.771
Saúde	115.590
Ambiente e Ordenamento do Território	3.381
Cultura	3.509
Ciência e Tecnologia	1.411
Reforma do Estado	716
Total da Administração Central	**566.548**
Administração Regional dos Açores	15.166
Administração Regional da Madeira	18.683
Administração Autárquica	116.066
Total da Administração Pública	**716.463**

Fonte: 2º Recenseamento Geral da Administração Pública (1999)

Por administração central, entende-se toda a restante Administração Pública, abrangendo todos os outros serviços centrais ou periféricos, incluindo a administração indirecta.

Em Portugal, ao contrário de muitos outros países europeus, a administração central do Estado tem um peso esmagador no conjunto da Administração Pública, ou visto por outro prisma, a percentagem de funcionários da Administração Pública local, é muito reduzida.

Uma reforma da Administração Pública, obrigatoriamente passará pela descentralização e desconcentração da sua gestão. Em Portugal, os funcionários da Administração Pública local representam, apenas, cerca de 17% do total da Administração Pública. Na Alemanha, por exemplo, esta percentagem sobe para 87%[90].

Analisando os dados fornecidos pelos recentes recenseamentos efectuados, dos funcionários públicos, constatamos também que, em termos de habilitações literárias, os funcionários da administração local apresentam em média uma menor formação. A percentagem de licenciados é diminuta. E preocupante é, também, a elevadíssima percentagem de funcionários com apenas quatro anos ou menos de escolaridade: cerca de 50% dos trabalhadores[91].

Compreende-se a existência destas baixas habilitações literárias quando verificamos que os grupos profissionais com maior número de funcionários são os de pessoal auxiliar e do pessoal operário.

Assim, não é de estranhar que exista também uma considerável diferença entre a média da remuneração base mensal da administração central e da remuneração base mensal da administração local.

Estes números demonstram o ainda reduzido peso da administração local, de uma forma geral, e, em particular a sua participação mais em

---

[90] MOREIRA, José Manuel (2002), *Ética, Democracia e Estado – Para uma nova cultura da Administração Pública*, p. 150.

[91] Para o Secretário de Estado da Administração Local, Miguel Relvas, no Debate "Descentralizar. Regionalizar. Desconcentrar. Como Fazer?", Lisboa, 9 de Julho de 2003, *"43% dos funcionários das Câmaras Municipais, o que corresponde a cerca de 100.000 pessoas, têm 4 ou menos de 4 anos de escolaridade"*. http://www.margemesquerda.org/egf.htm. Consulta em 02.10.2003.

actividades de execução do que em actividades de planeamento e coordenação. Isto demonstra o grande espaço que há para se proceder a verdadeiras reformas de descentralização.

Independentemente de não existir um modelo uniforme de descentralização administrativa e financeira que se possa extrair das diversas democracias e, assim, mais facilmente se provar a bondade do argumento, há a certeza que os bens públicos têm uma aplicação que tende para o óptimo na medida em que esses bens são afectos ao nível mais adequado, tendo em conta a sua natureza e os seus utilizadores.

Defendemos, então, que cada competência deve estar no nível de administração que melhor optimize a sua eficiência e eficácia.

Recentemente[92] o Conselho Directivo e o Conselho Geral da Associação Nacional dos Municípios Portugueses (ANMP), vieram afirmar e sublinhar que segundo dados do próprio Ministério das Finanças, e do Banco de Portugal, o peso da Despesa da Administração Local na Despesa da Administração Pública total representa apenas 10%. Um dos valores mais baixos da Europa.

Acrescenta-se que as despesas correntes são apenas de 6,1%, que as despesas com o pessoal são tão só de 8,3%, que os encargos financeiros não se elevam a mais de 1,7%, e que, pela inversa, o investimento representa 45,5%. O que demonstra uma enorme capacidade de investimento, em contrapartida com um baixíssimo peso de despesas correntes e de pessoal, e de encargos financeiros quase ridículos.

Como mais à frente se demonstrará, a revolução liberal concluiu a tarefa iniciada no tempo do Estado absoluto. Para tal, *"prosseguiu a tarefa de centralização, unificação e estadualização administrativa em prejuízo dos poderes locais..."*[93]. Tempo houve em que Administração Pública significava uma pequena e coesa organização hierárquico-burocrática. Ou seja, uma administração única, sem quaisquer organismos autónomos, e hierarquizada.

---

[92] Consulta ao Boletim da ANMP em http://www.anmp.pt/, N.º 108 Novembro 2002.

[93] MOREIRA, Vital (1997), *Administração Autónoma e Associações Públicas*, p. 35.

Esta situação, por diversas razões, depressa se começa a inverter. Por um lado com os Estados chamados a satisfazerem cada vez mais tarefas públicas e, por outro, com a preocupação de *manter o centro pequeno*, assiste-se à centrifugação da administração, com o aparecimento de várias categorias de entidades e com diferentes níveis de autonomia.

Para a economia do trabalho, interessa-nos a transformação que se foi operando, fundamentalmente, via descentralização e, dentro desta, a descentralização territorial. Não nos vamos ocupar em demasia com as diversas formas e evolução da organização periférica do Estado, nem com outras entidades que, mesmo privadas, prestam e desenvolvem serviços públicos. A descentralização, foi um processo que foi alastrando pelos diferentes países de forma diversa. Desde logo pelo tipo de entidades que surgem, em alguns casos, apenas municípios e em outros casos municípios e regiões.

Em nosso entender, o actual modelo de organização municipal está esgotado. Não se pode continuar a tratar por igual o que é desigual. Referimo-nos às diversas atribuições que vão sendo transferidas para os municípios, para todos os municípios, independentemente da sua dimensão, da sua capacidade técnica e humana ou de outras condicionantes que podem existir e que podem ser de ordem cultural ou social.

Na nossa actual composição existem municípios com centenas de milhar de habitantes e municípios com apenas algumas centenas. Ora tratar de igual modo realidades tão diferentes, necessariamente provocará dificuldades, a uns por excesso e a outros por defeito. Uma determinada competência pode ser, para um município pequeno, difícil de incorporar e, ao invés, para um município maior pouco representará para a capacidade de resposta da organização municipal.

A nossa divisão municipal, actualmente, é muito próxima da que existia no início da 1.ª República, em 1911. Daí até aos nossos dias, o seu número passou de 291 para os actuais 308, sendo que quatro[94] destes foram criados após o 25 de Abril.

---

[94] Amadora em 1979, Odivelas, Trofa e Vizela em 1998.

1.1.5. Portugal como Estado unitário

O Estado português é um Estado unitário regional periférico[95], o que significa que temos um só poder político mas comportando no seu seio regiões periféricas a que confere vasta autonomia. No entanto, a especificidade das Regiões Autónomas dos Açores e da Madeira assegura, no entendimento de Paddison, a qualificação de Portugal como um Estado parcialmente regional[96]. Esta categoria especial justifica-se, para este autor, pelo facto de, num quadro unitário, se reconhecer a pequenas parcelas uma autonomia que não se reconhece ao restante território.

Tendo presente as dimensões essenciais que caracterizam a forma do Estado português: a unidade da soberania do Estado, a forte componente da autonomia regional, mesmo que parcial e periférica, e a descentralização administrativa nas autarquias locais, Pinto e Almeida afirmam que *"Portugal é um **Estado Unitário Regional**".*[97]

É a própria CRP que, ao consagrar a unicidade do Estado como princípio constitucional geral, estabelece, ao mesmo tempo, outros princípios que vão enobrecer aquele, apesar de, aparentemente, o contrariarem.

Vejamos o artigo 6.º n.º 1 da CRP.

"O Estado é unitário e respeita na sua organização e funcionamento o regime autonómico insular e os princípios da subsidiariedade, da autonomia das autarquias locais e da descentralização democrática da administração pública."

---

[95] Há autores que defendem que esta forma de Estado é um *tertium genus* e que põe em causa a distinção clássica entre Estados unitários e Estados federais. Cfr. MIRANDA, Jorge (1994) – *Manual de Direito Constitucional*, p. 259.

[96] Cfr. PADDISON, Ronan (1983), *The Fragmented State: The Political Geography of Power*, p. 31.

[97] A negrito no original. PINTO, Ricardo Leite & ALMEIDA, José M. Ferreira de (2001), *O Sistema Político-Administrativo Português*, p. 21.

Capítulo I - Contextualização e Formulação do Problema 75

Como Estado unitário[98], no essencial, significa que não estamos perante ou a caminho de um estado federado. Temos órgãos de soberania únicos para todo o território nacional. A autonomia conferida às regiões autónomas *"não põe em causa a unicidade do Estado, nem pode alargar-se de modo a afectá-la"*[99]. A Constituição é única.

O princípio da unidade do Estado está subjacente ao facto de constituir tarefa fundamental do Estado *"promover o desenvolvimento harmonioso de todo o território nacional, tendo em conta, designadamente, o carácter ultraperiférico dos arquipélagos dos Açores e da Madeira"*[100]. É ainda o mesmo princípio que justifica a incumbência dos órgãos de soberania em assegurar *"em cooperação com os órgãos de governo regional, o desenvolvimento económico e social das regiões autónomas, visando, em especial, a correcção das desigualdades derivadas da insularidade"*[101].

Para o presidente do Governo Regional da Madeira, João Jardim,

"a Madeira já é mais do que um Estado federal, por ter poderes legislativos. Por exemplo: as receitas fiscais são todas do orçamento regional; participamos em tratados internacionais que envolvam o nosso território; o Estado tem de nos ouvir na legislação aplicável aqui. Para o Conselho da Europa, somos Estado

---

[98] A doutrina divide entre Estado simples ou unitário e Estados compostos ou complexos

[99] GOMES CANOTILHO, J. J. & MOREIRA, Vital (1993), *Constituição da República Portuguesa*, p. 76. Para estes autores não se justifica falar em Estado regional uma vez que a componente do território submetida à regionalização política representa uma pequena parte. Para REBELO DE SOUSA, Marcelo (1999), *Lições de Direito Administrativo*, p. 74, "... o Estado português é um Estado unitário regional periférico...". Para MIRANDA, Jorge (1994) *Manual de Direito Constitucional*, pp. 259-260, o Estado unitário descentralizado ou regional distingue-se em várias categorias: Estado regional integral, Estado regional parcial, Estado regional homogéneo e Estado regional heterogéneo. Para este autor, Portugal é um Estado regional parcial.

[100] CRP, artigo 9.º, alínea g).

[101] CRP, artigo 229.º, n.º 2.

regional. O que está na Constituição – que Portugal é um Estado unitário – é mentira; é um erro técnico."[102]

Neste trabalho não haverá referências alongadas às Regiões Autónomas dos Açores e da Madeira[103], como facilmente se compreenderá dado que estas gozam de um estatuto de autonomia política, legislativa e administrativa, que passa pela produção legislativa e regulamentar regional, com órgãos de governo próprio. Estatuto democraticamente consolidado e em que "*são apreciáveis as garantias constitucionais da autonomia regional*"[104].

Com assembleias legislativas e governos próprios depois do 25 de Abril de 1974, já antes, e fruto da descontinuidade geográfica dos respectivos territórios insulares, tinham um estatuto especial, sendo designados por distritos autónomos e ilhas adjacentes.

Apesar de só no século XIX se começarem a encontrar reivindicações autonómicas, sempre o sistema de administração das Ilhas foi diverso do que era adoptado no continente. Após um longo período de conformismo e esbatimento dos ideais autonómicos, por causa do Estado Novo, o descontentamento com o sistema administrativo tornou-se visível quando foi possível a livre expressão após o 25 de Abril de 1974.

A CRP estipulou, em termos de organização do Estado e da descentralização, tratamento diferenciado para as regiões insulares e para o território do continente. Em relação às Regiões Autónomas a CRP cumpriu-se, não tendo acontecido o mesmo com a previsão da regionalização para o continente. Este é o objecto do nosso estudo.

---

[102] João Jardim, em entrevista ao Jornal de Notícias de 17.03.2003, p. 2.

[103] De acordo com o n.º 1 do artigo 225.º da CRP "*O regime político-administrativo próprio dos arquipélagos dos Açores e da Madeira fundamenta-se nas suas características geográficas, económicos sociais e culturais e nas históricas aspirações autonomistas das populações insulares.*"

[104] GOMES CANOTILHO, J. J. & MOREIRA, Vital (1993), *Constituição da República Portuguesa*, p. 845.

1.2. Objectivos a Atingir

Tentaremos demonstrar como é que os dois principais pilares do processo de regionalização – reforma do Estado e descentralização administrativa; desenvolvimento sócio-económico e mobilização territorial - podem contribuir para uma verdadeira reforma da Administração Pública e para um desenvolvimento mais equilibrado do país.

Estes dois principais pilares devem ser considerados como os objectivos a perseguir na regionalização, como estratégia para a organização espacial da sociedade, e que podem ser traduzidos em dois termos: democracia e desenvolvimento.

Um desenvolvimento que não alimente mais as assimetrias regionais. Um desenvolvimento que se espraie por todo o País, e não apenas ao longo de uma pequena faixa no litoral, como se verificou nos últimos anos.

"Na faixa litoral oeste, com pouco mais de 20Km de profundidade, entre Viana do Castelo e Setúbal, se concentram dois terços da população portuguesa que absorvem quatro quintos do produto nacional bruto, 80% do emprego industrial e 75% do emprego do sector terciário, nove décimos da produção de energia transformadora, mais de 90% dos estabelecimentos do ensino superior, a totalidade das auto-estradas do País!"[105]

---

[105] Assim se caracterizava, há poucos anos, a litoralização do País. Cfr. em RAMIRES FERNANDES, Manuel (1996), *A Problemática da Regionalização*, pp. 49-50. No mesmo sentido vão FERREIRA, Maria Júlia & Rosado, Ana Rita, "As Grandes Áreas Portuguesas. Conceitos e Delimitação Espacial", in *Território e Administração Gestão de Grandes Áreas Urbanas,* (2001), p. 46; ao elegerem a litoralização do povoamento como a característica mais evidente do sistema urbano português, assumindo que *"a faixa com 40 km de largura que se estende de Viana do Castelo a Setúbal concentra cerca de 85% da população urbana e abrange as principais áreas urbanas, incluindo as duas metropolitanas."*.

É sintomático deste desequilíbrio, também, o facto de nenhuma aglomeração urbana no interior atingir os 50.000 habitantes.

Um verdadeiro desenvolvimento económico e social e não um mero crescimento[106]. Um desenvolvimento que reduza as disparidades regionais, melhore o uso e a organização do espaço e contribua para a melhoria da qualidade de vida.

Reflectindo sobre a ajuda que estamos a receber da União Europeia e sobre a forma como tem sido canalizada, embora que apoiada num quadro regional, integra-se na filosofia global da ajuda ao desenvolvimento. Identifica-se, assim, muito com o modelo de industrialização e de especialização internacional, adoptando o primado da economia: desenvolva-se a economia, e o resto virá por acréscimo. De acordo com esta filosofia surgem os investimentos em infra-estruturas, nas redes viárias e na modernização do tecido produtivo.

Porém, quanto estamos no tempo da economia do conhecimento, é preocupante ver o absoluto predomínio dos investimentos materiais[107]. É claro que alguns são fundamentais e que ninguém pode negar a sua importância e o contributo que deram na inegável modernização no domínio das infra-estruturas. Mas, atenção, falta a outra componente, a do investimento no conhecimento e nas pessoas.

O desenvolvimento[108], conforme ensina Simões Lopes, *"não se confunde com crescimento, embora possa precisar dele; mas enquanto o*

---

[106] *"As profundas alterações verificadas nas estruturas económicas e sociais dos países da Europa e as suas relações com outras partes do mundo necessitam de uma revisão crítica dos princípios que regulamentam a organização do espaço, para impedir que sejam inteiramente determinadas por objectivos económicos de curto-prazo sem terem em consideração aspectos sociais, culturais e ambientais"*, n.º 4 do Preâmbulo da Carta de Torremolinos sobre Planeamento Regional.

[107] Veja-se a este propósito o caso da Irlanda que aquando da adesão à Comunidade Europeia tinha níveis de desenvolvimento idênticos aos de Portugal e durante vários anos apresentou valores de crescimento económico extraordinários, quando comparados com qualquer outro país, apresentando opções de investimento que não privilegiavam as infra estruturas nem as redes viárias mas sim o conhecimento e a formação.

[108] Não é nossa intenção defender a ideia do *"crescimento zero"*. Sabemos que o crescimento sem desenvolvimento é um fenómeno observável e que o desenvolvimento

desenvolvimento é objectivo, é fim, o crescimento é meio, é instrumento"[109]. Para este autor, desenvolvimento é *acesso;* acesso das pessoas aos bens e serviços, independentemente do local em que essas pessoas estão. Um acesso igualitário.

O processo democrático receberá dois importantes contributos. Por um lado aproxima-se o poder do cidadão, por outro lado, acrescenta-se eficácia à democracia representativa. As decisões a nível regional, as que assim forem definidas, são tomadas por representantes das populações dessa região.

A criação das regiões administrativas corresponderá à possibilidade de conferir, através da eleição directa pelos cidadãos, legitimidade e representatividade democrática a um poder regional que já hoje exerce um conjunto de funções e competências de nível supramunicipal, sem qualquer controlo directo das populações e dos próprios municípios, uma vez que estes decisores são nomeados e não eleitos.

Discutir-se-ão as razões pelas quais a regionalização é apontada, pelos seus defensores, como instrumento de desenvolvimento[110]. Certos de que uma reforma administrativa constitui uma exigência para a competitividade de Portugal, num contexto de aprofundamento da União Europeia, vamos explorar o conceito de regionalização em confronto com descentralização e desconcentração, mantendo sempre presente a actual realidade da gestão municipal.

É urgente compreender a necessidade da integração de políticas, nomeadamente, do ambiente, do ordenamento do território, da conservação da natureza e da biodiversidade a um nível infra-estadual e conjugá-las com os problemas da coesão inter-regional.

---

sem crescimento permanece uma hipótese gratuita. O que pretendemos é deixar claro que não basta haver crescimento para que automaticamente a qualidade de vida melhore.

[109] LOPES, A. Simões, "Regionalização e Desenvolvimento", in *Regionalização e Desenvolvimento*, (1996), p. 126.

[110] Para OLIVEIRA, Luís Valente (1996), *Regionalização*, p. 181, "*Ao estar a tratar de regionalização e de desenvolvimento, não posso deixar ficar a mais leve suspeita de que acho que o segundo só se pode fazer através da primeira e com o concurso dos poderes públicos.*"

No entanto, este princípio de transversalidade, que tem de ser acompanhado pelos princípios da integração, da subsidiariedade, da equidade e da participação, reclama por um novo enquadramento orgânico. Esse enquadramento, deverá reflectir uma organização política e administrativa mais descentralizada da Administração Pública.

Assim, vamos tentar demonstrar qual seria o contributo que traria a criação das regiões administrativas em Portugal, para uma administração pública que se quer e urge melhorar.

Com que Administração Pública ficaríamos nós após um processo de regionalização? No entanto, não é objectivo nosso, com este trabalho, fundamentar qualquer proposta de divisão regional. A isso obrigaria outro tipo de investigação. Faremos, no entanto, uma apresentação dos diversos modelos que têm surgido.

Tentaremos demonstrar as dificuldades existentes, para Castelo de Paiva, derivadas da actual (des) organização administrativa, e as vantagens que poderiam advir de uma mais racional e reformada administração, para o país em geral e, em particular, para Castelo de Paiva.

1.3. Breves Considerações Relativas à Metodologia

Tendo presente que a questão principal de investigação, neste trabalho, é a apresentação da regionalização como forma de restruturação e modernização da administração pública de modo que esta possa ter um papel relevante no desenvolvimento económico, social e político do continente português, optou-se por justificar a existência da administração pública, historiando a sua evolução, de forma breve e descrevendo alguns modelos com os quais se compara.

Estabelecemos, então, como objecto deste trabalho a regionalização em geral. *"A pesquisa deve dizer sobre este objecto coisas que não tenham já sido ditas ou rever com uma óptica diferente coisas que já foram ditas"*, como refere Humberto Eco[111]. Esta é a nossa vontade. Dizer coisas que ainda não tenham sido ditas e rever outras.

---

[111] ECO, Humberto (1997), *Como se Faz uma Tese*, p. 53.

Como um dos componentes do problema colocado tem a ver com a actual mas ultrapassada organização administrativa, fundamentalmente a forma como se molda ao território a Administração Central periférica, é nossa convicção que a apresentação de um caso concreto ilustrará de forma mais consistente a problemática estudada.

Assim, como exemplo, propomos apresentar Castelo de Paiva e a sua relação com os diversos serviços da Administração periférica do Estado.

1.3.1. Metodologia, método e técnicas

Metodologia, é um termo que aparece frequentemente com diversos sentidos. Tanto aparece *"associado à ciência que estuda os métodos científicos, como as técnicas de investigação"*[112], como pode aparecer numa aproximação de epistemologia.

Por outro lado, não existe unanimidade de opiniões, entre os investigadores das diversas ciências sociais, sobre se há efectivamente um método ideal para cada área cientifica. No entanto, qualquer investigação procura respostas para um dado problema. Para Edgar MORIN, o método é *"o que ensina a aprender."*[113]

O método consiste no processo, que poderá ser representado por um conjunto de operações a diferentes níveis, que a ser seguido permitirá, numa determinada investigação, encontrarmos respostas para o problema em análise.

Diremos que em termos de metodologia, a opção vai para a elaboração de um estudo teórico, na sua vertente descritiva, com a apresentação de um caso[114], que servirá de exemplo para ilustrar a problemática que se pretende analisar. No entanto, sabemos que

---

[112] PARDAL, Luís & CORREIA, Eugénia (1995), *Métodos e Técnicas de Investigação Social*, p. 10.

[113] MORIN, Edgar (1977), *La méthode. La Nature de la Nature*, p. 21.

[114] Não é nossa intenção, no entanto, apresentar um "estudo de caso".

"os estudos de caso correspondem a um modelo de análise intensiva de uma situação particular (caso). Tal modelo, flexível no recurso a técnicas, permite a recolha de informação diversificada a respeito da situação em análise, viabilizando o seu conhecimento e caracterização."[115]

Estamos cientes de que o método em uso é vulnerável a fontes de invalidez e da dificuldade para generalizar as conclusões a que possamos chegar, mas

"viabilizando o conhecimento pormenorizado de uma situação, por recurso a métodos qualitativos e quantitativos, o estudo de caso permite compreender naquela o particular na sua complexidade, ao mesmo tempo que pode abrir caminho, sob condições muito limitadas, a algumas generalizações empíricas..."[116].

Faremos uma revisão da literatura existente sobre regionalização em Portugal e a pesquisa necessária para o estudo comparado com que se pretende fundamentar o presente trabalho. Além da bibliografia publicada, utilizaremos trabalhos académicos e legislação nacional, internacional[117] e comunitária.

Faremos uso de artigos de opinião, fundamentalmente, para a crítica aos argumentos utilizados, quer a favor quer contra, por aqueles que têm intervindo no debate da regionalização. Chamamos a atenção para o facto de este ser um tema que foi objecto de discussão pública e discussão política, num percurso de campanha eleitoral para um referendo, o que fez com que alguns dos argumentos utilizados, a favor ou contra, pelo menos nesse período, nem sempre pudessem invocar grande honestidade intelectual.

---

[115] PARDAL, Luís & CORREIA, Eugénia (1995), *Métodos e Técnicas de Investigação Social*, p. 23.

[116] PARDAL, Luís & CORREIA, Eugénia (1995), *Métodos e Técnicas de Investigação Social*, p. 22.

[117] Recorreremos a legislação francesa, italiana e espanhola.

Sabemos que o estudo descritivo procura descrever, com precisão, os factos e os fenómenos de determinadas realidade, pelo que trataremos (tentaremos) de apresentar de forma precisa e completa as diversas visões da realidade em estudo. Assim, teremos uma visão histórica do que foi a administração supramunicipal ao longo dos séculos da nossa História e teremos uma visão comparativa do que é actualmente a administração regional em alguns países europeus. Faremos a "história" das regiões administrativas depois do 25 de Abril e discutiremos diversos conceitos e modelos de regionalização.

Para além da análise das instituições da nossa Administração Pública supramunicipal e do estudo comparado, é objectivo deste trabalho, contribuir para uma mais clara e objectiva discussão sobre as consequências para o nosso País da instituição de regiões administrativas no continente.

Uma advertência para os leitores deste trabalho. Sabemos que em algumas matérias não vamos aprofundar como seria de esperar de um jurista, noutras como seria de esperar de um economista, e em outras ainda como seria de esperar de um geógrafo ou de um especialista em planeamento e desenvolvimento regional. Para não estarmos com muitas *excusationes non pietates,* deixamos aqui a seguinte explicação: O presente trabalho balança entre as áreas jurídico-administrativa, a económica e a do planeamento. A nossa formação académica[118] não nos permite, ou pelo menos não nos aconselha a optar predominantemente por uma delas. Temos que ter presente que este é um assunto que requer uma análise pluridisciplinar. Já Pierre Bourdieu, considerava que

"a região é o que está em jogo como objecto de luta entre os cientistas, não só geógrafos é claro, que, por terem que ver com o espaço, aspiram ao monopólio da definição legítima, mas também historiadores, etnólogos e, sobretudo desde que existe uma política de «regionalização» e movimentos «regionalistas», economistas e sociólogos."[119]

---

[118] Licenciatura em Administração Autárquica.
[119] BOURDIEU, Pierre, (1989), *O Poder Simbólico*, p. 108.

Nas ciências sociais, a concepção para a análise dos problemas reais e concretos que se colocam ao homem, é a de sistema aberto. E, se determinado problema tem um carácter mais disciplinar, isso não quer dizer que possa ser avaliado exclusivamente sob essa óptica sectorial. Sobre esta visão interdisciplinar, Simões Lopes, escolhe a vertente económica, eventualmente dominante num determinado problema real para nos dizer que

"... não há problemas económicos; há problemas; se quisermos, há problemas sociais, naturalmente com aspectos económicos, sociológicos, demográficos, políticos, institucionais, técnicos, culturais, etc., mas não há problemas económicos,..."[120].

Assim, e tendo presente a necessidade de considerar esta globalidade social, é nossa convicção que o caminho a percorrer na elaboração deste trabalho, será feito tendo como referência maior a organização da Administração Pública, o que nos leva a privilegiar a área da ciência administrativa, sem enjeitar alguns contributos da ciência política.

1.4. A escolha de Castelo de Paiva para análise de trabalho[121]

A justificação para a escolha de Castelo de Paiva, passa forçosamente e em primeiro lugar, por ser a localidade na qual o autor deste trabalho vive e trabalha. Mais correcto e completo dir-se-á que é a terra em que o autor nasceu, sempre viveu e trabalhou. Assim, fruto da sua vivência, foi-se apercebendo das complicadas redes hierárquicas que se cruzam

---

[120] LOPES, A. Simões (1995), *Desenvolvimento Regional: problemática, teoria e modelos*, p. 16.

[121] Com a apresentação de Castelo de Paiva apenas se pretende ilustrar uma das vertentes deste complexo problema que com a regionalização poderia ser melhorado, referimo-nos à coordenação horizontal da administração periférica do Estado.

sobre este município, fruto de uma divisão da administração central regional que, sector a sector, nunca segue a mesma lógica para a delimitação das circunscrições administrativas.

Ainda hoje a população estranha e sofre com a distância que tem de percorrer – cerca de 45 Km – por um estrada cheia de curvas, para chegar ao Hospital de Santa Maria da Feira quando tem um outro hospital, da mesma categoria ou nível, a sensivelmente metade da distância e com uma melhor acessibilidade - o Hospital do Vale do Sousa.

Este é um dos exemplos que, por mor de uma administração pública cuja arquitectura é muitas vezes incompatível com a realidade social, económica, desportiva, cultural, ambiental e histórica do território, surgem e complicam a vida ao cidadão quando este necessita dos serviços da administração pública.

Não se pense, no entanto, que o problema com que se debate Castelo de Paiva não atinge igualmente outros municípios com tanta ou até com mais premência. Este é apenas um exemplo que não deve ser visto como caso único ou como um caso excepcional. Como se demonstrará há outros municípios que não conseguem apresentar, tal como Castelo de Paiva, uma lógica direccional consistente de solidariedades.

CAPÍTULO II

HISTÓRIA DA ADMINISTRAÇÃO SUPRAMUNICIPAL

Introdução

O conceito de administração pública, tal como é entendido nos países europeus principalmente nos de tradição latino-germânica é, pode-se dizer, relativamente recente.

Importa, também, deixar claro que a ideia de que na sociedade há ou deve haver apenas um centro político teve um parto longo no pensamento político ocidental. Recuando à Idade Média, verificamos que a organização política da sociedade não comportava ainda a Administração Pública tal como hoje a entendemos. O mundo medieval e também o mundo moderno viu o poder repartido por diversos pólos sociais, numa teia de organizações de vários recortes e amplitudes em que não se distinguiam as funções ou tarefas públicas.

"O conceito de Estado não pode ser usado para analisar o sistema político do Antigo Regime, caracterizado pela existência de corpos com jurisdição própria, onde se incluem para além da coroa, a Igreja, o poder senhorial e o poder municipal"[1].

---

[1] OLIVEIRA ROCHA, J. A., "O Futuro da Governação Local", in *Economia Pública Regional e Local*, (2000), p. 51.

A Época Medieval é caracterizada por uma "pulverização" dos centros de poder cada qual dotado da sua esfera política-jurisdicional autónoma. Por exemplo: A Igreja e os senhores feudais têm os seus exércitos, cobram os seus impostos e aplicam a justiça. A coroa era um desses vários pólos sociais. Mas a esses podemos ainda acrescentar as comunidades locais, organizadas nos concelhos e as corporações de artes e ofícios. A coroa durante muitos séculos actuou praticamente com as mesmas prerrogativas com que actuavam os senhores feudais, a Igreja ou os outros pólos de poder. Demorou muito tempo a impor-se a concepção de que existiam direitos que naturalmente deveriam pertencer ao rei e só a ele. Assim, do mesmo modo custou muito a aceitar que as prerrogativas político-jurisdicionais da coroa fossem de natureza diferente das dos outros pólos sociais. Com esta configuração do poder, não existem órgãos incumbidos de satisfazer interesses gerais. A chamar-lhe administração, temos de considerá-la uma administração descentralizada com um poder central muito fraco.

Vigora na Idade Média uma organização social baseada nos laços de subordinação pessoal - a vassalagem - o que contribui fortemente para esta dispersão de poderes. Neste mesmo sentido Marcelo Rebelo de Sousa, considera que

> *"a pulverização do poder político com o feudalismo medieval e mesmo a génese dos primeiros Estados europeus na Baixa Idade Média correspondem à quase ausência de Administração Pública central, sendo as necessidades satisfeitas, ou por instituições religiosas, ou no quadro das relações de vassalagem, ou ainda no âmbito da Administração Pública local, estabilizada de forma mais intensa a nível municipal"*[2].

Foi um longo período aquele em que apesar de se reconhecer uma jurisdição suprema *(majestas, mayoria)* ao rei, esta jurisdição tinha de conviver com outros poderes. Era um poder partilhado por força dos vín-

---

[2] REBELO DE SOUSA, Marcelo (1999), *Lições de Direito Administrativo*, p. 20.

culos feudais, senhoriais e corporativos que no interior de cada reino limitam e repartem o poder central.
Assim, em relação à Idade Média, podemos dizer que

"...não tem sentido falar-se em administração pública: não há qualquer unidade que sirva de referência ao interesse público primário, nem um aparelho organizado destinado a servir a sua realização; nenhuma figura (...) tem o encargo de representar os interesses comuns..."[3].

O conceito de Administração Pública continua a ser ignorado na Idade Moderna apesar de nesta altura aparecer a figura política do Estado.
A ideia de Estado atinge o seu expoente com os conceitos de soberania e de Estado soberano que Jean Bodin[4] no séc. XVI redescobriu e fortaleceu de forma a fundamentar juridicamente o poder do rei, no momento da desagregação dos vínculos feudais, da centralização dos poderes e da libertação do poder político face ao poder religioso. Assim, surge o Estado como unidade política perfeitamente delimitada por fronteiras devidamente demarcadas e defendidas, relacionando-se, em pé de igualdade, com outros Estados, igualmente independentes, não reconhecendo no seu exterior qualquer entidade superior.
O conceito de soberania surge para exprimir o

"poder supremo, final e absoluto que no seu seio, não reconhece qualquer outro poder que dele não derive, e que por isso mesmo, não lhe esteja subordinado, enquanto que a nível externo não reconhece poder superior, mas tão só outros poderes igualmente supremos, finais e absolutos nos respectivos domínios espa-

---

[3] DIAS, José Figueiredo & OLIVEIRA, Fernanda Paula (2001), *Direito Administrativo*, p. 13.
[4] Na segunda metade do século XVI, com a publicação de *Les six Livres de la République*.

ciais e populacionais (outros Estados) que se assumem, todos, como parceiros e iguais no plano do sistema internacional."[5]

São, de algum modo, por esta época destruídos os diversos modelos descentralizados e substituídos por uma organização política unitária. Assiste-se a uma centralização do poder real, ou seja, da reintegração das faculdades jurisdicionais que até aí estavam espalhadas pelos diversos pólos de poder e simultaneamente à extinção das imunidades e dos privilégios que esses pólos de poder usufruíam.

A concentração do poder que se verifica é acompanhada por uma substituição da relação pessoal por um elemento territorial, como fundamento da unidade da sociedade política, ou seja do poder. Já não é o laço pessoal que determina o poder a que se está sujeito e o direito a que se está submetido, mas antes o território, que passa a ser um espaço de *imperium*, quando antes era um simples *dominium*.

Com a concentração do poder, transformou-se uma pluralidade de forças autónomas numa unidade de poder organizada com um único exército e um único corpo de funcionários, todos dependendo, tendencialmente da mesma ordem jurídica.

No seguimento desta concentração de poderes no monarca vamos encontrar o absolutismo. Vivia-se a "época das Luzes". O Iluminismo pelo qual se afirma que o governo monárquico é aquele em que o supremo poder reside todo inteiramente na pessoa de um só homem, o qual, ainda que se deva conduzir pela razão, não reconhece contudo outro superior na Terra, podendo então fazer leis, interpretá-las, suspendê-las e revogá-las estando apenas sujeito aos princípios morais e religiosos do cristianismo.

Esta época das Luzes, do déspota iluminado ou esclarecido é também o tempo do *"clube"* das *"nações cultas e polidas"*. Atender às necessidades colectivas dos seus súbditos não era propriamente o fim mais prosseguido pelos monarcas desta época. Vivia-se um tempo em que para

---

[5] AMARAL, Carlos Eduardo Pacheco (1998), *Do Estado Soberano ao Estado das Autonomias. Regionalismo, subsidiariedade e autonomia para uma nova ideia de Estado*, p. 59.

pertencer ao *"clube"* era necessário realizar grandes e emblemáticas obras públicas, como universidades, templos, desenvolvimento de técnicas industriais e agrícolas...

Aqui surge um importante marco na evolução da administração pública. Com a realização destas obras públicas, momento em Portugal personificado em Marquês de Pombal, o Estado sente necessidade de dispor de mais recursos, tanto financeiros como humanos. Por um lado um grande volume de obra obriga a grande investimento, o que provoca a necessidade de montar uma máquina para arrecadar e gerir esses fluxos financeiros. Por outro lado, os funcionários na dependência do monarca aumentam em grande número. É melhorado o sistema fiscal alfandegário, foi restabelecida a *"décima"* como imposto e assiste-se à criação do Erário régio. Agora sim, começa a poder falar-se em administração pública. Uma administração pública fortemente centralizada, com unidade de comando e com uma organização interna seguindo os princípios da hierarquia.

Apesar do discurso teórico do absolutismo apontar para a unidade do poder assumida pela figura do rei, não se encontram, nos finais do século XVIII, estruturas centralizadoras com solidez suficiente para controlarem as cerca de oito centenas de unidades administrativas espalhadas pelo território nacional.

Figura 4 - Unidades Administrativas de Portugal no final do século XVIII[6]

Província	Cidades	Vilas	Concelhos	Coutos	Honras	Julgado	Reguengos	Total
Minho	3	15	46	67	15	3	-	149
Trás-os-Montes	2	62	5	5	8	-	-	82
Beira	7	270	37	43	3	-	4	364
Estremadura	2	122	-	-	-	1	2	127
Alentejo	4	99	-	-	-	1	-	104
Algarve	1	11	-	-	-	-	-	15
TOTAL	22	579	88	115	26	5	6	841

[6] In PEREIRA DE SOUSA, Fernando António (1979), *A população Portuguesa nos inícios do século XIX*, p.19.

São um conjunto de divisões com população, áreas e estatutos formais diferentes e muito variáveis. O que dificultou, por um lado a centralização política e por outro lado o desempenho pela Coroa, em concorrência com as jurisdições periféricas. Durante o século XVIII e de acordo com Luís Vidigal,

"em Portugal o poder ainda se reconhece na pluralidade: as esferas do Público e do Privado, do Formal e do Informal, do Estado e da Sociedade Civil interpenetram-se e sobrepõem-se, graus diversos, nas instituições locais."[7]

Assim, as estruturas da administração mediata, fruto da tradição dos concelhos, são ainda determinantes no funcionamento da vida local. A burocracia régia sente ainda muitas resistências e demonstra as debilidades inerentes a uma implantação pelo país, variável e descontínua.

É no entanto, ainda, uma administração pública sem Direito Administrativo. *"Os particulares eram administrados, não podiam ser administração nem compartilhar dela"*[8]. Os súbditos não tinham quaisquer direitos, o que quer dizer que todos os meios são legítimos para fazer valer a vontade do príncipe. Chegamos ao século XIX e os ideais liberais vão impor-se.

Com a oposição ao Estado absoluto vão isolar-se os modos diferenciados de actuação do Estado, os poderes executivo, legislativo e judicial. Com esta separação procede-se também à sua entrega a sistemas organizatórios diferentes que vão aparecer como um sistema de serviços hierarquizados, formando a função pública. Aqui sim, já destinados à satisfação concreta de interesses públicos. Esta oposição ao Estado absoluto, fruto da ânsia que a burguesia sentia por mais liberdade, também como resposta à opressão a que os cidadãos estavam sujeitos, levou à união de duas clas-

---

[7] VIDIGAL, Luís (1989), *O Municipalismo em Portugal no Século XVIII*, p. 86.

[8] Cfr. MOREIRA, Vital (1997), *Administração Autónoma e Associações Públicas*, p. 24; referindo-se ao monopólio do poder público e da administração pública com a exclusão dos particulares ou de outras forças sociais, de qualquer intervenção nas tarefas administrativas.

ses sociais, a burguesia e o povo, desencadeando as revoluções liberais, que trazem também uma preocupação de afirmarem a ideia de um Estado de Direito. O que implica uma administração pública submetida à Lei, de acordo com o conceito de soberania trazido pelo pensamento democrático, segundo o qual a soberania reside no povo e manifesta-se no parlamento através dos seus representantes. Impõe-se assim o princípio da legalidade da Administração.

Este período fica assim marcado pela afirmação de dois princípios fundamentais: o princípio da separação dos poderes e o princípio da legalidade da administração, para o aparecimento do Direito Administrativo, ramo do Direito que vai acompanhar a Administração Pública e que nasce

"... com o objectivo prioritário (praticamente único) de defender e proteger os direitos dos cidadãos (antes de mais, a sua liberdade, segurança e propriedade) perante as autoridades administrativas."[9].

As funções administrativas do Estado, aquando da revolução liberal, *"reduziam-se às funções básicas de defesa e manutenção do sistema político e social (relações internacionais, defesa, justiça, segurança, polícia, impostos e finanças)"*[10]. Era uma administração cujos serviços dependiam dos ministérios, sendo estes em número reduzido. As funções de carácter económico e social estavam confiadas às colectividades locais.

O Governo do General Junot, com a publicação do decreto de 1 de Fevereiro de 1808, foi, para alguns autores[11], o responsável por importantes alterações que se podem classificar como o início da moderna administração pública portuguesa.

---

[9] DIAS, José Figueiredo & OLIVEIRA, Fernanda Paula (2001), *Direito Administrativo*, p. 18.
[10] MOREIRA, Vital (1997) – *Administração Autónoma e Associações Públicas*, p. 28.
[11] Ver neste sentido CAUPERS, João (2000), *Introdução ao Direito Administrativo*, p. 357.

Durante os séculos XIX e XX o Estado vai alargar a sua acção tomando a seu cargo a mobilização de recursos, primeiro para a construção de infra-estruturas e depois para satisfação de necessidade sociais. Com esta multiplicação de funções assiste-se a um crescimento e uma proliferação de formas de administração.

As primeiras décadas do século XX registam situações que motivam fortemente o crescimento da administração pública. Por um lado era a pressão da ideologia socialista e a sua concretização no Estado soviético. Por outro lado, a crise económica e o sucesso das políticas Keynesianas, que apostavam precisamente na intervenção do Estado na economia. Juntaram-se ainda os dois grandes conflitos mundiais e o surgimento de regimes fascistas que também primavam por forte intervenção do Estado. Nasceu assim o Estado-providência, que teve o seu período áureo entre os anos 30 e os anos 60.

Surge então um Estado interventor[12]. O Estado que ainda temos nos nossos dias, apesar de cada vez mais se falar em Estado regulador[13]. É o Estado social de que falava Schumpeter, o qual passou a assumir papéis nas áreas económica, social, científica e cultural, sempre em nome do bem estar generalizado, do crescimento económico e da dignificação da pessoa humana.

---

[12] Em Portugal a construção do *"Estado de welfare"* verifica-se, essencialmente só, a partir de 1975, altura em que a generalidade dos países da OCDE enveredava pela reforma da Administração Pública o que passava pelo desmantelamento do *"Estado de welfare"*.

[13] 1. "A regulação pública da economia consiste no conjunto de medidas legislativas, administrativas e convencionadas através das quais o Estado, por si ou por delegação, determina, controla, ou influência o comportamento de agentes económicos, tendo em vista evitar efeitos desses comportamentos que sejam lesivos de interesses socialmente legítimos e orientá-los em direcções socialmente desejáveis" – SANTOS, António Carlos & GONÇALVES, Maria Eduarda & MARQUES, Maria Manuela Leitão (2001), *Direito Económico*, p. 191.

2."*O Estado deixa de ser interveniente e planeador; convertendo-se em regulador do comportamento dos actores que intervêm no processo político. Alguns actores chamam-lhe "Estado managerial" (J.Clarke e J. Newman, 1997).*" Cfr. OLIVEIRA ROCHA, J. A., "Papel do Estado e Administração Pública", in *A Reinvenção da Função Pública*, (2002), p. 146.

É uma nova etapa, com uma pluralidade de entidades que vão destruir a concepção unitária da Administração Pública, "... *hierarquicamente organizada sob a égide de um Ministro responsável perante o Parlamento, dotado de amplos poderes de autoridade...*"[14].

Importa referir que foi o desenvolvimento da autonomia da administração municipal que provocou o primeiro golpe nesta administração ministerial.

"*Antigamente a Administração Pública em sentido subjectivo resumia-se praticamente à Administração Central do Estado e à exígua Administração local (...) Hoje, porém, a Administração Pública é um universo altamente diferenciado, quer quanto à divisão de níveis territoriais de administração, quer quanto à variedade de formas organizatórias (...), quer quanto ao seu regime jurídico-organizatório, sem esquecer as diferentes formas de exercício de tarefas administrativas por entidades privadas.*"15

2.1. Da Administração directa do Estado à Administração indirecta e autónoma

"*Na Europa contemporânea a autonomia tem constituído sobretudo a matriz para a renovação estrutural do estado enquanto sistema político-organizacional.*"[16]

---

[14] MOREIRA, Vital (1997), *Administração Autónoma e Associações Públicas*, p.32.
[15] MOREIRA, Vital (2001), *Organização Administrativa*, p.17.
[16] AMARAL, Carlos Eduardo Pacheco (1998), *Do Estado Soberano ao Estado das Autonomias. Regionalismo, subsidiariedade e autonomia para uma nova ideia de Estado*, p. 305. E, logo de seguida, acrescenta este autor que este Estado, "*ocidental, nacional, liberal, capitalista e unitário, necessita de renovação estrutural, exactamente por se encontrar numa profunda crise, não sendo capaz já de garantir a execução das tarefas tradicionais – para não falar das crescentes tarefas que nos domínios económico e social tendem a afogar a capacidade de acção do Estado de bem-estar*"

O modelo unitário e clássico de administração representado por relações hierárquicas devidamente estabelecidas e com total separação entre o que é público e o que é privado, desconhecia formas de administração indirecta ou de administração autónoma. Bastava-se com a administração directa, descontando a pouca administração exercida pelos concelhos, que *"gozam de certos direitos e exercem determinados poderes, é certo, mas por benevolência do poder central, que ciosamente os selecciona, limita e cerceia."*[17]

O aparecimento do Estado social e o aumento de funções e de solicitações a que este se viu sujeito e obrigado a responder, teve como implicações por um lado, o crescimento da administração pública para responder às diversas solicitações e, por outro, criar também condições para o aparecimento de uma administração indirecta e o desenvolvimento da administração autónoma.

Importa assim, antes de mais, fazer uma breve distinção entre *administração directa, administração indirecta* e *administração autónoma* a propósito da competência prevista na CRP e segundo a qual

"compete ao Governo (...) dirigir os serviços e a actividade da administração directa do estado, civil e militar, superintender na administração indirecta e exercer a tutela sobre esta e sobre a administração autónoma"[18].

Por administração directa devemos entender todos os órgãos, sejam serviços centrais, regionais ou locais que dependam directamente do Estado. Entre estes órgãos existem relações de hierarquia, competindo ao Governo dirigir os serviços dando as respectivas ordens.

A administração indirecta é constituída por órgãos e serviços de outras pessoas colectivas diferentes do Estado. Diremos que é a administração composta por entidades criadas pelo Estado, Pessoas Colectivas de Direito Público, para sob a sua tutela realizarem determinados fins públicos.

---

[17] AMARAL, Diogo Freitas (2002), *Curso de Direito Administrativo*, p.459.
[18] Artigo 199.º alínea d) da CRP.

Os institutos públicos são os exemplos mais abundantes desta administração indirecta. Têm de agir de acordo com orientações genéricas e estão sujeitos a um controlo para garantir o respeito pela Lei.

Por outro lado, como consequência do aumento de funções do Estado social, a fronteira entre o público e o privado vai diluir-se e surgem os privados a desempenharem funções públicas em nome do Estado. Normalmente, por razões de racionalização e pela natureza específica da actividade, justifica-se a criação de uma pessoa colectiva pública que pode tomar a forma de instituto público ou de empresa pública. A administração indirecta alarga-se ainda a entidades de direito privado. Sobre a administração indirecta, o Governo exerce a superintendência[19] e a tutela[20].

A administração autónoma vincula-se "*a uma relativa capacidade de autodeterminação ou de orientação político-administrativa*"[21]. Assim, as pessoas colectivas públicas que nela se integram, prosseguem o interesse público segundo critérios definidos na própria pessoa colectiva, não estando obrigadas a seguir nem ordens nem directivas do Governo. O conceito de administração autónoma aqui invocado, e com o qual convivemos ao longo deste trabalho, corresponde ao que Vital Moreira considera ser "*aquela particular forma de autonomia que consiste na capacidade de*

---

[19] A relação de superintendência que apenas existe quando expressamente prevista na lei, é o poder de uma pessoa colectiva de fins múltiplos, nomeadamente o Estado ou as autarquias locais, de definir os objectivos e guiar a actuação de outras pessoas colectivas públicas.

[20] A tutela que se pode apresentar como um "... *conjunto de poderes de intervenção de uma pessoa colectiva pública na gestão de outra pessoa colectiva pública, a fim de assegurar a legalidade e/ou o mérito da sua actuação*" – como referem DIAS, José Figueiredo & OLIVEIRA, Fernanda Paula (2001), *Direito Administrativo*, p. 70 – pode existir sobre a administração indirecta e sobre a administração autónoma. De acordo com a CRP a tutela sobre as autarquias locais é apenas uma tutela de legalidade. Assim, das várias facetas em que se apresenta a tutela – tutela de mérito, tutela inspectiva, tutela integrativa, tutela sancionatória, tutela revogatória e tutela substitutiva – apenas a tutela inspectiva e a tutela integrativa são aplicáveis à administração local autárquica.

[21] MIRANDA, Jorge (1994), *Manual de Direito Constitucional*, p. 209.

certas colectividades infra-estaduais de se administrarem a si mesmas ("auto-administração").[22]

O Governo sobre esta administração apenas exerce a tutela.

A autonomia tem vários campos onde se pode manifestar: autonomia legislativa, autonomia regulamentar, autonomia administrativa, autonomia patrimonial e financeira, autonomia jurídica, etc.

O grau ou nível de autonomia depende das competências que caso a caso, lhe são confiadas pelo Estado. Como diz Vital Moreira, *"pode ir do quase nada até à independência quase total."*[23]

As regiões administrativas, tal como os municípios e as freguesias, são entidades que se inserem na administração autónoma.

Um outro conceito que aqui pode ser apresentado é o de Administração Regional. Conceito que como nos diz José G. Queiró, *"não tem um sentido unívoco"*[24]. Tanto pode ser administração desconcentrada do Estado, como ser administração autónoma e, dentro desta, ser desenvolvida por regiões administrativas (autarquias locais) ou ser desenvolvida por entidades políticas autónomas (Regiões Autónomas).

Feita esta introdução, se o objecto deste trabalho fosse a história das unidades administrativas conhecidas sobre o território do Continente nacional, seríamos obrigados a ir, pelo menos, até ao período do domínio Romano, uma vez que foi ao tempo daquele domínio que surgiu a *"primeira organização do espaço territorial"* na Península Ibérica[25]. E nesse caso, durante o Alto Império, teríamos de estudar a província *Lusitânia* e os seus três *conventus (Scallabis, Emerita e Pax Júlia)*, e ainda a província de *Citerior Tarraconensis*[26].

---

[22] MOREIRA, Vital (1997), *Administração Autónoma e Associações Públicas*, p. 70.

[23] MOREIRA, Vital (1997), *Administração Autónoma e Associações Públicas*, p. 70.

[24] QUEIRÓ, José G. – Entrada: "Administração Regional", in *POLIS Enciclopédia Verbo da Sociedade e do Estado 1*. 2ª edição revista e actualizada (1997). Lisboa: Editorial Verbo, p. 143.

[25] CALDAS, E de Castro & LOUREIRO, M. De Santos e outros (1966), *Regiões Homogéneas no Continente Português*, p. 65.

[26] A divisão administrativa da *Hispânia*, na época romana, incluía ainda a província *Baetica*. Ver também; SANTOS, José António (1985), *Regionalização Processo Histórico*, p. 9.

No entanto, julgamos não ser necessário ir tão longe. Limitar-nos--emos a analisar o que foi a administração supramunicipal a partir da nossa nacionalidade e, de forma muita ligeira, nos primeiros séculos.

2.2. A importância dos "concelhos"

Os concelhos portugueses são tão ou mais antigos como a nossa Nacionalidade. *"Sabe-se que ao tempo do falecimento de D. Afonso Henriques já existiam em Portugal 54 concelhos, cujos forais chegaram até nós e, destes, 19 eram anteriores à fundação do Reino"*[27], defendem Castro Caldas e Santos Loureiro. Há forais recolhidos e publicados por Alexandre Herculano, que são anteriores ao reinado de D. Afonso Henriques. O que significa que poderemos afirmar serem os concelhos anteriores a esse marco fundamental da nossa História. Para este historiador, *"a origem dos municípios deveria buscar-se na tradição hispano-romana, sendo o foral não uma criação do município, mas uma confirmação duma realidade pré-existente"*[28]. Assim, justifica-se plenamente que a abordagem que aqui se inicia comece por estas entidades.

Apesar da longa História municipal, não se pode dizer que tenha sido sempre uma história de honras e glórias. Pelo contrário, pode-se até dizer que é relativamente curto o período em que os municípios tiveram de facto um papel decisivo na organização do Estado. Esse período é aquele em que por um lado o poder régio, por não ter capacidade suficiente, não consegue fazer chegar a acção administrativa do poder central a todo o território e, por outro lado, a *"necessidade de estabilização e regulamentação da vida social local"*[29] que aconselha a pujança destas entidades

---

[27] CALDAS, E de Castro & LOUREIRO, M. De Santos e outros (1966), *Regiões Homogéneas no Continente Português,* p. 75.

[28] De acordo com OLIVEIRA ROCHA, J. A., "O Futuro da Governação Local", in *Economia Pública Regional e Local,* (2000), p. 51.

[29] SARAIVA, JOSÉ H, "Evolução Histórica dos Municípios Portugueses", Comunicação apresentada na sede do Centro de Estudos Sociais em 07.11.1956, in *Problemas de Administração Local,* (1957), p.78.

para ajudarem a impor a autoridade do Estado perante as classes privilegiadas. Por vezes e em vários reinados o Rei socorreu-se das gentes dos municípios para as suas diversas lutas, ora contra a Nobreza, ora contra o Clero.

Reconhecido pela generalidade dos historiadores, o regimento dos corregedores de 1332 é um marco que assinala o início de uma profunda restrição da autonomia municipal. A partir desta data, de forma progressiva os juízes ordinários ou da terra vão sendo substituídos pelos "juízes de fora parte" ou corregedores.

Como já afirmamos, os concelhos não eram as únicas divisões administrativas existentes nem cobriam todo o território. O país não estava dividido apenas em concelhos como hoje os conhecemos. A par destes, havia outras designações oficiais tais como: cidades, vilas, coutos e honras que compunham a organização local. Figuras que, no entanto, não apresentavam entre si diferenças significativas. Para Nuno G. Monteiro, *"todo o Território continental da monarquia portuguesa estava coberto por concelhos, designados oficialmente como cidades, vilas, concelhos, coutos e honras..."*[30].

Algumas terras dependiam directamente da coroa. Outras e em grande número estavam sujeitas a um regime senhorial, dependentes então de um nobre ou de uma comunidade religiosa. Eram os coutos e as honras.

Os concelhos eram dirigidos por uma câmara composta por juíz-presidente, vereadores e por um procurador. Estes representantes, por regra, eram eleitos e confirmados pela administração central da coroa ou pelo senhor da terra. Aos concelhos cabiam atribuições relevantes que iam da fixação de preços e do abastecimento em géneros, à aplicação da justiça. A jurisdição em primeira instância, em quase todas as matérias, feita pelas câmaras era desenvolvida sob atribuições formais semelhantes com as dos juízes das terras.

---

[30] MONTEIRO, Nuno Gonçalo – Entrada: "Os concelhos e as comunidades", in *História de Portugal* – IV Volume, (1993), Círculo de Leitores, p. 304.

Desde a época dos descobrimentos até à revolução liberal, a vida dos concelhos decorreu quase sem história. As principais competências passaram para os magistrados de nomeação régia, ficando para as câmaras a gestão de assuntos estritamente locais.

Com a chegada do regime liberal vai-se assistir a acaloradas disputas sobre o poder local e sobre a organização administrativa do Estado.

Com o Estado Novo a Administração local passou a ser simplesmente um prolongamento da Administração central, a qual nomeava os respectivos titulares dos cargos locais.

Com o 25 de Abril, renasce o poder local no nosso país. A eleição dos seus titulares, a descentralização e a autonomia financeira deram às autarquias locais (municípios) a vitalidade suficiente para que estas entidades sejam actualmente responsáveis pela implementação de elevados níveis de qualidade de vida a muitos cidadãos.

2.3. Evolução histórica da administração supramunicipal

Sendo certo que sempre houve divisões do território (Comarcas, Províncias, Dioceses...), fosse para fins administrativos, fiscais, religiosos ou militares, estas nunca passaram de simples áreas delimitadas para a actuação das respectivas burocracias. Não havendo, em geral, qualquer relação de hierarquia ou de domínio entre os concelhos, também não havia "... *qualquer propósito de aliança permanente de concelhos, sendo mesmo frequentes os conflitos entre eles.*"[31] Assim, estas divisões nunca surgiam para, em conjunto, os concelhos manifestarem ou decidirem alguma coisa.

A verdade é que entre o Rei e as câmaras,

"não se permitiam escalões intermédios, mediações que enfraqueçam os dois termos da relação (ou algum deles). Por isso

---

[31] COELHO, Maria Helena da Cruz & MAGALHÃES, Joaquim Romero (1986), *O Poder Concelhio – das origens às cortes constituintes*, p. 35.

não encontramos qualquer realidade «regional» que agrupe os concelhos com alguma expressão própria, resultante de articulação permanente e organizada (para já nem referir institucional) entre esses concelhos. "[32]

Entre nós nunca houve então, entre o município e a administração central, uma administração intermédia (e autónoma) que fosse capaz de se afirmar. Excepção para as regiões autónomas dos Açores e da Madeira, cuja criação surge pela CRP de 76 mas com um estatuto que vai além das prerrogativas que estão previstas para as regiões administrativas do continente. No entanto, *"desde sempre se procurou organizar o território nacional em unidades supramunicipais cujo número não variou muito ao longo dos anos e dos diferentes regimes políticos"*[33] – excepto com as reformas de Costa Cabral (1842), de João Franco (1895) e Salazar (1926). No mesmo sentido se manifesta Marcelo Rebelo de Sousa ao afirmar que

"da acidentada História Administrativa portuguesa até 1976, o que se pode inferir é a recorrente procura de uma autarquia local supra- municipal com escasso êxito,... "[34].

De acordo com Freitas do Amaral, desde 1299 que surgem cinco "regiões"[35]: *"Antre Douro e Minho, Antre Douro e Mondego, Beira, Estremadura e Antre Tejo e Odiana"*[36].

---

[32] COELHO, Maria Helena da Cruz & MAGALHÃES, Joaquim Romero (1986), *O Poder Concelhio – das origens às cortes constituintes*, p. 34.
[33] RAMIRES FERNANDES, Manuel (1996), *A Problemática da Regionalização*, p. 14.
[34] REBELO DE SOUSA, Marcelo (1999) *Lições de Direito Administrativo*, p. 386.
[35] Até aos fins do século XVI, dizia-se indiferentemente província ou comarca; um século depois, ainda esta palavra aparece, como reminiscência do passado, mas a primeira acabou por triunfar e foi a única que chegou até nós com o mesmo sentido originário.
[36] AMARAL, Diogo Freitas (2002), *Curso de Direito Administrativo*, pp. 522-529, que seguiremos de perto nesta resenha histórica.

"Desde muito cedo, do ponto de vista administrativo, definem-se regiões que auxiliam na articulação do poder central com o poder local. São as províncias que, de facto, surgem pela primeira vez de uma forma expressa no testamento de D. Dinis, em 1299."[37]

D. Afonso IV, no século XIV, institui oficialmente seis comarcas: Antre Douro e Minho, Antre Douro e Mondego, Beira, Estremadura, Antre Tejo e Odiana e Algarve.

Sete comarcas são referidas na Lei de 30 de Agosto de 1406[38], de D. João I: *Antre Douro e Minho, Tralos Montes, Beira, Estremadura, Antre Tejo e Odiana, Além d'Odiana* e *Reino do Algarve*.

Este número reduz-se, em 1572, ao tempo de D. João III, aparecendo seis comarcas no Cadastro da população do Reino: *Entre Douro e Minho, Trás-os-Montes, Beira, Estremadura, Entre Tejo e Odiana,* e *Reino do Algarve*.

Até 1640 as seis antigas comarcas, a que se aplica agora a designação de províncias mantêm-se com o mero significado de unidades histórico - geográficas, destituídas de quaisquer estruturas orgânicas. Cada uma delas ficou a compreender certo número de novas comarcas denominadas pela cidade ou vila onde residia o respectivo titular - o corregedor[39].

Após a restauração da independência em 1640, D. João IV converteu a divisão provincial em divisão militar ao erigir um Governo das Armas em cada província. Deste modo foram as instituições militares que serviram de elo de ligação entre as comarcas jurídico-administrativas da Idade Média e as províncias que o Liberalismo iria retomar, embora em novos moldes.

---

[37] *Cadernos Municipais*, n.º 40/41, Janeiro/Abril 1987. Regionalização, Entrevista conduzida por José Manuel Fernandes a JOSÉ MATTOSO, p. 10.

[38] Lei sobre "Coutos de homiziados".

[39] Os corregedores eram comissários régios de funções consagradas em diploma orgânico específico. Os seus poderes estendiam-se, em particular, à esfera administrativa, judicial, militar e policial com forte cunho fiscalizador e repressivo.

No Regimento de 1678 surge a divisão em províncias. Estas são apenas circunscrições militares, estando impedidas de intervir na acção dos municípios.

Em Fevereiro de 1808 Junot institui para cada província, contrariando a tradição municipalista, um Administrador Geral para dirigir toda a administração. Era o início de uma centralização administrativa que colocava em risco a autonomia dos municípios e que só não ocorreu desde logo porque, entretanto, em Agosto do mesmo ano, o exército francês foi expulso.

Em 1816 dá-se a organização do exército e o país é dividido em sete províncias: *Minho, Trás-os-Montes, Douro, Beira, Estremadura, Alentejo,* e *Algarve*.

Com a Revolução liberal e a Constituição de 1822 verifica-se um novo arranjo. Mantêm-se as províncias, no entanto, agora, só seis. É a própria Constituição que ao definir o território continental e insular da Nação portuguesa refere que o mesmo se compõe das províncias do *Minho, Trás-os-Montes, Beira, Estremadura, Alentejo* e *reino do Algarve, e das ilhas adjacentes, Madeira, Porto Santo e Açores*. (Artigo 20.º)

Apesar de reconhecida na Constituição, a província não foi provida de órgãos que desempenhassem as funções que os funcionários régios asseguravam nas comarcas do Antigo Regime. Assim,

> *"a província na primeira Constituição liberal, quedou-se numa mera realidade geográfica, cultural e económica, que visava apenas objectivos eleitorais"*[40].

O ambiente político conturbado, com revoluções e contra revoluções entre liberais e absolutistas, não permitia a confirmação de qualquer divisão administrativa do território nacional e muito menos qual a perspectiva de administração local que iria prevalecer: uma administração

---

[40] SANTOS, António Pedro Ribeiro, "A Administração Autárquica no Constitucionalismo Português", in *Estudos em Homenagem a Joaquim M. da Silva Cunha*, (1999), p. 135.

autónoma ou uma administração hierarquicamente dependente do Governo.

Com o liberalismo e ao tempo da reforma de Mouzinho da Silveira surge o célebre decreto n.º 23, de 16 de Maio de 1832, elaborado durante o governo da Ilha Terceira. Dá-se a primeira reforma administrativa liberal e experimenta-se um modelo de organização centralista e fortemente hierarquizado, inspirado no sistema administrativo francês.

No artigo 1.º daquele decreto pode ler-se que *"os reinos de Portugal e Algarves e Ilhas Adjacentes são divididos em Províncias, Comarcas e Concelhos"*. No artigo 2.º, esclarece que *"ficam abolidas todas as divisões territoriais de qualquer natureza e determinação que sejam, não obstante qualquer privilégio dos mais altos donatários"*

O território continental e insular fica, assim, dividido em províncias[41], comarcas e concelhos, conferindo-se à província um órgão executivo com grandes poderes. Ao mesmo tempo, diz-nos Figueiredo que *"era assim, pela primeira vez, ensaiada a solução de pôr termo à flora de administrações paralelas herdadas da Idade Média."*[42]

Agora eram oito as províncias: *Minho, Trás-os-Montes, Douro, Beira Alta, Beira Baixa, Estremadura, Além-Tejo* e *Algarve*, oito comarcas e cerca de oitocentos concelhos.

É objectivo do liberalismo destruir toda a organização feudal ainda existente e construir um Estado moderno e democrático. Acabam-se os antigos forais e é estabelecida:

"uma administração fortemente centralizadora em que toda a autoridade pertence ao Governo, que nomeia os prefeitos para as províncias, os subprefeitos para as comarcas, os provedores para os concelhos"[43].

---

[41] A divisão em províncias é apresentada a título provisório, uma vez que o referido diploma de 1832 prevê, no artigo 3.º, que *"progressivamente se irá melhorando com atenção à comodidade dos povos, e à vantagem e economia de Serviço."*

[42] FIGUEIREDO, Ernesto V. S. (1988), *Portugal: que regiões?* p. 197.

[43] SARAIVA, José H, "Evolução Histórica dos Municípios Portugueses" Comunicação apresentada na sede do Centro de Estudos Sociais em 07.11.1956, in *Problemas de Administração Local*, (1957), p. 100.

Esta divisão e a figura do Prefeito que aparecia à frente das províncias com grande poder, provocou grande discussão e reacção entre os partidários da supressão desta entidade, que defendiam a comarca como divisão administrativa acima do concelho, e os defensores das províncias. Deste confronto acaba "... *por ser proscrita a província como circunscrição administrativa...*"[44] e nasce o distrito[45] em lugar da comarca. Figura que para alguns autores[46] foi *directamente importada* de França mas que, de acordo com Freitas do Amaral, aparece "*como um compromisso português e não como uma invenção ou importação da França*"[47]. É de destacar esta novidade, atendendo ao seguimento e importação de modelos da tradição francesa para administração portuguesa.

As províncias vão ficar fora da divisão administrativa até à Constituição de 1933, permanecendo "... *só como enquadramento dos dezassete distritos.*"[48]

A partir de 1835 o país era dividido em oito províncias, dentro das quais surgiam os distritos, dezassete no total, com as seguintes designações: *Viana do Castelo, Braga, Porto, Vila Real, Bragança, Aveiro, Coimbra, Lamego, Guarda, Castelo Branco, Leiria, Santarém, Lisboa, Portalegre, Évora, Beja* e *Faro*.

Mais tarde surgirá o distrito de Setúbal, desagregando-se de Lisboa e Lamego perde esse estatuto em favor de Viseu.

---

[44] SANTOS, António Pedro Ribeiro, "A Administração Autárquica no Constitucionalismo Português", in *Estudos em Homenagem a Joaquim M. da Silva Cunha*, (1999), p. 144.

[45] Por Lei de 25 de Abril de 1835.

[46] Por exemplo em: FIGUEIREDO, Ernesto V. S. (1988), *Portugal: que regiões?* pp. 31-32. Também em CALDAS, E. de Castro & LOUREIRO, M. de Santos & outros (1966), *Regiões Homogéneas no Continente Português – Primeiro ensaio de delimitação*, p. 101, se assume que o distrito "*representou o produto de influências da divisão administrativa francesa*". No mesmo sentido, GIRÃO, Amorim, "Esboço duma Carta Regional de Portugal" *In Cadernos Municipais*, (1987), p. 54, sobre a origem os distritos, escreve que foram criados "... *à imagem e semelhança do figurino francês...*"

[47] AMARAL, Diogo Freitas (2002), *Curso de Direito Administrativo*, p. 524.

[48] REBELO DE SOUSA, Marcelo (1999), *Lições de Direito Administrativo*, p. 384.

O Código Administrativo de 1836 que "*patenteia (...) a aspiração democrática de ampliar a participação popular na administração pública, à qual se associava um nítido pendor municipalista*"[49], estabelecia que o Reino de Portugal se dividia em distritos, concelhos e freguesias.

Em 1842 surge o *Código Administrativo de Costa Cabral*, introduzindo algumas alterações no funcionamento das instituições, reduzindo o número de concelhos e mantendo a divisão distrital. Tanto o Governador Civil do distrito como o Administrador do Concelho exercem o cargo por nomeação régia. Este Código de natureza bastante centralista, vai manter-se em vigor durante quase quatro décadas.

Com a entrada em vigor do Código Administrativo de 1878[50], código que realçava a autonomia local, o distrito aparece pela primeira vez como autarquia local, "*porque até aí o distrito era apenas uma circunscrição administrativa, não era autarquia local*"[51]. Esta situação mantém-se até 1892, data em que perde a natureza de autarquia local para ficar novamente, como simples circunscrição administrativa[52] para delimitação da actuação do Governador Civil.

Este Código de 1878 foi visto como excessivamente descentralizador ao ponto de Marcello Caetano afirmar que, por causa disso,

---

[49] SANTOS, António Pedro Ribeiro, "A Administração Autárquica no Constitucionalismo Português", in *Estudos em Homenagem a Joaquim M. da Silva Cunha*, (1999), p. 146.

[50] Baseado na reforma administrativa proposta em 1872 por António Rodrigues Sampaio.

[51] AMARAL, Diogo Freitas (2002) *Curso de Direito Administrativo*, p. 524.

[52] Circunscrição administrativa: divisão administrativa, militar, eleitoral ou eclesiástica de um território. De acordo com DIAS, José Figueiredo & OLIVEIRA, Fernanda Paula (2001), *Direito Administrativo*, p. 53, "*Para efeitos de delimitação da área de competência dos órgãos locais do Estado procede-se à divisão do território em circunscrições administrativas*". Para AMARAL, Diogo Freitas (2002), *Curso de Direito Administrativo*, p. 311, "*a circunscrição é apenas uma porção do território que resulta de uma divisão do conjunto, ao passo a autarquia local é uma pessoa colectiva, é uma entidade pública administrativa – que tem por base uma certa área (ou circunscrição) territorial, é certo, mas que é composta por outros elementos.*"

"... *depressa provocou a desordem administrativa e financeira, tantas foram as iniciativas discordantes e os impostos locais a que deu lugar.*"[53]

Em 1886 surge um novo Código Administrativo. De entre os vários objectivos a que se propunha, "... *destaca-se o de corrigir os excessos de descentralização do anterior,...* "[54].

Os distritos foram subsistindo, ora como circunscrições administrativas, ora como autarquias, mas quase sempre destituídos de importância e de largos poderes e, como nos diz José António Santos, "*entre 1892 e 1910 o distrito viveu num estado de quase completa letargia*"[55].

A partir de 1895 criam-se condições para que no arquipélago dos Açores passe a existir uma organização administrativa especial, um regime autonómico personalizado nas juntas gerais de distrito, reconhecendo-se as condições particulares de insularidade destas ilhas. Era largo o leque de competências que poderia ser atribuído às juntas gerais. Este regime, depois de sofrer algumas alterações, é alargado em 1901 ao distrito administrativo do Funchal.

Entre 1913 e 1917 o distrito recupera a natureza de autarquia local.

Com vista à reposição da divisão provincial foi em 1930 nomeada uma comissão que deveria propor uma divisão territorial "*assente em critérios geográficos que privilegiassem condições estruturalmente homogéneas*"[56]. Do trabalho dessa comissão, cujo relatório foi entregue em Janeiro de 1931, destaca-se a proposta de divisão provincial que mais tarde serviria de base para o Código Administrativo de 1936 e a recomendação de que, mesmo instituídas as províncias, era indesejável a extinção dos distritos. Nas palavras da comissão,

"*suprimir os distritos, que são afinal, à parte dos municípios, a nossa mais duradoura divisão administrativa, seria (...) ferir os*

---

[53] CAETANO, Marcello, *Manual de Direito Administrativo*, (1990), p. 151.

[54] SANTOS, António Pedro Ribeiro, "A Administração Autárquica no Constitucionalismo Português", in *Estudos em Homenagem a Joaquim M. da Silva Cunha*, (1999), p. 154.

[55] SANTOS, José António (1985), *Regionalização Processo Histórico*, p. 112.

[56] SANTOS, José António (1985), *Regionalização Processo Histórico*, p. 126.

hábitos, os costumes, a comodidade dos povos, e ofender, a par dos interesses, a sua dignidade.[57]*"*

Nas primeiras décadas do século XX assistiu-se a um movimento regionalista muito favorável às províncias. Entre 1911 e 1914 por iniciativa de António José de Almeida tenta-se restaurar a divisão em províncias[58], mantendo a divisão distrital. Esse movimento, que não vingou, acaba por ter reflexo na Constituição de 1933.

Por outro lado, a Constituição de 1933 declara que o regime é uma República corporativa e reconhece as autarquias locais como elementos estruturais da Nação. Em teoria os municípios teriam um papel fundamental na realização do bem comum, e da satisfação das necessidades das populações. Em teoria a Constituição apontava para uma forte descentralização administrativa, que, não aconteceu. Havia autarquias locais, que eram pessoas colectivas distintas do Estado, mas faltou a descentralização em sentido político uma vez que os seus presidentes não eram eleitos pelas populações. Eram nomeados e demitidos pelo Governo. Assim, sob a capa de uma administração descentralizada, o Estado Novo, cedo foi abandonando *"a pureza do Corporativismo"*[59] e conforme refere Mark Kirkby, assumiu-se como um verdadeiro Estado centralizador e intervencionista.

Esta Constituição de 1933 identifica duas entidades acima do município: o distrito e a província. A partir de aqui, fruto da febre regionalista a favor das províncias, o distrito deixa novamente de ser autarquia local e passamos a ter a província como autarquia supramunicipal.

---

[57] Cfr. SANTOS, José António (1985), Regionalização Processo Histórico, p. 126.

[58] **Douro e Minho**, constituída pelos distritos de Aveiro, Braga, Viana do Castelo e Porto; **Trás-os-Montes**, constituída pelos distritos de Bragança e Vila Real; **Beira,** constituída pelos distritos de Coimbra, Castelo Branco, Guarda e Viseu; **Estremadura,** constituída pelos distritos de Leiria, Lisboa e Santarém; **Alentejo**, constituída pelos distritos de Beja, Évora, Portalegre e Setúbal e **Algarve,** constituída pelo distrito de Faro.

[59] KIRKBY, Mark, "O Processo de Regionalização" in *Finisterra,* (1998), p. 79.

O Código Administrativo de 1936-40, que foi redigido à luz desta Constituição, definia e separava as funções destas duas entidades, deixando para o distrito, simples circunscrição administrativa, a função da limitação de jurisdição da actuação do Governador Civil. A província era definida como *"associação de concelhos com afinidades geográficas, económicas e sociais dotada de órgãos próprios para o prosseguimento de interesses comuns"*[60] e destinada a exercer *"atribuições de fomento e coordenação económica, de cultura e de assistência"*[61]. As províncias eram entidades de natureza autárquica mas baseadas num "sufrágio corporativo", próprio do Estado Novo.

De referir que a elaboração deste Código Administrativo além da colaboração, sob o ponto de vista jurídico, do Prof. Marcello Caetano contou com a proposta[62] sob o ponto de vista geográfico para a divisão do território em 11 províncias, do geógrafo Prof. Amorim Girão[63] apesar de aquela ter "*... sido objecto de severas críticas por parte de geógrafos...*"[64], como nos diz Castro Caldas e Santos Loureiro. Foram então definidas as seguintes onze províncias: Minho, Douro Litoral, Trás-os-Montes e Alto Douro, Beira Alta, Beira Baixa, Beira Litoral, Estremadura, Ribatejo, Alto Alentejo, Baixo Alentejo e Algarve. Esta era basicamente a clássica divisão proposta por Amorim Girão, através da qual se procurava substituir o conceito de região natural pelo de

---

[60] Código Administrativo, artigo 284.º
[61] Código Administrativo, artigo 311.º
[62] *"Esboço duma Carta Regional de Portugal"*, de Amorim Girão. Esta proposta de divisão regional de 1930, em treze províncias, com uma 2.ª edição em 1933, viria a ser praticamente transposta para o Código Administrativo de 1936-40. Apenas não foram consideradas as propostas de criação da província do Alto Douro, sendo agregado este território a Trás-os-Monte e da província de Beira Transmontana que ficou incluída na Beira Alta.
[63] Girão, Aristides de Amorim (1895-1960). Geógrafo português, fundador e director do *Boletim do Centro de Estudos Geográficos da Universidade de Coimbra* e autor de diverso trabalhos sobre Geografia física e Geografia humana.
[64] CALDAS, E. de Castro & LOUREIRO, M. de Santos & outros (1966), *Regiões Homogéneas no Continente Português – Primeiro ensaio de delimitação*, p. 126.

região económica, levando-se em conta os caracteres físicos em correlação com os aspectos sociais[65].

Ao longo de várias dezenas de anos as paredes das escolas do nosso País ostentaram estas onze províncias e os dezoito distritos em coloridos mapas.

Apesar das críticas acima referidas, este mapa reflectia a realidade geográfica e acabou por ser bem aceite.

De acordo com José António Santos, o novo Código Administrativo

"conferia expressão legislativa aos pontos de vista defendidos pela comissão da divisão provincial, prescrevendo uma delimitação sem grandes desvios relativamente à proposta de 1931"[66].

Os órgãos da província eram o *conselho provincial* e a *junta de província*. O *conselho provincial* era composto por representantes de diversos interesses, existentes na respectiva província nomeadamente das Câmaras Municipais, Grémios Nacionais, Universidades, Instituições de Utilidade Pública, Sindicatos e Professores efectivos.

---

[65] Em 1937 o geógrafo alemão Lautensach apresenta outra hipótese limitando-se, na leitura de CALDAS, E. de Castro & LOUREIRO, M. de Santos & outros (1966), *Regiões Homogéneas no Continente Português – Primeiro ensaio de delimitação*, p. 128, *"essencialmente a determinantes morfológicos, isto é, à distribuição de massas de relevo e às condições da estrutura do solo."* Assim, partindo de uma separação primária entre o Norte e o Sul, incluindo no Norte três áreas distintas: (a) Beira Litoral e Estremadura; (b) Minho, Baixo Douro, Beira Alta e Cordilheira Central; (c) Trás-os-Montes, Alto Douro e Beira Transmontana. No Sul incluiu duas: (a) Ribatejo, Beira Baixa, Alto Alentejo e Baixo Alentejo; (b) Algarve Montanhoso e Algarve Litoral. Esta divisão ignorava qualquer sentido administrativo.

Já para Orlando Ribeiro haveria a distinguir, de acordo com um estudo de 1945; Norte Atlântico, Norte Transmontano e Sul; enquanto que, segundo conclusões tiradas em 1955, já se encontra uma maior discriminação: (a) Minho; (b) Montanha do Minho, Trás-os-Montes e Douro; (c) Beira; (d) Litoral do Centro (Beira-Mar e Estremadura); Alentejo e Algarve.

[66] SANTOS, José António (1985), *Regionalização Processo Histórico*, p. 129.

A *junta de província* tinha um presidente, um vice-presidente e três vogais. No entanto, apesar de o Código Administrativo ser bastante inovador e avançado em relação a outros países, ao atribuir competências em matéria de planeamento regional, as províncias não foram capazes de se afirmar e o seu fim como autarquia local ocorre na revisão constitucional de 1959.

De facto e em concreto, eram reduzidas as atribuições e os poderes das províncias. Deveriam por exemplo, estudar planos de melhoramentos para serem executados pelo Estado ou pelas Câmaras Municipais, ou seja, nunca era a província a executar em nome próprio. O Estado era centralizador e não queria regionalizar.

O regime do Código Administrativo de 1936-40, apesar de avançado, foi pouco audacioso e menos consequente na descentralização para esta entidade. A província não desempenhava quaisquer funções de administração local do Estado, mantendo-se o Governador Civil com âmbito distrital. O resultado foi o seu descrédito, por falta de resultados e a sua substituição pelo distrito como autarquia supramunicipal. Como diz Jorge Gaspar, *"porque lhe faltou conteúdo: fracas atribuições, poucas competências, parcos recursos financeiros."*[67]

Para Valente de Oliveira,

"as províncias nunca vingaram entre nós porque não dispuseram de órgãos legitimados pelo voto para levar a cabo as suas funções nem viram devidamente definido o quadro das suas competências"[68].

---

[67] GASPAR, Jorge, "A geometria das Áreas Metropolitanas e das Comunidades Intermunicipais. Ordenamento do Território, Planeamento e Desenvolvimento Regional." Texto disponível em www.anmp.pt e referente à intervenção proferida na Conferência: *Áreas Metropolitanas e Comunidades Intermunicipais*, Évora, Outubro de 2003. Consulta efectuada em 26 de Dezembro de 2003.

[68] OLIVEIRA, Luís Valente (1997), *Novas Considerações sobre a Regionalização*, p. 23.

Mesmo assim, ou seja, apesar do fraco desempenho das províncias a sua instituição e representação "... teve *um importante impacto na configuração mental que os portugueses construíram do território nacional.*"[69]

Ultrapassando esta divisão e com base nas suas raízes diferenciadas, será possível hoje identificar seis regiões comparáveis às que historicamente foram dividindo o País?

O historiador José Mattoso fez esse exercício.

*"**Entre Douro e Minho** penso que se caracteriza por uma organização senhorial, isto é, aquilo que os marxistas definiriam como as relações sociais de produção reproduzem muito de perto o modelo senhorial. **Trás-os-Montes** é uma região com comunidades rurais bastante diferenciadas que se organizam autonomamente, mas é uma região que aceita cedo - desde o século XII - uma senhorialização. A **Beira Interior** creio que tem a sua personalidade marcada por esta origem fronteiriça que levou à criação de comunidades autónomas com uma grande personalidade e à existência de uma oposição entre cavaleiros e peões, digamos assim. Aliás, a estrutura interna dos municípios está aqui muito marcada por esta bipartição social. A **Estremadura** é sobretudo marcada pela osmose de culturas e pelo fenómeno urbano a partir de grandes cidades como Coimbra, Lisboa e Santarém. Simultaneamente, proliferam pequenos núcleos urbanos que gravitam em torno destas cidades e regista-se uma atracção que se exerce sobre gente que vem doutras regiões. Diria que o **Alentejo** é caracterizado sobretudo pelos grandes espaços, o latifúndio..."*[70].

---

[69] GASPAR, Jorge (1993), *As Regiões Portuguesas*, p. 16.
[70] *Cadernos Municipais*, n.º 40/41, Janeiro/Abril 1987, Regionalização. Entrevista conduzida por José Manuel Fernandes a JOSÉ MATTOSO, pp. 11-12.

Sobre o Algarve, conclui o mesmo historiador que

*"há uma geografia do **Algarve** de Frei João de São José que fala da região como se fosse qualquer coisa de exótico. E era de facto um outro reino onde os hábitos eram tão estranhos que, ao descrevê-los, esse autor os considera quase inacreditáveis. Ia-se para o Algarve como se fosse para o estrangeiro. Essa tradição de ser um outro reino mantém-se igualmente porque a região constituiu uma unidade política desde o tempo dos muçulmanos..."*[71].

Mas a substituição da província pelo distrito não resolveu o problema da quantidade e da qualidade das atribuições a entregar a estas entidades. Apenas o deslocou para o distrito.

O distrito criado para ser um *instrumento de apoio* aos municípios, com a natureza de autarquia supramunicipal, também não foi capaz de se revelar e afirmar como peça importante na organização da nossa Administração Pública. A verdade é que se chega a 1976 e, na Assembleia Constituinte, como refere Freitas do Amaral, "*... nem uma só voz se levantou (...) para defender o distrito...*"[72]. E assim aparecem na CRP as regiões administrativas como, novidade constitucional, no âmbito das autarquias locais.

Condenados ao seu desaparecimento[73] pela CRP de 1976, os distritos foram-se mantendo na nossa organização administrativa, com um estatuto pouco claro e cada vez com menos competências, sendo que hoje a sua existência e configuração, salvo honrosas excepções[74], é por poucos defendida.

---

[71] *Cadernos Municipais*, n.º 40/41, Janeiro/Abril 1987, Regionalização. Entrevista conduzida por José Manuel Fernandes a JOSÉ MATTOSO, p. 12.

[72] AMARAL, Diogo Freitas (2002), *Curso de Direito Administrativo*, p. 528.

[73] "*Enquanto as regiões não estiverem instituídas, subsistirá a divisão distrital.*" Cfr. artigo 263.º n.º 1 da CRP de 1976.

[74] "*...uma razoável alternativa às regiões administrativas autárquicas passaria pela revitalização da estrutura de coordenação das autarquias distritais, pelo reforço dos poderes dos governadores civis no que concerne à articulação das missões da adminis-*

2.4. Conclusão

A ideia de organizar a Administração Pública Portuguesa, incluindo nela um nível constituído por unidades supramunicipais não é, de modo nenhum, uma ideia inédita entre nós. Antes pelo contrário. Ao longo de toda a história da Administração Pública encontramos tentativas de implementar essas entidades[75]. Fosse como Comarcas, como Províncias ou como Distritos.

No entanto, apesar de ao longo dos tempos se sentir a necessidade de organizar o território nacional em algumas unidades supramunicipais com natureza de autarquia local ou não, a verdade é que apenas se conseguiu criar um ciclo de alternância entre o distrito e a província, sem que nenhuma delas vingasse efectivamente.

Como ensina Freitas do Amaral, *"a província aparece como uma comunidade, isto é, uma autarquia de base histórica e geográfica, de carácter autónomo e de feição económico-social"*[76]. Por outro lado o distrito aparece mais como uma autarquia de carácter político e administrativo. Podemos assim dizer que a consagração de autarquias locais provinciais correspondia melhor à lógica que informa o poder local, ao passo que a instituição de autarquias locais distritais servia melhor a estratégia de Governos centralistas, uma vez que representavam mais o prolongamento do poder central junto dos municípios.

Assim, o distrito tende a caracterizar-se mais como uma entidade de natureza político-administrativo. Cumpre a função de circunscrição administrativa para efeitos de delimitação da acção do Governador Civil e de outras entidades da administração periférica do Estado. Por outro lado, em relação à província, encontram-se traços que nos apontam para

---

tração periférica ou descentralizada e pela agilização da estrutura das CCRs,...". Cfr. DIAS, J. P. Baptista, "Descentralização Administrativa e Alternativas à Regionalização", in *Revista de Administração e Políticas Públicas*, (2001), pp. 95-96.

[75] Neste sentido, AMARAL, Diogo Freitas (2002), *Curso de Direito Administrativo*, p. 529.

[76] AMARAL, Diogo Freitas (2002), *Curso de Direito Administrativo*, p. 529.

sentimentos comunitários. De um lado temos uma delimitação imposta pelo Governo, vinda de cima para baixo - o distrito - para efeitos de uma mais facilitada administração – não esquecendo que "*os distritos, longe de assentarem em qualquer critério geográfico ou económico, agrupam, com intuitos centralizadores'*"[77] – e do outro lado a província, uma entidade que se forma de baixo para cima como uma associação natural dos municípios. O distrito tem funcionado, pode-se então afirmar, como uma *longa manus* do poder central.

As diversas entidades supramunicipais, em geral, aparecem com carácter de autarquia local nos períodos de descentralização administrativa e como mera circunscrição administrativa nos períodos de centralização.

---

[77] GIRÃO, Amorim "Esboço duma Carta Regional de Portugal" *In Cadernos Municipais*, (1987), p. 54.

CAPÍTULO III

ESTUDO COMPARADO

3.1. Introdução

Certos de que o desenvolvimento social e económico das sociedades se faz também de acordo com a organização político-administrativa do espaço territorial, é importante analisar como alguns países, com alguma identificação histórica a Portugal, fizeram esse percurso organizacional.

De acordo com António Covas[1], este atraso de Portugal, relativamente ao processo de descentralização / regionalização, deve-se a aspectos históricos-políticos relacionados com o tradicional centralismo *"napoleónico"* que caracteriza a nossa estrutura político administrativa.

Como refere Fermisson:

"Um dos factores que explicam a debilidade dos processos e da própria cultura do desenvolvimento regional e local em Portugal deriva das condições políticas que vigoraram durante quase metade deste século."[2]

---

[1] Cfr. COVAS, António (1997*), Integração Europeia, Regionalização Administrativa e Reforma do Estado-Nacional*, pp. 98-99.

[2] FERMISSON, João, "A gestão dos processos de desenvolvimento regional em Portugal: constrangimentos e práticas inovadoras", in *Regiões e Cidades na União Europeia: Que Futuro?*, p. 532.

Por outro lado, inúmeros estudiosos chamam a atenção para os diferentes modelos de regionalização e, como refere Luís Sá, para "*a diversidade de instituições, nomenclatura e tradições*"[3]. Uma primeira e fundamental distinção ressalta e impõe-se pela sua natureza, pondo de um lado as regiões políticas e, do outro, as regiões administrativas. Ou, dito de outro modo, a regionalização pode variar numa escala em que num dos extremos estão Estados federados e, no outro extremo, regiões administrativas ou, até, simples regiões plano.

As regiões políticas, além de terem funções administrativas e poderes regulamentares tal como as regiões administrativas, dispõem ainda de poderes de governo e funções legislativas.

Como diz Labasse, "*A regionalização, enquanto processo de decisão de um território em parte soberano, não tem, portanto, valor constante.*"[4]

As razões que levaram à regionalização são muito diferentes de país para país e até mesmo dentro do mesmo país, o que nos leva a afirmar que as regiões administrativas nascem fruto de um duplo imperativo económico e técnico, e não apenas de uma vontade de reconhecer uma qualquer identidade regional.

Razões de natureza mais étnico-cultural e até sócio-política que alimentam reivindicações de movimentos regionalistas, fundamentam também fenómenos de identificação regional de populações que reclamam uma afirmação própria no espaço nacional. Este é o caso do Estado espanhol. Assim nos confirma Ramires Fernandes quando diz que,

"*... as Regiões Espanholas detêm, além da autonomia administrativa, também a autonomia política e que, a sua criação correspondeu a uma forma de apaziguar desejos independentistas de nações perfeitamente diferenciadas.*"[5]

---

[3] SÁ, Luís (1994), *As Regiões, a Europa e a «Coesão Económica e Social»*, p. 35.
[4] LABASSE, Jean, (1993), *Que Regiões para a Europa?*, p. 15.
[5] RAMIRES FERNANDES, Manuel (1996), *A Problemática da Regionalização*, p. 55.

À excepção de Luxemburgo[6] e da Grécia, Portugal é o único país europeu comunitário[7], em que não existe um nível de administração territorial autónoma supramunicipal. Em muitos dos países existem dois níveis, chegando a haver casos de ainda existir o Estado Federado ou a região política acima desses dois níveis de administração autónoma supramunicipal.

De entre os Estados unitários, da União Europeia, a Espanha[8], a França, e a Itália contam com três níveis de administração autónoma. Este seria também, no nosso país, o quadro da estrutura administrativa se a regionalização se concretizasse. Esta é uma das razões que nos levou a escolher a administração regional destes países, para aprofundar o nosso estudo.

A Alemanha, exemplo de um Estado federado, é reflexo do seu processo histórico, em que durante séculos os vários Estados se foram mantendo sempre com governos próprios. Em 1871 é fundado o Império Alemão com estrutura federal, situação que depois da Guerra foi estimulada pelos norte-americanos que viam nessa estrutura uma garantia de partilha de poder e de democracia, razão pela qual os «länder» continuaram com muitos poderes.

Como Estados federados, os «länder» têm competências exclusivas e têm mesmo um representante acreditado junto da União Europeia.

A título de exemplo, refira-se que em relação à educação e cultura, cada um dos «länder» é competente para determinar os programas, a organização do ensino e as respectivas regulamentações. O estatuto e a remuneração dos professores variam de acordo com os «länder». Existe uma estrutura, (a conferência permanente dos ministros da Educação dos «län-

---

[6] O que se compreende face à pequena dimensão deste país, no entanto, existem 118 comunas.

[7] Na Europa dos quinze.

[8] A Constituição espanhola aponta para um modelo de Estado unitário, ao falar, de acordo como artigo 2.º, na *"unidade indissolúvel da Nação espanhola, pátria comum e indivisível de todos os espanhóis"*, (na versão original: *"la indisoluble unidad de la Nación española, patria común e indivisible de todos los españoles"*), apesar de ao mesmo tempo, reconhecer e garantir o direito à autonomia das nacionalidades e das regiões.

der»), com uma missão de reflexão para regular e harmonizar as diversas políticas educativas, de modo a criar condições de mobilidade nacional aos estudantes e aos professores.

A Bélgica, é, igualmente, um Estado federal de acordo com a emenda de 1993 à Constituição. É constituída, essencialmente, por três comunidades: francesa, flamenga e alemã. As três regiões: Flandres, Valónia e Bruxelas representam, no fundo, as três grandes áreas culturais com base nas características da língua. O país é bilingue, sendo línguas oficiais: o francês (utilizado por 32% da população) e o flamengo (57,5% da população). Há ainda uma reduzida percentagem que utiliza o alemão e em Bruxelas a população é bilingue, (cerca de 10% da população).

Neste País o processo de instituir uma estrutura federal ou de regionalização tem sido uma tarefa complicada e envolta em morosos conflitos. Neste sentido, Luís Sá afirma que *"o processo federal e de regionalização na Bélgica não só tem assumido um carácter moroso e conflitual, como é um processo que continua em aberto, de tal forma que já houve quem o considerasse praticamente inclassificável"*[9].

Além das referidas "regiões" existem 9 províncias e cerca de 590 comunas.

A Dinamarca, compreende um território continental, o arquipélago Féroe e a Ilha da Gronelândia. A exemplo do que acontece em Portugal, estes dois espaços insulares gozam de uma ampla autonomia. As Ilhas Féroe são autónomas desde 1948 e a Gronelândia, após e desde um referendo em 1979, goza também de grande autonomia.

Divide-se este país em cinco "regiões", catorze condados e cerca de 270 comunas. As comunas e os condados, que há 150 anos gozam de autonomia, foram confirmados pela Constituição de 1953. Existe ainda, como nos diz Luís Sá, *"um Conselho Metropolitano de Copenhaga, com responsabilidades de coordenação administrativa, em particular no sector dos transportes"*[10], no âmbito dos três municípios da capital.

---

[9] SÁ, Luís (1994), *As Regiões, a Europa e a «Coesão Económica e Social»*, p. 40.
[10] SÁ, Luís (1994), *As Regiões, a Europa e a «Coesão Económica e Social»*, p. 41.

Os poderes locais neste País são extremamente importantes e concentram em si uma significativa parte das competências da governação, nomeadamente, na assistência social e gestão de subsídios da segurança social, na educação, na saúde primária, no ambiente e no planeamento e gestão do território.

No caso da Grécia, verifica-se a ausência de órgãos descentralizados a nível regional, com as 13 regiões a funcionarem como distritos do Estado.

As suas atribuições são principalmente o desenvolvimento regional e a coordenação vertical das políticas económicas. A região constitui um nível de administração desconcentrado do Estado, participa na planificação nacional e, a esse respeito, elabora o respectivo programa e aplica as políticas de desenvolvimento económico, social e cultural.

A região é administrada pelo seu Secretário geral, que é o representante do Estado e do governo.

A lei 2218/1994 instaurou em cada departamento, (*nomoi*), e a um nível supracomunal, uma instância de autonomia local designada "*colectividade departamental*". São pessoas colectivas de direito público, responsáveis pelo desenvolvimento económico, social e cultural do seu território. Asseguram a gestão dos negócios locais, a nível departamental, e exercem as competências que lhes forem transferidas pela lei. Com esta alteração, este país passou a contar, desde então, com dois níveis de administração local: a comuna e o departamento.

Na Irlanda, encontramos 32 condados e 84 comunas. A partir de 1994 existem as autoridades regionais[11] mas com competências limitadas, fundamentalmente, à coordenação dos serviços públicos a nível regional e o controlo da utilização dos fundos europeus.

A Irlanda, mesmo com a criação destas autoridades regionais, mantém hoje um sistema político-administrativo muito centralizado.

Vamos ver, agora mais de perto, os casos de Espanha, França e Itália. Além de serem países fisicamente próximos, sofreram todos eles idênti-

---

[11] *Regional Developments Organizations*, cujos representantes têm assento no Comité das Regiões.

cas influências. São Estados com uma Administração Pública descentralizada, com regiões, e que entre outros aspectos, têm em comum com Portugal a figura do magistrado administrativo, representando o Governo nas circunscrições administrativas. Com origem em França, onde o *Préfet* é o representante do Governo no Departamento, passou a existir na Itália o *Prefetto*, representando o Governo na província. Em Espanha, há um *Gobernador Civil,* também para cada província e em Portugal – o Governador Civil[12] nos distritos.

Destes três, vamos dar uma atenção especial à regionalização de França. Justificamos este aprofundamento pelo grau de autonomia (administrativa) e respectiva arquitectura organizativa que a administração regional deste país apresenta e que, para nós, será a mais aproximada da estrutura regional constitucionalmente prevista para Portugal.

3.2. O Caso de Espanha

3.2.1. Introdução

A Espanha, desde a Constituição de 1978[13] e da adesão às comunidades europeias em 1985, vive um processo de autêntica transformação da sua organização política e administrativa. Assim, por um lado, cede parcelas importantes de poder para órgãos supranacionais, a União Europeia (em matérias como o comércio estrangeiro, a agricultura, as pescas, as alfândegas, etc.) e, por outro, cede importantes parcelas de poder para as regiões (Comunidades Autónomas).

---

[12] Este magistrado administrativo, em 1832 –reforma de Mouzinho da Silveira, era denominado por Prefeito, em 1836 – reforma de Passos Manuel, passa a denominar-se Administrador Geral do distrito e a partir de 1842 – reforma de Costa Cabral, finalmente Governador Civil.

[13] Sem esquecer o desaparecimento do regime político anterior ocorrido em Novembro de 1975.

Importa desde já esclarecer que o exemplo da descentralização e da regionalização de Espanha, e respectivo processo, é apresentado apenas para ilustrar o quadro que de modo algum pode ser apontado como meta no processo de descentralização e regionalização de Portugal. Como nos diz Duarte Lynce de Faria, "*o regionalismo espanhol é tipicamente político e ultrapassa, em muito, a regionalização administrativa que se pretende para o continente português...*"[14].

Em Espanha, ao contrário do que se aponta para Portugal – regionalização administrativa, o resultado final foi uma regionalização política. Falamos em resultado final para nos fixarmos no quadro político regional actual.

No entanto, se as Comunidades Autónomas espanholas apenas poderão ser comparáveis às nossas regiões autónomas dos Açores e da Madeira, convém referir que as províncias espanholas têm uma grande correspondência às nossas províncias do Código Administrativo de 1936-40. E, este facto não é desprezível se tivermos em atenção que as Comunidades[15] espanholas resultam da agregação de províncias. Por outro lado, a província continua a ser a "*... división territorial para el cumplimiento de las actividades del Estado.*"[16]

Segundo Jorge Miranda[17], a Espanha, é a partir da Constituição de 1978 um Estado regional integral, uma vez que "*... todo o território se divide em regiões autónomas.*" Mas, mesmo assim, esta não era a opinião, ou a esperança, de vários autores que, ao assistirem ao processo de reconhecimento de autonomias de forma heterogénea e generalizada, previam

---

[14] FARIA, Duarte Lynce (1996), *Regionalizar, o Referendo do Portugal Esquecido – Ensaio Sobre as Perspectivas de Desenvolvimento Regional e os Factores de Delimitação*, p. 41.

[15] A agregação de províncias acontece na maior parte dos casos, no entanto, não podemos esquecer a existência de várias Comunidades que correspondem a uma única província, como se pode ver no quadro da fig. 5.

[16] Como estabelece a Constituição espanhola no artigo 141.º

[17] MIRANDA, Jorge (1994), *Manual de Direito Constitucional*, p. 260.

que no final do processo se desembocaria *"en un Estado com nítidos rasgos federales"*[18].

A Constituição e os Estatutos de Autonomia, das diversas Comunidades, asseguram a distribuição de competências entre o Estado e as respectivas Comunidades. A Constituição ao remeter para os Estatutos[19], em geral, a definição das competências das Comunidades, leva-nos a admitir que a norma atributiva de competências seja a própria norma estatutária.

Hoje, fruto de *"una profunda descentralización política"* a Espanha converteu-se *"en uno de los países más descentralizados de Europa..."*.[20]

A Constituição de Espanha, ao contrário da CRP, não proíbe a constituição de partidos políticos de índole ou âmbito regional e, assim, estes existem em várias regiões, como revela a sua designação[21].

A Espanha é um Estado composto por quatro grupos étnicos e respectivas quatro línguas: os espanhóis, os catalães, os galegos e os bascos que falam o castelhano, o catalão, o galego e o basco, respectivamente. Tem uma população de cerca de 40 milhões de habitantes e ocupa uma superfície de 504.782 km2.

A origem da autonomia política das actuais Comunidades Autónomas vem já da Idade Média. Na Catalunha, por exemplo, remonta às Cortes Reais do Século XIII, com a criação da *Generalitat*[22] que, em

---

[18] Cfr. MACHO, Ricardo Garcia, "El Principio Autonómico en Relación con el Federal", in *Organización Territorial del Estado (Comunidades Autónomas)*, (1984), p.1171.

[19] De acordo com o artigo 147.º, "d*entro de los términos de la presente Constitución, los Estatutos serán la norma institucional básica de cada Comunidad Autónoma...*", e devem conter *"las competencias asumidas dentro del marco establecido en la Constitución..."*.

[20] MERCED MONGE, Mercedes de la, "Madrid, una metrópoli para la Europa del siglo XXI", in *GAPP-Gestión y Análisis de Políticas Públicas*, (2002), p. 99.

[21] Vejamos alguns exemplos de partidos ou de associações políticas regionais: Bloc Nacionalista Valencià, Bloque Nacionalista Galego, Chunta Aragonesista, Eusko Alkartasuna, Extremadura Unida, Partido Andalucista, Partido Nacionalista Vasco e Partido Aragonés Regionalista.

[22] "Generalitat" – Governo da Comunidade.

1413, adquire a sua forma legal e definitiva, transformando-se num organismo de governo desvinculado das Cortes. Diz-nos Amaral que o regime autonómico da Catalunha se mostra como "*o grande motor do regionalismo espanhol...*"[23].

É, também, durante a Idade Média que se formam os grandes reinos hispânicos – Castela e Leão, Aragão, Navarra e Catalunha.

As Cortes de Tortosa em 1400 são marcos emblemáticos da autonomia da Catalunha, Aragão e Valença. No entanto, o processo regressivo da autonomia inicia-se logo em finais do século XV. E cerceada vai estar até ao século XX, em que a obsessão franquista era a unificação espanhola, pela imposição do castelhano como língua única e a centralização do sistema educativo.

Longe de ser nosso ensejo "historiar" a formação do Estado espanhol e das dificuldades deste em se impor perante as aspirações autonomistas das diferentes nacionalidades e regiões, importa fixar alguns factos e algumas datas.

Em 1833, dá-se um importante passo com vista à centralização da administração pública espanhola com a criação da divisão provincial[24] colocando assim, ao mesmo tempo, em crise a autonomia tradicional de alguns territórios.

Esta divisão é inspirada pelo modelo departamental "... *que habían ideado las revoluciones francesas...*"[25]. Em paralelo com o *Préfet* no departamento francês, em Espanha surge o *Gobernador Civil* para a

---

[23] AMARAL, Carlos Eduardo Pacheco (1998), *Do Estado Soberano ao Estado das Autonomias. Regionalismo, subsidiariedade e autonomia para uma nova ideia de Estado*, p. 306.

[24] O território é dividido em 49 províncias tendo em 1927, pela divisão das Canárias em duas (Tenerife e Las Palmas), passado para 50. Javier de Burgos foi o responsável por esta reforma que ainda hoje representa as raízes próximas da administração periférica de Espanha. Igual tentativa, mas sem êxito, tinha ocorrido nas Cortes de Cádiz em 1812.

[25] URETA DOMINGO, Juan Carlos, "La Reforma de la Administración Periférica del Estado como Presupuesto del Estado de Autonomías", in *Organización Territorial del Estado (Comunidades Autónomas)*, (1984), p. 3126.

província. No entanto, a sua evolução toma caminhos diversos. Se em França o Prefét era um agente hierarquizado, com forte poder administrativo e executivo, em Espanha o *Gobernador Civil* vai adquirir um carácter fortemente político.

Em 1839, após a primeira guerra *carlista*, guerra que ocorreu em reacção à centralização dos poderes e em defesa de certos privilégios regionais, surge uma lei que confirmava os forais.

Em 1873 surge uma Constituição republicana que preconizava para o Estado espanhol um sistema federal com 17 Estado membros.

Pela Constituição de 1876, de novo sob a monarquia com Afonso XII, dá-se novo retrocesso nas aspirações autonomistas. Em 1913, surge um Decreto Real que abre a possibilidade de serem criadas associações provinciais, com fins exclusivamente administrativos. Surge a «*Mancomunidade*» da Catalunha.

Com a Constituição de 1931, na Segunda República espanhola, surge um novo alento para os regionalistas. Pela primeira vez o termo *região* constava de um texto constitucional e em que já se previa a autonomia para os municípios e para as regiões.

Finda a guerra civil em 1939, os vencedores, sob o comando do General Franco, instituíram um regime político, fortemente centralizado, com base no lema "*la unidad de la Patria*" e que levou, de novo, à repressão de quaisquer aspirações regionalistas. Foi este regime que vigorou até Novembro de 1975.

Com a morte do General Franco, em 1975, e com a subida ao poder de Juan Carlos I, deu-se a transição de um regime ditatorial e centralizado para um regime democrático e descentralizado fundamentado na Constituição de 1978.

A descentralização neste País deu-se de um modo mais brusco, em comparação com outros países europeus, por exemplo a França, cujo processo de regionalização / descentralização é o resultado de uma longa marcha, como mais à frente demonstraremos.

Com o fim do regime ditatorial vão ressuscitar os nacionalismos basco e catalão, com renovada intensidade e, como refere Dominguez Martin,

"... con una «plataforma reivindicatoria» mucho más intensa y apremiante que la mantenida durante la Segunda República

española, de manera que si lo autonómico era entonces una «aspiración», en 1977-78 se manifestó en determinados sectores como una «rehabilitación» urgente, casi «revanchista», con fuerza explosiva, pero minoritaria."[26]

Estamos neste caso a falar de um País que fez uma descentralização autonómica. Por isso, se refere mais uma vez que este não é, propriamente, um exemplo para Portugal. Ou dito de outro modo, a regionalização efectuada com a instituição das Comunidades Autónomas em Espanha, que não são autarquias locais, corresponde à necessidade de tentar resolver o problema da existência das diversas "nacionalidades" dentro do mesmo Estado. É uma alternativa à secessão e constituiu, assim, uma resposta às reivindicações regionalistas evitando-se a independência. Ou, pelo menos, tenta-se afastar esse cenário.

Como refere Ramires Fernandes,

"... as Regiões Espanholas detêm, além da autonomia administrativa, também a política e que, a sua criação correspondeu a uma forma de apaziguar desejos independentistas de nações perfeitamente diferenciadas."[27]

O que de todo, não tem qualquer semelhança com o caso português.
Para Luís Sá, a natureza da regionalização está muitas vezes em conexão com as causas que a justificam. *"Trata-se, por vezes, de tentar resolver o problema da coexistência de várias nacionalidades no quadro de uma Estado unitário, como acontece em Espanha..."*[28].

---

[26] DOMINGUEZ MARTIN, Salvador, "Problematica da las Autonomias Territoriales", in *Organización Territorial del Estado (Comunidades Autónomas)*, (1984), p. 779.

[27] RAMIRES FERNANDES, Manuel (1996), *A Problemática da Regionalização*, p. 55.

[28] SÁ, Luís, "Modelos Políticos de Regionalização: Sobre os "Modelos" para Portugal", in *Regionalização e Desenvolvimento*, p. 37.

Para que o processo de democratização da sociedade espanhola decorresse com êxito, era necessário desapertar o colete-de-forças que sufocava os sentimentos nacionalistas de algumas regiões e que vinha sendo mantido pelo regime anterior. Num regime democrático tal situação não poderia continuar. Assim, foram criadas as Comunidades Autónomas, com Parlamentos territoriais, com competências exclusivas e plenas em apreciável elenco de matérias.

O Estado Espanhol organiza-se territorialmente em municípios, em províncias e em Comunidades Autónomas. Todas estas entidades gozam, de acordo com a Constituição, de uma larga autonomia para a gestão de seus respectivos interesses.

As províncias espanholas representam unidades de referência para as eleições nacionais, a exemplo do que acontece em Portugal com os distritos. São, também, unidades de referência para as eleições regionais.

O governo nomeia um seu representante, o Delegado geral, para cada Comunidade, tendo este como função principal a liderança da administração periférica do Estado e a coordenação desta com a administração autónoma. Para cada província é nomeado um Governador civil.

Num contexto de regionalização generalizado, a partir de 1977, foram-se criando estruturas regionais provisórias que pouco a pouco se alargaram a todo o território espanhol. A constituição destas comunidades "pré-autonómicas" facilitou o acesso mais rápido a um nível mais elevado de autonomia, a algumas Colectividades que puderam, depois, aproveitar as disposições transitórias da Constituição.

No final de 1978 é aprovada a nova Constituição que veio criar condições para que as províncias com características históricas, culturais e económicas comuns, se organizassem em "comunidades autónomas".

Agrupadas as províncias, e eleitos os respectivos deputados, estes tiveram de elaborar a proposta de Estatutos em que deveriam constar as atribuições a serem descentralizadas para a "comunidade autónoma". Podemos dizer que a aprovação do Estatuto e das respectivas atribuições era sempre precedida de um processo complexo em que também se incluía um referendo aos cidadãos da respectiva "comunidade". O procedimento adoptado para criar as regiões autónomas, demonstra a natureza da regionalização em causa. Em vez de ser a Constituição a definir os territórios de cada Comunidade, assim como as suas competências, estabelece apenas as regras em que "... *los territorios insulares y las provincias con entidad regional histórica podrán acceder a su autogobierno y constituirse en Comunidades Autónomas...*"[29] e, ao mesmo tempo, um conjunto de competências que podem ser assumidas por estas entidades.

A Constituição "... *Esboza un marco autonómico general, tanto en orden a la distribución de competencias, como la organización institucional autonómica.*"[30] Devolve assim a iniciativa do processo autonómico e a definição do respectivo nível da autonomia para as *Diputaciones*.

Como refere Aguiar de Luque, "*le texte constitutionnel espagnol est plus souple et a laissé une grande liberté d'initiative pour l'établissement des compétences des communautés autonomes.*"[31]

Desde logo, e de acordo com disposições transitórias acima referidas, as regiões da Catalunha, Galiza e País Basco, chamadas históricas, e a Andaluzia, acederam ao estatuto de Comunidades Autónomas, com o consequente processo de autonomia a desenvolver-se mais rapidamente.

A Catalunha, com capital em Barcelona, é a mais rica e industrializada das regiões. O idioma catalão é falado por cerca de 7 milhões de pessoas.

A Galiza baseia sua economia na agricultura e abriga Vigo, um dos principais portos de pesca do país. A consciência regionalista é atribuída ao uso literário da língua galega, muito próxima do português.

O País Basco, composto de três províncias espanholas no norte (há outras três regiões bascas na França), possui um grande sector siderúrgico. Os bascos falam o único idioma não latino da península Ibérica. O sentimento nacionalista *Euskadi*, foi avivado por Sabino Arana[32] que em 1895 fundou o Partido Nacionalista Vasco.

---

[29] Artigo 143.º n.º 1 da Constituição espanhola.

[30] FERNANDEZ SEGADO, Francisco (1992), *El Sistema Constitucional Español*, p. 878.

[31] AGUIAR DE LUQUE, Luis, "Le système institutionnel espagnol" in *Les systèmes politiques des pays de l'union européenne,* (1994), p. 138.

[32] "... *cuando resonó valientemente en nuestras montañas el grito providencial del gran patriota Sabino Arana-Goiri, que proclamó al País Basko, Euzkadi, como verdadera y única patria de los Baskos.*" Cfr. Rapport de la Délégation Basque, Tercera Conferencia de Nacionalidades, Lausanne, Juin 1916, consulta em http://www.gipuzkoakultura.net/

Apesar das garantias da Constituição de 1978, mesmo quanto ao uso das línguas regionais, persistem reivindicações por independência total. O movimento separatista basco, liderado pela organização ETA (Pátria Basca e Liberdade), criada em 1959, é prova dessa insatisfação. O equilíbrio nas relações entre o País Basco e o Estado é, de facto, o mais difícil de manter. A questão de fechar e como fechar o processo autonómico[33], (apenas com uma ampla transferência de competências?), aparece recorrentemente na ordem do dia, a par com a discussão se a previsão constitucional das autonomias políticas consiste apenas num projecto de racionalizar a organização do Estado ou se persegue a integração das nacionalidades históricas? A insatisfação quanto à actual concepção de autonomia, é sentida em primeiro grau no País Basco mas também na Catalunha e na Andaluzia.

3.2.2. Atribuições e competências das Comunidades Autónomas

O conjunto de atribuições e competências que as Comunidades podem exercer é de facto muito vasto, conforme estabelece o n.º 1 do artigo 148.º[34] da Constituição, das quais se destaca o poder de modificação dos limites territoriais das comunas, as estradas e os caminhos de ferro que percorram e se limitem ao território da comunidade, o ordenamento do território, o urbanismo, a segurança social, o património monumental, as florestas e exploração florestal, etc. Esta lista do artigo 148.º n.º 1 não é, no entanto, uma distribuição de competências, representa matérias sobre as quais as Comunidades Autónomas *"... podrán asumir competencias..."*.

---

[33] Foi apresentado em Outubro de 2003 um projecto de reforma do estatuto de autonomia do País Basco, elaborado pelo respectivo governo que é presidido pelo nacionalista Juan Ibarretxe, que propõe um modelo de relação confederada com a Espanha, quebrando com o actual "Estado de autonomias" consagrado pela Constituição de 1978. Este texto prevê a transferência para o povo basco da soberania e o reconhecimento do direito à autodeterminação a ser ratificado por referendo.

[34] *"1. Las Comunidades Autónomas podrán asumir competencias en las siguientes materias:*

1.ª Organización de sus instituciones de autogobierno.

2.ª Las alteraciones de los términos municipales comprendidos en su territorio y, en general, las funciones que correspondan a la Administración del Estado sobre las Corporaciones locales y cuya transferencia autorice la legislación sobre Régimen Local.

3.ª Ordenación del territorio, urbanismo y vivienda.

4.ª Las obras públicas de interés de la Comunidad Autónoma en su propio territorio.

5.ª Los ferrocarriles y carreteras cuyo itinerario se desarrolle íntegramente en el territorio de la Comunidad Autónoma y, en los mismos términos, el transporte desarrollado por estos medios o por cable.

6.ª Los puertos de refugio, los puertos y aeropuertos deportivos y, en general, los que no desarrollen actividades comerciales.

7.ª La agricultura y ganadería, de acuerdo con la ordenación general de la economía.

8.ª Los montes y aprovechamientos forestales.

9.ª La gestión en materia de protección del medio ambiente.

10.ª Los proyectos, construcción y explotación de los aprovechamientos hidráulicos, canales y regadíos de interés de la Comunidad Autónoma; las aguas minerales y termales.

11.ª La pesca en aguas interiores, el marisqueo y la acuicultura, la caza y la pesca fluvial.

12.ª Ferias interiores.

13.ª El fenómeno de desarrollo económico de la Comunidad Autónoma dentro de los objetivos marcados por la política económica nacional.

14.ª La artesanía.

15.ª Museos, bibliotecas y conservatorios de música de interés para la Comunidad Autónoma.

16.ª Patrimonio monumental de interés de la Comunidad Autónoma.

17.ª El fomento de la cultura, de la investigación y, en su caso, de la enseñanza de la lengua de la Comunidad Autónoma.

18.ª Promoción y ordenación del turismo en su ámbito territorial.

19.ª Promoción del deporte y de la adecuada utilización del ocio.

20.ª Asistencia social.

21.ª Sanidad e higiene.

22.ª La vigilancia y protección de sus edificios e instalaciones. La coordinación y demás facultades en relación con las policías locales en los términos que establezca una ley orgánica.

2.Transcurridos cinco años, y mediante la reforma de sus Estatutos, las Comunidades Autónomas podrán ampliar sucesivamente sus competencias dentro del marco establecido en el artículo 149".

A lei orgânica sobre a organização geral do sistema educativo de 1990, transferiu importantes competências nas áreas da gestão educativa às dezassete Comunidades Autónomas. O ministério da educação, da cultura e do desporto conserva competências legislativas em domínios como a organização geral do sistema educativo, a investigação e o desenvolvimento, a regulamentação das condições de obtenção e homologação de diplomas e a elaboração de programas mínimos. A coesão e a coerência a nível nacional é assegurada por duas vias: a Alta Inspecção e a Conferência da Educação que é composta pelos conselheiros de educação das diferentes Comunidades e presidida pelo Ministro da Educação. Desde do ano 2000, o Governo tem tentado reforçar a legitimidade e a liderança do Ministério da Educação na definição e coordenação das políticas educativas.

Por outro lado, a Constituição de Espanha, também define o que é competência exclusiva do Estado[35]. E, definindo de forma exaustiva, termina a longa enumeração com a seguinte disposição contida no número 3 do artigo 149.º

"Las materias no atribuidas expresamente al Estado por esta Constitución podrán corresponder a las Comunidades Autónomas, en virtud de sus respectivos Estatutos. La competencia sobre las materias que no se hayan asumido por los Estatutos de Autonomía corresponderá al Estado, cuyas normas prevalecerán, en caso de conflicto, sobre las de las Comunidades Autónomas en todo lo que no esté atribuido a la exclusiva competencia de éstas. El derecho estatal será, en todo caso, supletorio del derecho de las Comunidades Autónomas."

No entanto, logo a seguir a Constituição prevê a possibilidade de, em casos de necessidade justificada e verificada de acordo a própria Constituição, uma lei do Estado poder interferir no âmbito da autonomia e com sentido limitativo. Referimo-nos às chamadas *leys de armonización*[36].

---

[35] Artigo 149.º da Constituição espanhola.
[36] Cfr. Artigo 150.º n.º 3 da Constituição espanhola. *"El Estado podrá dictar leyes que establezcan los principios necesarios para armonizar las disposiciones normativas de*

3.2.3. Autonomia Política

A Constituição de Espanha, no seu artigo 2.º, *"... reconoce y garantiza el derecho a la autonomía de las nacionalidades y regiones..."* que integram a Nação espanhola.

A utilização do termo "nacionalidades", na Constituição, colocou muitas dúvidas e reservas, nomeadamente, aos deputados. Para uns, *"los conceptos nacionalidad y nación son la misma cosa"*[37], e assim, caminhava-se para a autodeterminação e para a possível desintegração da Espanha. Reconhecendo o carácter polémico do termo, outros deputados lembravam que existiam reivindicações nacionalistas, *"apoyadas popularmente y la supressión únicamente conseguiría exacerbar estas exigencias, de lo cual habia antecedentes históricos."*[38]

Apesar de não se repetir a utilização do termo "nacionalidades" ao longo da Constituição, este vai aparecer nos Estatutos das Comunidades Autónomas, primeiro, nas chamadas históricas como é o caso de Catalunha[39], País Basco[40] e Galiza[41] mas, também, no de Andaluzia[42], Aragão[43], Canárias[44] e Valência[45].

---

las Comunidades Autónomas, aun en el caso de materias atribuidas a la competencia de éstas, cuando así lo exija el interés general. Corresponde a las Cortes Generales, por mayoría absoluta de cada Cámara, la apreciación de esta necesidad."

[37] O que por outras palavras, seria o mesmo que dizer "naciones e regiones", Cfr. MACHO, Ricardo Garcia, "El Principio Autonómico en Relación con el Federal", in *Organización Territorial del Estado (Comunidades Autónomas)*, (1984), p. 1172.

[38] Cfr. MACHO, Ricardo Garcia, "El Principio Autonómico en Relación con el Federal", in *Organización Territorial del Estado (Comunidades Autónomas)*, (1984), p. 1172.

[39] Cfr. Lei Orgânica 4/1979, de 18 de Dezembro, Estatuto de Autonomia de Catalunha, artigo 1.º *"Cataluña, como nacionalidad y para acceder a su autogobierno, se constituye en Comunidad Autónoma..."*.

[40] Cfr. Lei Orgânica 3/1979, de 18 de Dezembro, Estatuto de Autonomia para o País Basco, artigo 1.º *"El Pueblo Vasco o Euskal Herria, como expresión de su nacionalidad, y para acceder a su autogobierno, se constituye en Comunidad Autónoma..."*.

[41] Cfr. Lei Orgânica 1/1981, de 6 de Abril, Estatuto de Autonomia de Galiza, artigo 1.º *"Galicia, nacionalidad histórica, se constituye en Comunidad Autónoma..."*.

A invocação da nacionalidade é, no entanto, feita dentro do espirito da indissolubilidade da unidade da Espanha, pátria comum e indivisível de todos os espanhóis, princípios consagrados no artigo 2.º da Constituição[46].

Para Fernandez Segado *"... puede afirmar-se que la unidad y la autonomía constituyen dos principios indisociables que definen el núcleo central sobre el que se asienta la construcción del Estado autonómico."*[47]

As Comunidades Autónomas gozam de autonomia política. O significado desta autonomia política foi alvo da atenção do Tribunal Constitucional, que se pronunciou, referindo que *"... cada organización territorial dotada de autonomía es una parte del todo, en ningún caso el principio de autonomía puede oponerse al de unidad,..."*[48]. *Autonomia no es soberanía.*

---

[42] Cfr. Lei Orgânica 6/1981, de 30 de Dezembro, Estatuto de Autonomia para Andaluzia, artigo 1.º " *Andalucía, como expresión de su identidad histórica y en el ejercicio del derecho al autogobierno que la Constitución reconoce a toda nacionalidad, se constituye en Comunidad Autónoma...".*

[43] Cfr. Lei Orgânica 8/1982, de 10 de Agosto, Estatuto de Autonomia de Aragão, artigo 1.º *"Aragón, en expresión de su unidad e identidad históricas como nacionalidad...".*

[44] Cfr. Lei Orgânica 10/1982, de 10 de Agosto, Estatuto de Autonomia de Canárias, artigo 1.º *"Canarias, como expresión de su identidad singular, y en el ejercicio del derecho al autogobierno que la Constitución reconoce a toda nacionalidad, se constituye en Comunidad Autónoma...".*

[45] Cfr. Lei Orgânica 5/1982 de 1 de Julho, Estatuto de Autonomia da Comunidade Valenciana, artigo 1.º *"... como expresión de su identidad histórica y en el ejercicio del derecho de autogobierno que la Constitución reconoce a toda nacionalidad,...".*

[46] *"La Constitución se fundamenta en la indisoluble unidad de la Nación española, patria común e indivisible de todos los españoles,...".* A Constituição fundamenta-se na unidade da nação espanhola. Isto quer dizer que as normas fundamentais da organização dos poderes estatais têm primazia sobre quaisquer outras. A autonomia não pode aspirar a colocar em crise esta unidade.

[47] FERNANDEZ SEGADO, Francisco (1992), *El Sistema Constitucional Español*, p. 870.

[48] *Sentencia del Tribunal Constitucional 4/1981, de 2 de febrero* citada por FERNANDEZ SEGADO, Francisco (1992), *El Sistema Constitucional Español*, p. 870.

A Constituição consagra a existência de Comunidades Autónomas com especificidades culturais, linguísticas e políticas, afirmando, em simultâneo, a unidade da Nação espanhola, baseada nas suas várias nacionalidades.

"La Constitución se fundamenta en la indisoluble unidad de la Nación española, patria común e indivisible de todos los españoles, y reconoce y garantiza el derecho a la autonomía de las nacionalidades y regiones que la integran y la solidaridad entre todas ellas."[49]

A Constituição de Espanha, depois de estabelecer que a língua oficial é o Castelhano e de impor o dever de todos a conhecerem e o direito de todos a usá-la, consagra que "*las demás lenguas españolas serán también oficiales en las respectivas Comunidades Autónomas de acuerdo con sus Estatutos."*[50]

Nos Estatutos da cada Comunidade, fundamenta-se a natureza da autonomia. Assim, no *"Estatuto de Autonomía de Galicia"*, no n.º1 do artigo 1º, invoca-se a *"nacionalidade histórica"*:

"Galicia, nacionalidade histórica, constitúese en Comunidade Autónoma para acceder ó seu autogoberno de conformidade coa Constitución Española e co presente Estatuto, que é a súa norma institucional básica.",

e no artigo 5.º, invoca-se língua:

"A lingua propia de Galicia é o galego".

A Galiza, como Comunidade Histórica que é, acedeu à Autonomia Política nos termos estabelecidos na Constituição Espanhola de 1978 e no Estatuto de Autonomia para a Galiza de 1981.

---

[49] Cfr. artigo 2.º da Constituição espanhola.
[50] De acordo com o n.º 2 do artigo 3.º da Constituição de Espanha.

A sua organização baseia-se nas seguintes Instituições:

Poder Legislativo - Parlamento da Galiza, Poder Executivo - Junta da Galiza e Poder Judicial - Tribunal Superior de Justiça.

Como órgãos consultivos da Administração Autónoma, existem: o Conselho Consultivo da Galiza, o Conselho Económico e Social da Galiza, o Conselho Galego de Relações Laborais. O Conselho da Cultura Galega tem por missão a defesa e a promoção dos valores culturais do povo galego.

O controlo da actividade dos órgãos das Comunidades Autónomas é exercido, *"por el Tribunal Constitucional, el relativo a la constitucionalidad de sus disposiciones normativas con fuerza de ley"*[51], e *"por el Tribunal de Cuentas, el económico y presupuestario."*[52]

Actualmente o grau de autonomia das diferentes Comunidades é pouco variável. Pode-se dizer que o processo autonómico em Espanha, de início, obedecia a duas velocidades que se reflectiriam em diferentes graus de competências a exercer. No entanto, hoje em dia, a autonomia estende-se por toda a Espanha de forma quase homogénea, graças à natureza dos diversos Estatutos aprovados e das inúmeras alterações que entretanto foram sendo negociadas.

Pode-se, no entanto, afirmar que as comunidades históricas, têm um estatuto de autonomia mais completo e abrangente. Têm nomeadamente, o poder de marcar as suas eleições. As áreas em que é maior a amplitude das competências, entre as diversas comunidade, são a saúde e a educação.

Mas, falar de autonomia só tem sentido se houver autonomia financeira. E neste aspecto, ainda há caminho a percorrer.

3.2.4. Autonomia Financeira

A autonomia que o artigo 137.º da Constituição espanhola reconhece, às Comunidades Autónomas, para a gestão dos seus interesses

---

[51] Cfr. Artigo 153.º alínea a) da Constituição espanhola.
[52] Cfr. Artigo 153.º alínea d) da Constituição espanhola.

("... *estas entidades gozan de autonomía para la gestión de sus respectivos intereses.*"), supõe, que lhe seja também reconhecida autonomia financeira, como prevê o n.º 1 do artigo 156.º da mesma Constituição, ("*Las Comunidades Autónomas gozarán de autonomía financiera para el desarrollo y ejecución de sus competencias...* ").

Num Estado politicamente descentralizado, como é o caso, coloca-se a questão da divisão pelos seus diversos níveis de Administração dos diferentes aspectos do poder financeiro e fiscal: o poder legislativo que confira capacidade de criar ou estabelecer tributos, o poder regulamentar e administrativo que permita cobrar e gerir esses tributos. Como ensina Sousa Franco, considerando as principais áreas da actividade financeira, podemos delimitar diversos tipos de autonomia[53]: a autonomia patrimonial, a autonomia orçamental, a autonomia de tesouraria e a autonomia creditícia.

A autonomia orçamental pode variar entre uma autonomia sujeita a tutela financeira e uma independência total em relação ao Orçamento do Estado suportada pelo processo político de preparação, aprovação e execução do respectivo orçamento e da disposição de todas as receitas cobradas na região.

Relativamente à natureza do poder tributário das Comunidades Autónomas, diz-nos Carretero Perez, que "*las posiciones básicas son tres: considerarlo un poder de potestad tributaria originaria, derivado, o un tercer género intermedio entre ambos...*"[54]. Esclarecendo de seguida, o mesmo autor, que temos um poder tributário originário quando este emana da soberania "*y puede crear tributos*" e derivado quando delegado por quem tem poder originário e, neste caso, "*tiene menor intensidad.*" A posição intermédia, defende que há um poder originário mas com limitações.

---

[53] SOUSA FRANCO, António L. (1997), *Finanças Públicas e Direito Financeiro*, p. 152.

[54] CARRETERO PEREZ, Adolfo, "Los Principios Generales del Sistema Financiero de las Comunidades Autónomas" in *Organización Territorial del Estado (Comunidades Autónomas)*, (1984), p. 566.

A Constituição espanhola, no artigo 133.º, determina que "*la potestad originaria para establecer los tributos corresponde exclusivamente al Estado, mediante ley*", para a seguir estabelecer que as Comunidades Autónomas "*podrán establecer y exigir tributos, de acuerdo con la Constitución y las leyes.*"

A Lei Orgânica de Financiamento das Comunidades Autónomas (LOFCA) de 1980, (*Ley Orgánica 8/80*) veio desenvolver e delimitar a autonomia financeira[55] para o desenvolvimento e execução das respectivas competências, determinando que o seu financiamento se regerá por aquela Lei Orgânica e pelo Estatuto de cada uma das ditas Comunidades.

No artigo 158.º da Constituição, encontramos três critérios que devem balizar a elaboração do Orçamento Geral do Estado. Critérios que depois guiaram o legislador na feitura da LOFCA. Vejamos: às Comunidades Autónomas deverão ser afectados recursos "*... en función del volumen de los servicios y actividades estatales que hayan asumido...*" garantindo assim "*... un nivel mínimo en la prestación de los servicios públicos fundamentales en todo el territorio español.*" Por outro lado, "*con el fin de corregir desequilibrios económicos interterritoriales (...) se constituirá un Fondo de Compensación con destino a gastos de inversión,...*".

O País Basco[56] e Navarra[57], por força dos seus regimes forais[58], dispõem de "*autonomia tributária*", com um sistema de financiamento que

---

[55] De acordo com esta Lei, as Comunidades Autónomas "*gozaran de autonomía financiera para el desarrollo y ejecución de las competencias que, de acuerdo con la Constitución, les atribuyan las Leyes y sus respectivos Estatutos*", cfr. artigo 1.º n.º 1 da Lei Orgânica 8/1980, de 22 de Setembro - Financiamento das Comunidades Autónomas.

[56] Cfr. Artigo 41.º da Ley Orgánica 3/1979, de 18 de diciembre, de Estatuto de Autonomía para el País Vasco, "*Las instituciones competentes de los Territorios Históricos podrán mantener, establecer y regular, dentro de su Territorio, el régimen tributario,...*"

[57] Cfr. artigo 45.º n.º 3, da Ley Orgánica 13/1982, de 10 de agosto, de Reintegración y Amejoramiento del Régimen Foral de Navarra; "*Navarra tiene potestad para mantener, establecer y regular su propio régimen tributario,...*"

[58] O sistema foral de financiamento tem a sua origem no desejo político de restabelecer situações diferenciadas de que no passado, desde o século XVIII, haviam gozado as províncias Bascas e Navarras.

se baseia nos recursos obtidos nos impostos estatais dos respectivos territórios. Esta autonomia tributária manifesta-se em duas vertentes: "«*Autonomía normativa*», *aunque con excepciones y limitaciones, y «Autonomía en la gestión tributaria», que vincula la administración fiscal a las Diputaciones Forales.*"[59]

Nas restantes Comunidades, vigora o sistema comum, regulado pela Lei Orgânica 8/80.

No regime comum, é o Estado que fixa e cobra os respectivos impostos, sem prejuízo de "*las Comunidades Autónomas podrán actuar como delegados o colaboradores del Estado para la recaudación, la gestión y la liquidación de los recursos tributarios de aquél, de acuerdo con las leyes y los Estatutos*"[60], e depois transfere para as Comunidades uma parte a fim de estas financiarem as suas competências. Ao contrário, no regime foral, (País Basco e Navarra) são as Comunidades que, dentro de certos limites, estabelecem e cobram os impostos, transferindo para o Governo central uma parte para este financiar os gastos com as competências que não foram assumidas pelos Estatutos de Autonomia e também uma determinada contribuição destinada à solidariedade entre regiões[61]. É o designado "*el cupo*".

De acordo com a Constituição, os recursos das Comunidades Autónomas serão constituídos por:

"*a) Impuestos cedidos total o parcialmente por el Estado; recargos sobre impuestos estatales y otras participaciones en los ingresos del Estado.*

b) Sus propios impuestos, tasas y contribuciones especiales.

---

[59] OLAYA INIESTA, Antonio & CANTOS, José Maria & SANZ GÓMEZ, Maria Mercedes, "La descentralización del sector público Español en el contexto de la Unión Europea" in *Regiões e Cidades na União Europeia: Que Futuro?*, (1999), p. 193.

[60] Como prevê o artigo 156.º da Constituição espanhola.

[61] *Fondo de Compensación Interterritorial, (FCI)*. A este fundo têm acesso, a partir de 1990, apenas as regiões que apresentam um PIB inferior a 75% da média da U.E, por via da necessidade de harmonização da política regional espanhola com a comunitária.

c) *Transferencias de un Fondo de Compensación interterritorial y otras asignaciones con cargo a los Presupuestos Generales del Estado.*
d) Rendimientos procedentes de su patrimonio e ingresos de derecho privado.
e) El producto de las operaciones de crédito.
2. Las Comunidades Autónomas no podrán en ningún caso adoptar medidas tributarias sobre bienes situados fuera de su territorio o que supongan obstáculo para la libre circulación de mercancías o servicios.
3. Mediante ley orgánica podrá regularse el ejercicio de las competencias financieras enumeradas en el precedente apartado 1, las normas para resolver los conflictos que pudieran surgir y las posibles formas de colaboración financiera entre las Comunidades Autónomas y el Estado."[62]

O financiamento das Comunidades Autónomas é negociado entre Estado e as comunidades, por períodos de cinco anos, e fixado através de uma lei de *Concierto Económico*. Nesta, estabelecem-se normas de coordenação e harmonização entre os sistemas fiscais de cada um dos territórios históricos e o que é aplicado em comum a todo o Estado.

Apesar de a Constituição garantir a autonomia financeira das comunidades, a verdade é que "*... cerca de 70 por cento das suas receitas provêm, ainda, do poder central.*"[63]

Nos últimos anos, tem-se procurado aumentar o peso das receitas próprias nos orçamentos da comunidades, através de impostos próprios, em detrimento das transferências estatais. Ao mesmo tempo discute-se até onde pode ir a capacidade legislativa autónoma sobre esses impostos.

---

[62] Artigo 157.º da Constituição espanhola.
[63] FARIA, Duarte Lynce (1996), *Regionalizar, o Referendo do Portugal Esquecido – Ensaio Sobre as Perspectivas de Desenvolvimento Regional e os Factores de Delimitação*, p. 40.

É competência das Comunidades a fixação, a liquidação e a cobrança dos impostos próprios. Podem também, por delegação, exercer essas competências em relação aos impostos cedidos. Assim se estabelece no artigo 10.º da Lei Orgânica do Financiamento das Comunidades, ao considerar que *"la cesión podrá comprender competencias normativas en los términos que determine la Ley que regule la cesión de tributos."*

Indo ao encontro da OCDE que recomenda que, a par da extensão das competências fiscais das comunidades autónomas, deve ser também incluído um reforço da disciplina orçamental para evitar o aumento da despesa pública ou a sobrecarga de impostos, o novo acordo de financiamento (que entrou em vigor em 2002 e que se estende até 2006) deverá também ser capaz de fornecer às regiões recursos estáveis e "co-responsabilidade" em matéria de estabilidade fiscal.

A falta de responsabilidade fiscal dos governos autónomos, com as consequência que daí poderão surgir no endividamento e no défice público, é vista com preocupação por vários autores. Ainda mais quando *"el sistema es mucho más descentralizado por el lado del gasto que por el de los ingresos."*[64]

Durante o ano de 2001, os governos das Autonomias e o governo espanhol concluíram as negociações sobre o novo modelo de financiamento das comunidades autónomas.

Do modelo que vigorou entre 1996 e 2001, as fontes essenciais eram:

- tributos cedidos: imposto sobre o património, transmissões patrimoniais, sucessões e doações e documentos jurídicos;
- taxas pela prestação de serviços públicos;
- participação nas receitas do Estado: receitas dos tributos da administração estadual, IVA, imposto de sociedades, quota da segurança social;

---

[64] OLAYA INIESTA, Antonio & CANTOS, José Maria & SANZ GÓMEZ, Maria Mercedes, "La descentralización del sector público Español en el contexto de la Unión Europea" in *Regiões e Cidades na União Europeia: Que Futuro?*, (1999), p. 194.

- 15% do valor do imposto sobre o rendimento das pessoas físicas (IRPF) das pessoas que residem na comunidade e ainda a participação em 15% do valor total do mesmo IRPF.

O futuro modelo irá manter os:

- tributos cedidos: imposto sobre o património, transmissões patrimoniais, sucessões e doações e documentos jurídicos;
- taxas pela prestação de serviços públicos;
- participação nas receitas do Estado: receitas dos tributos da administração estadual, Imposto de sociedades, quota da segurança social.

Mas introduzirá as seguintes alterações:

- uma percentagem sobre o IVA (35%) e impostos sobre os carburantes, tabaco e bebidas alcoólicas (40%), electricidade e registo automóvel (100%);
- 33% do IRPF é cedido às comunidades;
- a inclusão do financiamento da saúde no modelo. Anteriormente, o financiamento desde sector era efectuado por um método diferente para cada comunidade.

3.2.5. Breve caracterização das Comunidades

Em termos de população, tal como em Portugal, também o interior espanhol sofre de desertificação, como se pode confirmar pelo mapa de densidade populacional provincial (figura 6) e pelo quadro da figura 5.

A estimativa do PIB per capita espanhol, para 2002, em paridade com o poder de compra, situa-se em 84% da média da União Europeia. Este valor representa um aumento de 6 pontos em relação ao valor medido em 1995.

Destaca-se a existência de convergência com a média europeia, com regiões a crescerem, neste espaço temporal, 10 e 12 pontos como é o caso de Cantábria e do País Basco e o facto de agora serem cinco as regiões

com um PIB acima da média europeia quando em 1995 só Madrid ocupava essa posição.
Vejamos com se distribuiu esse aumento pelas diferentes Comunidades no quadro da figura 7.

Figura 5 - Alguns indicadores sobre as Comunidades Autónomas[65]

Comunidade	Natureza jurídica	Superfície km²	População 1991	População 2001	Crescimento população %	População /Km²
Andaluzia	Artigo 151 pluriprovinciais	87.268	6.940.522	7.357.558	6,01	84,31
Canárias	Artigo 151 pluriprovinciais	7.273	1.493.784	1.694.477	13,44	232,98
Catalunha	Artigo 151 pluriprovinciais	31.930	6.059.494	6.343.110	4,68	198,66
Galiza	Artigo 151 pluriprovinciais	29.434	2.731.669	2.695.880	-1,33	91,59
Valência	Artigo 151 pluriprovinciais	23.305	3.857.234	4.162.776	7,92	178,62
Aragão	Artigo 143 pluriprovinciais	47.669	1.188.817	1.204.215	1,30	25,26
Baleares	Artigo 143 pluriprovinciais	5.014	709.138	841.669	18,69	167,86
Castela-La Mancha	Artigo 143 pluriprovinciais	79.226	1.658.446	1.760.516	6,15	22,22
Castela Leão	Artigo 143 pluriprovinciais	94.147	2.545.926	2.456.474	-3,64	26,09
Estremadura	Artigo 143 pluriprovinciais	41.602	1.051.852	1.058.503	0,63	25,44
Asturias	Artigo 143 uniprovinciais	10.565	1.093.937	1.062.998	-2,91	100,62
Cantábria	Artigo 143 uniprovinciais	5.289	527.326	535.131	1,48	101,18
Madrid	Artigo 143 uniprovinciais	7.995	4.947.555	5.423.384	9,62	678,35
Múrcia	Artigo 143 uniprovinciais	11.317	1.045.601	1.197.646	14,54	105,83
Rioja	Artigo 143 uniprovinciais	5.034	263.434	276.702	5,04	54,97
País Basco	Regime Foral	7.261	2.104.041	2.082.587	-1,03	286,82
Navarra	Regime Foral	10.421	519.277	555.829	7,04	53,34
Ceuta e Melilla	Comunidades território	32	124.215	137.916	11,03	4309,88
ESPANHA		504.782	38.872.268	40.847.371	5,08	80,92

---

[65] Quadro construído com elementos extraídos (natureza jurídica, superfície e população em 1991) de FERNANDES, Abel (1998), *Fundamentos, Competências e*

Figura 6 - Densidade populacional por província

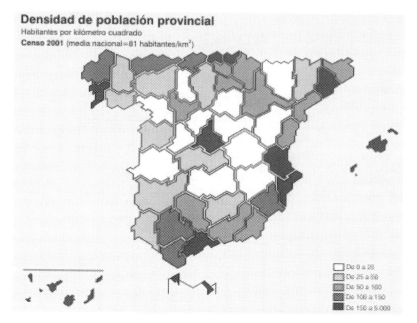

Fonte: http://www.ine.es/censo2001/mapas3y4.htm

Financiamento das Regiões na Europa: Uma Perspectiva Comparada, p. 156 e, relativamente à população em 2001, de Instituto Nacional de Estatística de Espanha em http://www.ine.es/.

Figura 7[66] - Evolução do PIB per capita das Comunidades face à média da União Europeia - Índice UE -15 = 100

Comunidade Autónoma	1995	2002
MADRID (Comunidade de)	103	112
NAVARRA (C. Foral de)	99	105
PAÍS BASCO	93	105
BALEARES (Ilhas)	97	103
CATALUNHA	96	101
RIOJA (La)	90	96
ARAGÃO	85	91
ESPANHA	78	84
CANTABRIA	73	83
COMUNIDADE VALENCIANA	74	81
CASTELA E LEÃO	75	79
CANÁRIAS	75	77
ASTURIAS (Principado de)	69	73
MURCIA (Região de)	65	72
CASTELA-LA MANCHA	64	67
CEUTA E MELILLA	65	67
GALIZA	63	66
ANDALUZIA	58	64
ESTREMADURA	49	54

[66] Fonte: Instituto Nacional de Estatística de Espanha – www.ine.es/

Figura 8 - As Comunidades Autónomas de Espanha

Fonte: http://www.europa.eu.int/abc/maps/

3.3. O Caso de Itália

3.3.1. Introdução

A Itália foi unificada em meados do século XIX. Após várias guerras, Vittório Emmanule II de Sabóia conseguiu reunir os vários estados italianos e proclamar em 1861, o Reino da Itália, fixando a Capital do Reino em Turim. Em 1870, Roma assumiu definitivamente estatuto de capital, que desde 1864 pertencia a Florença.

As identidades regionais, no entanto, não desapareceram. Como nos diz Abel Fernandes, estas

"... subsistem alicerçadas em condições económicas diferenciadas e em disparidades culturais que se desenvolveram e robusteceram durante muitos séculos; diz-se que os italianos falam 20 línguas diferentes."[67]

A República Italiana é um Estado parlamentar, com duas Câmaras, (Câmara dos Deputados e Senado da República[68])[69]. A Constituição reconhece e inspira-se nas exigências dos princípios[70] de autonomia e de descentralização, desdobrando em três níveis a administração territorial: as regiões, as províncias e os municípios, não estabelecendo entre eles qualquer relação de dependência.

A partir da revisão constitucional de Outubro de 2001, está também consagrada a figura da *"Città metropolitane"*[71].

A partir de 1990 e depois de um longo e complicado debate, foram redefinidos, por lei[72], os fundamentos do sistema comunal e provincial,

---

[67] FERNANDES, Abel (1998), *Fundamentos, Competências e Financiamento das Regiões na Europa: Uma Perspectiva Comparada*, p. 138.

[68] De acordo com o artigo 57.º, da Constituição italiana, o Senado é eleito na base regional, numa relação proporcional à respectiva população e nenhuma região pode ter um número de senadores inferiores a sete, com a excepção de *Molise* que tem dois, e o *Valle d'Aosta* que tem um.

[69] Cfr. artigo 55.º da Constituição italiana.

[70] Cfr. artigo 5.º da Constituição italiana, *"A República, una e indivisível, reconhece e favorece as autonomias locais; põe em prática, nos serviços que dependem do Estado, a mais ampla descentralização; adapta os princípios e os métodos da sua legislação às exigências da autonomia e da descentralização."* Encontra-se aqui uma dupla preocupação. Por um lado, o interesse e o apoio no surgimento de novas entidades independentes do Estado, e, por outro lado, esta orientação de pôr em prática, nos serviços que dependem do Estado, a mais ampla descentralização. Parece-nos que, nesta última, decorre mais a afirmação do conceito de desconcentração, do que propriamente descentralização.

[71] Cfr. artigo 114.º com a redacção *"della legge costituzionale 18 ottobre 2001."*

[72] Cfr. a Lei n.º 142, de 8 de Junho de 1990, *(legge di Ordinamento delle autonomie locali)*. Esta Lei, além de reconhecer a autonomia estatutária das comunas e das provín-

introduzindo entre outras novidades, a figura da cidade metropolitana. Assim, nos territórios metropolitanos e em vez da divisão provincial, deveria surgir a *"Città metropolitane"*, com as funções habituais das províncias e uma série de outras necessárias e condizentes com a natureza do território envolvido.

Dizemos "deveria surgir" porque, *"pero doce años después de esa ley, el nuevo modelo de gobierno metropolitano no ha sido implementado satisfactoriamente en ningún área metropolitana italiana."*[73]

Actualmente, a Itália é uma das principais potências económicas do mundo, apresentando no entanto grande disparidade interna. O norte é mais industrializado, enquanto que o sul, mais agrícola, é mais pobre, o que alimenta anseios separatistas dos habitantes e dos políticos do norte.

O sistema político da nação foi modificado em 1946. Após um *referendum* nacional a Itália foi proclamada República democrática e mudou para a actual Constituição[74].

A sua estrutura regional surge nos anos setenta. No entanto, a criação das regiões em Itália surge após um longo debate, que se arrasta desde o século XIX, com períodos em que a ideia regional umas vezes é acarinhada, outras em que é repudiada. O facto de as regiões estarem previstas na Constituição desde 1947 / 1948, e só em 1971 terem sido criadas, é justificado por Durães da Silva pelo *"... receio de possibilitar o acesso ao poder de comunistas e socialistas..."*[75].

---

cias, estabelece que a organização interna (competência dos órgãos, organização dos serviços, a composição da junta, etc.) destas entidades deve ser matéria do respectivo estatuto. Estabelece também um novo quadro de acção dentro da estrutura municipal ao permitir que as comunas de pequena dimensão para ultrapassar determinados problemas podem constituir uma união de comunas. Uma outra preocupação desta lei é garantir e assegurar condições de relacionamento entre as instituições locais e os cidadãos de modo que estes participem nas decisões, tenham acesso à informação e aos documentos administrativos.

[73] D`ALBERGO, Ernesto "La Innovación Asimétrica: Gobierno Metropolitano y Gobernanza en Italia ", in *GAPP-Gestión y Análisis de Políticas Públicas*, (2002), p. 46.

[74] Constituição cujo texto foi publicado em 27 de Dezembro de 1947 e que entrou em vigor em 1 de Janeiro de 1948.

[75] DURÃES DA SILVA, Guilherme A. (2000), *Regionalização e Estrutura do Poder em Portugal*, p. 82.

Desde a sua unificação até ao período do Fascismo, a Itália debateu-se com a escolha da organização do Estado, em que uns defendiam um Estado muito centralizado, outros um Estado federado e, outros ainda, um Estado com uma ampla descentralização política enquadrada num Estado unitário.

Logo em 1861, surgiu uma proposta no Parlamento para a criação de regiões em que seriam colocados governadores, representantes do Governo, sem perigo, pois, para a unidade do Estado. Rejeitada esta proposta, viria a afirmar-se, a partir de finais do século XIX, um modelo de uma administração fortemente centralizada.

Diz-nos Durães da Silva que *"a necessidade de unificação nacional, que para alguns poderia ter sido alcançada com base num modelo federativo, foi na prática encontrada sob um forte unitarismo centralista."*[76]

Assim, apesar de o Estado italiano nascer sob a égide de uma administração centralizada, isso não faria desaparecer as ideias regionalistas que voltariam a assumir-se como alternativa no início do século XX[77].

Com o surgimento do Fascismo, todos as ideias ligadas às autonomias seriam abafadas. Até os municípios viram a sua autonomia coarctada, nomeadamente com a supressão das eleições para os seus órgãos.

Com o fim da Segunda Guerra Mundial e com a queda do regime fascista de Benito Mussolini, criaram-se novamente condições para o reforço das teses regionalistas. Um factor importante foi o êxito da Democracia-Cristã[78], partido que incorporava no seu programa político a vertente regional.

---

[76] DURÃES DA SILVA, Guilherme A. (2000), *Regionalização e Estrutura do Poder em Portugal*, p. 79.

[77] Por exemplo, com o surgimento de movimentos autonomistas na Sicília e na Sardenha. Na Sicília chegaram a existir grupos armados.

[78] Enquanto que a Democracia-Cristã defendia as posições regionalistas, o Partido Comunista Italiano era contra. Interessante este paralelo com a nossa história política recente. Também em Portugal a questão da regionalização foi introduzida na CRP pelo CDS, enquanto que o PCP manifestava algumas reservas. Lá como cá estas posições foram-se invertendo.

Ainda antes da nova Constituição deram-se importantes passos para dotar alguns territórios de estatutos especiais, como é o caso de Sicília, de Sardenha, de Valle de Aosta e de Trentino Alto Adige. Estas regiões de estatuto especial foram criadas entre 1948 e 1963.

A Itália é actualmente um Estado regional que se adapta à larga tradição de autonomia dos diversos reinos, principados e ducados que, após quinze séculos de história, se uniram.

Podemos caracterizar a Itália como um Estado unitário descentralizado, formado por vinte regiões, cento e duas províncias e mais de oito mil comunas. Esta não é, no entanto, a classificação usada por todos os autores. Para Abel Fernandes, não se pode "*... em rigor dizer que seja um Estado unitário. A classificação que melhor se lhe parece aplicar é a de Estado regional.*"[79]

3.3.2. As regiões

Hoje, e de acordo com artigo 114º da Constituição italiana, a República compreende as Regiões, as Cidades Metropolitanas, as Províncias e os Municípios. As regiões são, na realidade política e social italiana, um elemento devidamente integrado na respectiva organização institucional. No entanto, estas desenvolveram-se de acordo com esquemas que não têm muito a ver com os modelos definidos teórica ou politicamente aquando da sua criação e instituição.

Algumas das atribuições previstas não foram exercitadas e, por outro lado, apareceram a desempenhar funções em áreas inicialmente não previstas que, como nos diz Vandelli *"avec des conséquences d´une extrême importance (comme la fonction d´"orientation et de coordination")*[80].

---

[79] FERNANDES, Abel (1998), *Fundamentos, Competências e Financiamento das Regiões na Europa: Uma Perspectiva Comparada*, p. 139.

[80] VANDELLI, Luciano, (1991), *Pouvoirs Locaux*, p. 59.

As Regiões constituem-se em entidades autónomas com poderes e funções próprias, reconhecendo a Constituição Italiana que são atribuídas a algumas delas[81] formas e condições particulares de autonomia, segundo estatutos especiais adoptados como leis constitucionais: *Valle D'Aosta, Trentino-Alto Adige e Friulli-Venezia Giulia* pela sua posição geográfica de fronteira, pelas suas minorias linguísticas e as suas peculiaridades étnicas. A Sicília e a Sardenha pelo facto de serem ilhas e de terem exigências particulares em relação às outras.

A organização política regional de Itália assume claramente a existência de dois tipos de regiões. Não cabendo no âmbito deste trabalho a caracterização completa das regiões italianas, faremos a nossa aproximação tendo presente que há, desde logo, diferenças nos estatutos entre as que se encontram no regime especial e, depois, uma diferença considerável entre este grupo e as do regime comum. As diferenças reflectem-se, fundamentalmente, na autonomia legislativa e na autonomia financeira.

Um primeiro grupo constituído por regiões de matriz política, que designaremos por "regiões de regime especial", e, um outro grupo de regiões, institucionalizadas quase três décadas após as primeiras, de carácter essencialmente administrativo, que trataremos por "regiões de regime comum".

O poder legislativo é exercido pelo Estado e pelas Regiões, com respeito à Constituição, às obrigações internacionais e à regulamentação comunitária. Determina desde logo a Constituição que são da exclusiva[82] competência do Estado, matérias como, nomeadamente: a política externa e as relações internacionais do Estado; as relações do Estado com a União Europeia; a imigração; a defesa e as forças armadas; a segurança do Estado; a moeda; a protecção da concorrência; o sistema fiscal e contabilístico do Estado; os órgãos do Estado e as respectivas leis eleitorais; organização administrativa do Estado e os estabelecimentos públicos

---

[81] À Sicília, à Sardenha, ao Trentino-Alto Ádige, ao Friulli-Venezia Giulia e ao Vale D'Aosta, de acordo com o referido artigo 116.º da Constituição Italiana.

[82] Cfr. artigo 117.º da Constituição.

nacionais; ordem pública e segurança, excluindo a polícia administrativa local; a cidadania; os níveis essenciais das prestações a que se referem os direitos civis e sociais que devem ser garantidos sobre o conjunto do território nacional; a segurança social; a legislação eleitoral, os órgãos e funções fundamentais das Comunas, das Províncias e das Cidades Metropolitanas; as alfândegas e a protecção das fronteiras nacionais; a coordenação estatística e informática dos dados da administração estatal, regional e local.

3.3.3. Os Órgãos regionais

Os órgãos da Região são o Conselho Regional, a Junta Regional e o Presidente da Junta Regional.

De acordo com a Constituição italiana, o Conselho Regional[83] exerce os poderes legislativos e regulamentares atribuídos à Região, assim como as demais funções que lhe sejam conferidas pela Constituição e por lei. Pode apresentar propostas de lei às Câmaras (Câmara dos Deputados e Senado da República).

O Conselho Regional é eleito por sufrágio directo e universal, o que lhe confere uma legitimidade única de representação política dos interesses da população regional. É eleito por cinco anos.

Até 2001, a este órgão competia nomear, de entre si, o governo da região (*giunta*) e o seu presidente. A partir daquela data, o presidente do executivo regional, é eleito por sufrágio universal e directo, excepto se o estatuto regional estabelecer diferentemente.

A sua dissolução[84], por decreto fundamentado do Presidente da República, apenas pode ocorrer em situações extremas, como sejam actos contrários à Constituição, graves violações da Lei ou então por razões de segurança nacional.

---

[83] Cfr. artigo 121.º da Constituição Italiana.
[84] Cfr. artigo 126.º da Constituição Italiana.

A Junta Regional é o órgão executivo da região, sendo formado pelo Presidente da Junta, que representa a Região e por um número variável de membros. O presidente eleito nomeia e demite os membros do executivo regional, designados por *assessores (assessori)*.

O presidente da junta desdobra-se em dois papéis. Por um lado, é presidente de junta regional, aí desempenhando funções de direcção, coordenação e execução das deliberações deste órgão, por outro lado, é presidente de região com as consequentes funções de representação externa.

A Constituição não regula a organização interna do governo regional. Como se vê no artigo 123.º da Constituição, cada Região tem um estatuto que, de acordo com a Constituição e com as leis da República, estabelece as normas relativas à organização interna da Região. Daí, a necessidade de esta matéria estar definida nos estatutos de cada região e assim, também aqui, se notam diferenças entre as diversas regiões. O facto da organização interna de cada região ser definida pelos respectivos estatutos, provocou alguma polémica na altura da sua aprovação, essencialmente, em relação à distribuição de competências pelos diversos órgãos. No entanto, os conselhos regionais acabaram por ficar com uma posição de relevo e, em muitos casos, com reservas de competências em matérias importantes para a região.

O desempenho de funções num conselho regional é incompatível com o desempenho de funções em qualquer uma das Câmaras do Parlamento, outro conselho regional ou Parlamento Europeu, assim estabelece a Constituição[85].

Ao nível de cada região o poder central fazia-se representar, até 2001, por um *"Commisario del Governo"*[86] que superintendia as funções dos serviços dependentes da administração central e as coordenava com as desenvolvidas pela região. Este comissário tinha também a função de promulgar as leis aprovadas pelos conselhos regionais. Podemos falar aqui na existência de um controlo de legalidade do governo central sobre a actividade regional.

---

[85] Cfr. artigo 122.º da Constituição italiana.
[86] Cfr. artigo 124.º da Constituição italiana, revogado pela revisão constitucional de 2001.

Com a revisão constitucional de 2001, o *"Commisario del Governo"*, deixou de constar na Constituição.

3.3.4. As Competências

A partir da revisão constitucional de 2001 criaram-se condições para que regiões de regime comum atinjam formas e condições especiais de autonomia em relação a determinadas matérias. Assim, no seguimento de iniciativa da região interessada e com base num acordo entre o Estado e a respectiva região, dentro dos limites constitucionais, tal evolução é possível nas seguintes matérias, que a Constituição classifica com podendo ser objecto de legislação concorrente:

"as relações internacionais e com a União Europeia das Regiões;
o comércio externo;
a protecção e a segurança do trabalho;
a educação escolar, sem prejuízo para a autonomia dos estabelecimentos escolares e excluindo a educação e a formação profissional;
os ofícios;
a investigação científica e tecnológica e o apoio à inovação para os sectores produtivos;
a protecção da saúde;
a alimentação;
as actividades desportivas;
a protecção civil;
o ordenamento do território;
os portos e os aeroportos civis;
as grandes redes de transporte e de navegação;
o sistema das comunicações;
a produção, o transporte e a distribuição nacional da energia;
a previdência complementar e suplementar;
a harmonização dos orçamentos públicos e a coordenação das finanças públicas e o sistema fiscal;

Capítulo III - Estudo Comparado 155

a valorização dos bens culturais e ambientais e a promoção e a organização de actividades culturais;
as caixas de poupança, as caixas rurais, os estabelecimentos bancários de carácter regional;
as instituições de crédito fundiário e agrícola de carácter regional."[87]

E ainda

"jurisdição e regras de procedimento; lei civil e lei penal; justiça administrativa", ("limitatamente all'organizzazione della giustizia di pace"),
"normas gerais em matéria de educação";

e

"protecção do ambiente, do ecossistema e do património cultural."[88]

Nestas matérias, que são objecto de legislação concorrente, o poder legislativo cabe às Regiões, sob reserva da fixação dos princípios fundamentais, que é da competência do Estado. Por outro lado, em todas as matérias que não são reserva expressa da legislação do Estado, o poder legislativo cabe às Regiões.

As regiões de estatuto especial gozam de uma competência legislativa que, desde que exercida dentro dos limites definidos nos seus Estatutos[89], permite produzir normas com um valor idêntico às normas

---

[87] Cfr. Constituição italiana, terceiro parágrafo do artigo 117.º
[88] Cfr. Constituição italiana, segundo parágrafo do artigo 117.º, alíneas l), n) e s).
[89] Por exemplo, o artigo 3.º do Estatuto da Sardenha: "*1. In armonia con la Costituzione e i principi dell'ordinamento giuridico **della Repubblica** (parole così sostituite dall'art. 3, primo comma. lett. b), della L.C. 31.1.2001, n. 2) e col rispetto degli obblighi internazionali e degli interessi nazionali, nonché delle norme fondamentali delle*

estaduais. Isto acontece porque, em determinadas matérias, é reconhecida uma competência exclusiva a estas regiões.

Determina a Constituição que o poder regulamentar fica a cargo do Estado, quando se trata de matérias de legislação exclusiva deste, mas o Estado pode delegar nas Regiões. O poder regulamentar cabe às Regiões em todas as outras matérias. É, também, competência das Comunas, das Províncias e das Cidades Metropolitanas o poder regulamentar que tenha a ver com a organização e a execução das funções que lhes são atribuídas pelo Estado ou pelas regiões.

O Estado pode delegar funções administrativas nas regiões. Por seu lado a região também pode e deve delegar as suas funções administrativas nas províncias ou nos municípios de forma a respeitar o sentido do artigo 118.º da Constituição[90]. As regiões não devem, por regra, acumular

---

riforme economico-sociali della Repubblica, la Regione ha potestà legislativa nelle seguenti materie:

a) ordinamento degli uffici e degli enti amministrativi della Regione e stato giuridico ed economico del personale;

b) ordinamento degli Enti Locali e delle relative circoscrizioni ;

c) polizia locale urbana e rurale;

d) agricoltura e foreste; piccole bonifiche e opere di miglioramento agrario e fondiario;

e) lavori pubblici di esclusivo interesse della Regione;

f) edilizia ed urbanistica;

g) trasporti su linee automobilistiche e tramviarie;

h) acque minerali e termali;

i) caccia e pesca;

l) esercizio dei diritti demaniali della Regione sulle acque pubbliche;

m) esercizio dei diritti demaniali e patrimoniali della Regione relativi alle miniere, cave e saline;

n) usi civici;

o) artigianato;

p) turismo, industria alberghiera;

q) biblioteche e musei di Enti locali."

[90] "*Le funzioni amministrative sono attribuite ai Comuni salvo che, per assicurarne l'esercizio unitario, siano conferite a Province, Città metropolitane, Regioni e Stato, sulla base dei princìpi di sussidiarietà, differenziazione ed adeguatezza.*"

funções executivas, antes se devendo concentrar em funções de planeamento e coordenação, delegando aquelas às províncias ou às comunas.

As regiões, por outro lado, não podem adoptar medidas que impeçam, de algum modo, o livre-trânsito de pessoas e de coisas entre si, assim como não podem limitar o direito dos cidadãos de exercerem, em qualquer parte do território nacional, a sua profissão, emprego ou trabalho.

É competência do Conselho Regional aprovar e alterar o estatuto das respectivas regiões do regime comum, através de uma lei aprovada pela maioria absoluta dos seus membros. O Governo pode, se assim o entender, questionar a sua constitucionalidade junto do Tribunal constitucional, desde que o faça nos trinta dias seguintes à sua publicação. Poderá também ser sujeito a referendo, se cinco por cento dos eleitores da Região ou um quinto dos membros do Conselho regional fizerem tal pedido, nos três meses após a sua publicação.

Mantém-se a discussão de alargar ou não o âmbito da autonomia das regiões italianas. Ao Parlamento Italiano, recentemente chegou uma proposta de "*devoluzione*"[91] em que estão previstas amplas reformas no sistema de governo de Itália, ao ponto de os seus críticos afirmarem que seriam criados vinte modelos do sistema de saúde, vinte modelos do sistema de educação e vinte corporações policiais, com uniformes, leis e actuação diferentes.

A proposta prevê modificações para o artigo 117.º da Constituição, com a previsão da competência legislativa exclusiva das Regiões nas matérias relativas à instrução, saúde e segurança e nas matérias não reservadas à competência Estatal.

Francesco Ruteli, líder da esquerda no Parlamento Italiano, afirmou que estas reformas não tratam da questão da devolução de autonomia para as regiões, mas da dissolução da Itália, como Estado.

No entanto esta proposta não é mais do que a continuação da luta que a Liga do Norte, desde o final dos anos 80, faz pela independência daquela região da Itália. A região norte, cansada de financiar o sul onde se

---

[91] Do líder do partido de direita Liga do Norte, Umberto Rossi.

encontram a máfia, a Cosa Nostra, e a corrupção, ficaria a um passo da independência e o poder desta nova república ao alcance de Humberto Rossi, objectivo perseguido por este de acordo com os políticos da esquerda italiana.

A justificação actual, passa também, pelo clássico sentimento de identidade histórica que relembra que a Itália era um conjunto de repúblicas e reinados, ainda há 150 anos.

A verdade é que tem havido ao longo dos anos uma evolução considerável nas funções desempenhadas pelas regiões, indo, como já referimos, para áreas inicialmente não previstas. Desde 1997 que muitas das competências na área da educação passaram para as regiões. Até aí a organização do sistema educativo era muito centralizado. Esta descentralização beneficiou também as províncias e as comunas que passaram a ter competências sobre o funcionamento dos liceus e das escolas e colégios, sendo responsáveis pela sua abertura e encerramento.

A região passa a ser responsável pela planificação da formação inicial e contínua, a fixação do calendário escolar, o apoio ao ensino não público e a formação profissional.

Medida importante na descentralização da política educativa foi o desaparecimento dos serviços desconcentrados de educação, ocorrido nas províncias, aquando da reorganização do ministério no ano 2000. As competências foram transferidas para as regiões.

As regiões detêm ainda competências, nomeadamente, nas áreas da protecção social, desporto, cultura, protecção ambiental, obras públicas, recursos hídricos, planeamento urbano, turismo, habitação e transportes.

3.3.5. Finanças Regionais

As Regiões têm autonomia financeira. Assim, têm bens e património próprios, são-lhe atribuídos impostos próprios e quotas de impostos da Receita Pública, reportáveis ao seu território, de acordo com as necessidades das Regiões, para a satisfação das despesas correspondentes ao cumprimento das suas funções normais. No entanto, a participação das regiões nas receitas fiscais não é uniforme.

Por outro lado, os princípios de autonomia e de descentralização de competências governativas, consagrados no artigo 5.º da Constituição, não foram traduzidos em recursos financeiros próprios que garantissem verdadeiramente o exercício daquela autonomia, tendo a definição destes recursos ficado para o legislador ordinário. São um conjunto abstracto de princípios programáticos em profunda contradição com a realidade objectiva.

O quadro das finanças regionais, no entanto, tem evoluído nos últimos anos não só no sentido de um maior volume de recursos como também para uma maior autonomia. Inicialmente e até finais da década de oitenta, o peso das finanças regionais não era muito significativo nas finanças públicas de Itália, tal era o seu modesto volume. Com esta míngua de recursos, as regiões conviviam ainda com a situação de a maior parte das receitas dos seus orçamentos serem *"transferts de l'Etat à destination prédéterminée."*[92] Para Abel Fernandes, o modelo de financiamento regional italiano – no qual *"... as regiões dependem em mais de 90% de dotações discricionárias e incertas do governo central..."*[93] – não passa de *"... um conjunto de acções que se não devem adoptar quando se pretende levar a cabo um processo sério de regionalização..."*[94]. Estes factos contribuíram para alimentar as dificuldades na construção do Estado regional em Itália.

Nos termos do artigo 119.º da Constituição, *"as Comunas, as Províncias, as Cidades metropolitanas e as Regiões têm autonomia financeira nas receitas e nas despesas."*

As regiões têm agora poder para estabelecer e aplicar impostos, desde que o façam de acordo com a Constituição, com o princípio de coordenação das finanças públicas e com o sistema fiscal. Prevalece aqui um entendimento limitador da autonomia e da capacidade tributária das

---

[92] STEFANI, Giorgio, "L'Italie: Compétences et Moyens Financiers des Régions", in *Les Finances Régionales*, (1992), p. 51.

[93] FERNANDES, Abel (1998), *Fundamentos, Competências e Financiamento das Regiões na Europa: Uma Perspectiva Comparada*, p. 140.

[94] FERNANDES, Abel (1998), *Fundamentos, Competências e Financiamento das Regiões na Europa: Uma Perspectiva Comparada*, p.140.

regiões, segundo o qual, estas apenas podem lançar impostos já criados pelo Estado, evitando-se os efeitos da concorrência fiscal inter regiões, preservando-se assim a unidade do sistema tributário nacional.

Para prover a determinados objectivos e, particularmente, para valorizar a Itália Meridional e as Ilhas, o Orçamento do Estado deve prever as transferências adequadas. Há também um fundo de perequação, para os territórios que têm uma capacidade fiscal per capita inferior[95].

O recurso à dívida apenas é permitido para o financiamento das despesas de investimento.

A coesão nacional e a solidariedade social são funções do Estado. Assim,

"a fim de promover o desenvolvimento económico, a coesão e a solidariedade social, eliminar os desequilíbrios económicos e sociais, facilitar o exercício efectivo dos direitos das pessoas, ou assegurar o cumprimento de outras missões que excedem o exercício das suas funções normais, o Estado afecta recursos adicionais e realiza intervenções especiais em prol de específicas Comunas, Províncias, Cidades Metropolitanas e Regiões."[96]

Por outro lado é a própria Constituição a impedir a Região de instituir taxas alfandegárias de importação ou exportação, ou de trânsito entre as Regiões.

A maior parte dos recursos financeiros das regiões italianas provém de quotas de impostos estatais, cobrados pela administração fiscal nacional, cuja distribuição obedece a regras algo parecidas com o nosso antigo F.E.F. Nessa distribuição, a população tem um peso de 60%, a

---

[95] *"La legge dello Stato istituisce un fondo perequativo, senza vincoli di destinazione, per I territori con minore capacità fiscale per abitante."* Cfr. parágrafo 3º do artigo 119.º da Constituição Italiana.

[96] A tradução é nossa de *"Per promuovere lo sviluppo economico, la coesione e la solidarietà sociale, per rimuovere gli squilibri economici e sociali, per favorire l'effettivo esercizio dei diritti della persona, o per provvedere a scopi diversi dal normale esercizio delle loro funzioni, lo Stato destina risorse aggiuntive ed effettua interventi speciali in favore di determinati Comuni, Province, Città metropolitane e Regioni."* Cfr. Parágrafo 5º do artigo 119.º da Constituição Italiana.

superfície da região vale 10% e os restantes 30% são considerados em função de critérios sócio económicos pensados para privilegiar as regiões mais desfavorecidas.

Figura 9 – Densidade populacional nas Regiões de Itália.

	Região	Capital	Km²	População¹	População/Km²
1	Valle d'Aosta*	Aosta	3.262	120.909	37,07
2	Piemonte	Torino	25.399	4.231.334	166,59
3	Lombardia	Milano	23.856	9.108.645	381,82
4	Trentino-Alto Adige*	Trento	13.620	950.495	69,79
5	Friuli-Venezia Giulia*	Trieste	7.847	1.191.588	151,85
6	Veneto	Venezia	18.364	4.577.408	249,26
7	Liguria	Genova	5.416	1.572.197	290,29
8	Emilia-Romagna	Bologna	22.124	4.030.220	182,17
9	Toscana	Firenze	22.992	3.516.296	152,94
10	Marche	Ancona	9.694	1.484.601	153,15
11	Umbria	Perigia	8.456	834.210	98,65
12	Lazio	Roma	17.203	5.145.805	299,12
13	Abruzzo	L'Aquila	10.794	1.273.284	117,96
14	Molise	Campobasso	4.438	321.047	72,34
15	Campania	Napoli	13.595	5.725.098	421,12
16	Puglia	Bari	19.348	4.023.957	207,98
17	Basilicata	Potenza	9.992	596.821	59,73
18	Calabria	Catanzaro	15.080	2.007.392	133,12
19	Sicilia*	Palermo	25.708	4.972.124	193,41
20	Sardegna*	Cagliari	24.090	1.637.639	67,98
	ITÁLIA	**Roma**	**301.263**	**57.321.070**	**190,27**

* Regiões de regime especial

⁹⁷ População em 31.12.2002 de acordo com o dados do Instituto Nacional de Estatística (Istat - Istituto Nazionale di Statistica), no seu site http://www.istat.it/.

Figura 10 – As regiões de Itália

Fonte: http://www.europa.eu.int/abc/maps/members/italy_pt.htm

3.4. O Caso de França

3.4.1. Introdução

O Parlamento francês é constituído por duas Câmaras: a Assembleia Nacional e o Senado. A Assembleia constitui-se através de eleição por sufrágio directo e universal, sendo que os eleitos são aí os representantes do povo.

Os senadores, por outro lado, representam o território do Estado Francês e ainda os franceses não residentes, sendo eleitos por sufrágio universal indirecto, com um mandato de nove anos. A sua composição renova-se em um terço dos seus membros de três em três anos. O Senado não pode ser dissolvido e o Governo não responde diante dele. Não tem poderes para derrubar o Governo, apesar de a sua competência legislativa ser muito próxima da competência da Assembleia Nacional.

Em França, os escalões administrativos sobrepõem-se uns aos outros: a comuna[98], o cantão, o departamento, a região, o Estado e, ainda mais cima, a Europa. Podemos, ainda, juntar os agrupamentos de comunas[99], ou outras formas de associação de colectividades, para fins específicos, como por exemplo, a recolha de lixos domésticos ou a organização de transportes urbanos.

---

[98] A comuna é a unidade de base da organização territorial e do exercício da democracia sendo administrada por um conselho municipal eleito.

[99] Existem pelo menos três categorias de agrupamentos: comunidades urbanas, comunidades metropolitanas e comunidades de comunas. Um novo passo foi dado com a lei de 12 de Julho de 1999 sobre a intercomunalidade, que propõe três tipos de agrupamento: a comunidade de comunas, adaptada ao mundo rural, a comunidade de aglomeração urbana a partir do limiar de 50.000 habitantes e a comunidade urbana, a partir de 500.000 habitantes. As comunidades urbanas, criadas pela lei de 31 de Dezembro de 1966, agrupam várias comunas e formam um conjunto de mais de 500.000 habitantes.

A lei de 12 de Julho de 1999 reforçou as suas competências, nas quais, agora, obrigatoriamente constam:
- o desenvolvimento e ordenamento económico, social e cultural do espaço comunitário;
- o ordenamento do espaço comunitário;

Serão muitos os níveis em que se organiza a administração pública francesa?

O modelo de administração local de França deve muito às reformas ocorridas em finais do século XVIII e início do século XIX. Com a Revolução Francesa, iluminada pelos ideais liberais, estabeleceram-se como elementos básicos e fundamentais, na organização do Estado: os municípios (*communes*) e os departamentos *(départements*[100]*)*, com assembleias eleitas e importantes funções. Foi uma viragem no sentido da descentralização, "*inspirés par de grands idéaux, influencés par leur rejet du centralisme recherché dans la dernière phase de l'Ancien Régime*"[101].

Procurando impor uniformidade no regime municipal, por decreto de 1789, foram suprimidos todos os privilégios de natureza territorial e abolidas todas as suas formas de administração até aí existentes, substituindo-se por uma única instituição, com a mesma natureza e colocada sob o mesmo quadro jurídico e constitucional. Com esse decreto é fixada, a

---

- o equilíbrio social do habitat no território comunitário;
- a política da cidade na comunidade;
- a gestão dos serviços de interesse colectivo;
- a protecção e valorização do ambiente e a política do quadro de vida.

Em Janeiro de 2001, contavam-se 14 comunidades urbanas.

As comunidades de comunas, criadas pela lei de 6 de Fevereiro de 1992, destinadas de início apenas ao meio rural, visam organizar as solidariedades necessárias com o propósito do ordenamento e do desenvolvimento do espaço e da elaboração de um projecto comum. Contavam-se 1.717 em Janeiro de 2001.

As comunidades de aglomeração, criadas pela lei de 12 de Julho de 1999, substituem as comunidades de cidade, associam várias comunas urbanas, agrupando mais de 50.000 habitantes em redor de uma ou várias comunas com mais de 15.000 habitantes. Exercem obrigatoriamente competências nas seguintes matérias:
- desenvolvimento económico;
- ordenamento do espaço comunitário;
- equilíbrio social do habitat; e
- política da cidade na comunidade;

Em Janeiro de 2001, contavam-se 90 comunidades de aglomeração.

[100] Os departamentos, que foram criados por decreto de 1789, eram subdivididos em *distritos* e *cantons*.

[101] VANDELLI, Luciano (1991), *Pouvoirs Locaux*, p. 5.

organização das comunas, que respeitará um único modelo, independentemente da sua dimensão e é instituída a figura do *maire* que ainda hoje preside à comuna.

A mesma sorte teve a província que, na mesma altura, desaparece dando lugar a uma divisão, algo geométrica, com dimensões sensivelmente comparáveis e que levou Target a declarar na Assembleia Nacional: *"Nous avons voulu que, de tous les ponts du département, on puisse arriver au centre de la administration en une journée de voyage"*[102], coisa que, na época, era impossível de fazer na maior parte das províncias.

Poucos anos depois, com Napoleão, atinge-se, pelo contrário, o grau mais elevado de centralização. Como elemento fundamental desta centralização surge o *prefét*, figura com grande poder, que uma Lei de 1800 instituiu em cada departamento e que funcionava, também, como elo central de comunicação das ordens do Governo para os *sous-prefét* e os *maires*. O prefét detinha o poder executivo no departamento e era nomeado pelo Governo.

Hoje, a organização institucional francesa espelha ainda as marcas deste sistema, já que de acordo com Christian Lefèvre,

"a cada nivel de entidad local (región, departamento, municipio) le corresponde una estructura desconcentrada del Estado, representada en el nivel de las regiones y los departamentos por la prefectura, en el nivel infradepartamental por las subprefecturas, y en el nivel de los municipios por los alcaldes, que son a la vez electos locales y representantes del Estado."[103]

A República francesa, hoje, compreende:

- a metrópole (dividida em 22 regiões e 96 departamentos);
- 4 departamentos ultramarinos (Guadalupe, Martinica, Guiana e Reunião).

---

[102] BODINEAU, Pierre (1995), *La Régionalisation*, p. 11.
[103] LEFÈVRE, Christian "Políticas urbanas y gobernabilidad de las ciudades: el «modelo francés»", in *GAPP-Gestión y Análisis de Políticas Públicas*, (2002), p. 17.

A estes, somam-se 4 territórios ultramarinos (Polinésia Francesa, Nova-Caledónia, Wallis e Futuna, as Terras Austrais e Antárticas Francesas) e as colectividades territoriais de estatuto particular (*Mayotte e Saint-Pierre-et-Miquelon*).

A França, para fins estatísticos, apresenta 9 (8+1) subdivisões NUTs de nível I[104], 26 NUTs de nível II, que correspondem às 26 (22+4) regiões e 100 NUTs de nível III, correspondentes aos 100 (96+4) departamentos.

Como um espaço eleitoral, temos também o cantão que abrange várias comunas. Cada cantão elege um conselheiro geral que o representará na assembleia departamental.

A juntar a estes números, refira-se que existem 36.765 comunas, 9 comunidades urbanas, 214 distritos[105][106], e 18.058 agrupamentos de comunas[107].

Há uma grande amplitude quanto ao número de habitantes por comuna, sendo muito considerável o conjunto das que têm menos de duas centenas de habitantes. Vejamos: 1.087 comunas têm menos de 50 habitantes; quase 3.000 comunas têm entre 50 e 99 habitantes e 6.682 têm entre 100 e 199 residentes. O que quer dizer que 10.776 comunas têm menos de 200

---

[104] De acordo com MADIOT, Yves (1993), *L'aménagement du territoire*, p. 120; "*8 zones d'études et d'aménagement du territoire et les départements d'Outre-mer regroupés en un seul ensemble*". São zonas económicas de ordenamento do território que, como refere COVAS, António (1997), *Integração Europeia, Regionalização Administrativa e Reforma do Estado-Nacional*, p. 101: não apresentam "*qualquer relevância geo-política.*"

[105] *L'arrondissement* – circunscrição administrativa, no interior dos departamentos, supervisionada por um sub-perfeito – sous-pérfet, e que era para os cidadãos o seu mais próximo interlocutor representando o Estado.

[106] Desapareceram desde 1 Janeiro de 2002. De acordo com as disposições da lei de 12 de Julho de 1999, foram transformados em comunidades de comunas, em comunidades de aglomeração ou comunidades urbanas, conforme os casos.

[107] A cooperação intermunicipal impõe-se para mitigar as reduzidas dimensões das comunas. Assim, este número não pode ser visto como estático, mas sim, em constante evolução. Basta ver que em 1972 contavam-se cerca de 10.600 estruturas intermunicipais e em 1999 esse número ultrapassava as 20.000. Sobre esta fragmentação institucional ver LEFÈVRE, Christian "Políticas urbanas y gobernabilidad de las ciudades: el «modelo francés»", in *GAPP-Gestión y Análisis de Políticas Públicas*, (2002), p. 21.

habitantes. Pelo recenseamento de 1990, a população média das comunas era de 1.578 habitantes, o que representava 69% das comunas da metrópole.

Com uma tão acentuada pulverização de estruturas, a nível das comunas, facilmente se compreende que não seja este o nível adequado para a definição de políticas de ordenamento do território. Esta é uma função que, a exemplo de outras, é exercida em concorrência com diversas entidades.

Assim,

> *"les communes, les départements et les régions (...) Ils concourent avec l'Etat à l'administration et à l'aménagement du territoire, au développement économique, social, sanitaire, culturel et scientifique, ainsi qu'à la protection de l'environnement et à l'amélioration du cadre de vie."*[108]

A região é um território que agrega de dois a oito departamentos, no caso das regiões do continente e um só departamento nos territórios de além-mar. Este é o nível que, pela sua maior dimensão, é o mais adequado para se encontrarem atribuições de desenvolvimento económico e de ordenamento de território.

Várias têm sido as designações e as respectivas conformações jurídicas desta administração. A organização administrativa regional em França, ainda que de forma muito ténue começa a desenhar-se no início da década de sessenta, com importantes decretos a surgirem em 1964[109], até chegar à actual autarquia local (região), com uma assembleia eleita e um órgão executivo – o conselho regional e respectivo presidente.

---

[108] Cfr. artigo 2.º do "Code General des Collectivites Territoriales".
[109] Numa perspectiva de desconcentração, são criadas estruturas permanentes e articuladas em torno *"du préfet de région"*, nas 21 circunscrições de acção regional criadas por decretos de 1959/60.

A região, é também, do ponto de vista da administração central, uma circunscrição administrativa para efeitos de autoridade do *Comissaire de la République*[110].

A França, país que muitas vezes serve de modelo a Portugal, passou por um importante processo de descentralização e regionalização. Para iniciar esta abordagem ao caso francês, podemos dizer que este País quando enveredou pela criação das regiões administrativas possuía uma administração central desconcentrada a funcionar a nível regional, numa situação muito idêntica à que Portugal tem hoje. A solução foi dotar aquela administração regional existente de um poder político eleito.

Em 1946, a Constituição Francesa estabelecia que

"la coordination de l'activité des fonctionnaires de l'Etat, la représentation des intérêts nationaux et le contrôle administratif des collectivités territoriales sont assurées, dans le cadre départemental, par les délégués du gouvernement, désignés en conseil des ministres"[111].

Através deste artigo identificamos dois princípios em vigor ao tempo do pós-guerra: predominância do quadro departamental e controlo assegurado através do representante do Estado sobre as colectividades.

Não é ainda tempo de falar de descentralização[112], mesmo se, na mesma Constituição, encontramos expressa a vontade de estender, através de leis orgânicas, as liberdades departamentais e municipais. Vontade constitucional que se vai manter sem satisfação durante muitos anos ainda.

Para o Presidente De Gaulle, nos anos sessenta, a força que moveria a economia estava nas regiões e, por isso, era necessário criar condições

---

[110] Designação que passou a vigorar a partir de 1982 para os *Préfets*.
[111] Cfr. Artigo 88.º.
[112] A Constituição, relativamente à organização da República, é omissa quanto à sua natureza descentralizada até à revisão de 2002/2003. Só a partir desta data é que a Constituição assume, no artigo 1.º, que "*son organisation est décentralisée.*"

para que essa força irrompesse[113]. Surge então, de sua iniciativa, um projecto de regionalização, apresentado à Assembleia Nacional, a que se segue um referendo nacional. A proposta de De Gaulle é derrotada e este pouco tempo depois renuncia ao cargo.

Por iniciativa de Pompidou estabeleceram-se, em 1972[114], as regiões como "*Établissements Publics Régionaux*"[115] (EPR). Era uma tímida regionalização. A região, era um simples "*Établissement Public*" que tinha essencialmente a missão de contribuir para o desenvolvimento económico e social da região através de estudos e propostas.

A regionalização de 1972 aconteceu sem provocar efeitos essenciais sobre a vida local, uma vez que, apesar de se atribuir às regiões (os "*Établissements Publics Régionaux*"), personalidade jurídica de direito público, isso não implicou que alterasse em nada a sua natureza jurídica e confiou-lhes unicamente intervenções com carácter marginal. O seu campo de acção limitava-se à participação nas actividades ligadas ao planeamento regional e ao ordenamento do território. A lei fixava taxativamente os actos em que podiam intervir e ao mesmo tempo proibia que estas entidades criassem serviços próprios. A região, para Pompidou, devia ser a expressão articulada dos departamentos e não uma entidade com objectivos de tutela sobre estes. Por outras palavras, deveria representar a união dos departamentos e não um escalão administrativo.

---

[113] Para o Général De Gaulle, "*L'effort multiséculaire de centralisation qui fut longtemps nécessaire à notre pays pour réaliser et maintenir son unité, malgré les divergences des provinces qui lui étaient successivement rattachées, ne s'impose plus désormais. Au contraire, ce sont les activités régionales qui apparaissent comme les ressorts de sa puissance économique de demain* ''. Citação retirada de MOREAU, Jacques (1976), Administration Régionale, Locale et Municipale, p. 107.

[114] De acordo com o artigo 1º da lei de 5 de Julho de 1972, "*Il est crée, dans chaque circonscription d'action régionale, qui prend le nom de «région», un établissement public qui reçoit la même dénomination*".

[115] Instituto Público, na nossa nomenclatura jurídica-administrativa. Cfr. as características destas instituições regionais na Lei de 5 de Julho de 1972. Esta lei não se aplicou à região parisiense (L'Ile-de-France) que manteve o estatuto especial que detinha desde 1966, altura em que foi criado "*le préfet de la région parisienne*".

Em 1975 é o Presidente Giscard d`Estaing que manifesta vontade em reformar a Administração Pública, em especial as comunidades locais. Nesse sentido chama Olivier Guichard para que este faça um estudo exaustivo e apresente recomendações.

Pouco se avançou, apesar do relatório apontar para a inadequação do sistema e dos meios a que as colectividades territoriais tinham acesso para poderem responder com alguma eficácia às solicitações que lhes chegavam.

Só com a reforma de 1982, é que a França passa a ser um Estado com regiões. No entanto, as regiões no sentido pleno do termo – "colectividade territorial ou autarquia territorial" – apenas surgem em 1986, depois das primeiras eleições regionais. Desde aquela data, as regiões conheceram uma extensão progressiva do seu campo de competências.

É no ano de 1982 que entra em vigor a Lei de *Gaston Defferre*[116], lei que vem dar um forte impulso na descentralização da administração pública francesa. Mas, apesar da instituição das regiões como autarquias locais e da simultânea reforma no sentido da descentralização, as regiões francesas ainda hoje têm problemas em se afirmarem no seio da administração pública francesa.

3.4.2. Le Préfet

A par desta descentralização, em que o "*préfet*"[117] perdeu uma parte das suas competências sobre certas decisões anteriormente tomadas pelo Estado, de que são exemplo a implantação e a administração dos colégios, a acção sanitária e social, os investimentos desportivos, o meio ambiente, os serviços de combate a incêndios, os transportes, etc., ocorreu também um processo de desconcentração administrativa que compensou o poder que o "*préfet*" perdera. Assim, continua este a ter uma grande influência

---

[116] Nome por que ficou conhecida esta grande lei de descentralização de 1982.
[117] O prefeito tem o seu papel definido na Constituição da República Francesa, artigo 72.º

no departamento, com a função de direcção da administração periférica do Estado, sendo o seu principal órgão local. Embora já não exerça qualquer tipo de controlo hierárquico sobre as decisões dos conselhos gerais, desempenha ainda um papel de controlo da legalidade. Neste aspecto, a reforma da descentralização de 1982 a 1986, segundo Gérard Marcou, "*elle remplace la tutelle préfectorale par un contrôle de légalité a posteriori confié aux tribunaux administratifs...*"[118].

Esta competência que se manifesta pelo poder de submissão ao tribunal, de qualquer decisão que considere ilegal ou ilegítima, confere, indirectamente,

"*...uma certa influência sobre as competências descentralizadas, pois ele pode apresentar suas observações ao presidente da assembleia departamental, deixando claro que em sua opinião existe um problema de legalidade.*"[119]

Com esta intervenção, estabelece-se um diálogo entre o prefeito e o presidente da assembleia na tentativa de evitar o recurso ao tribunal, manifestando-se aí, para o prefeito[120], algum espaço de influência.

O prefeito tem nos departamentos franceses um papel algo idêntico ao desempenhado pelos nossos Governadores Civis nos Distritos, mas com claras vantagens em comparação com estes. Tem a seu cargo a defesa dos interesses nacionais no Departamento, vigiar o respeito das leis e exercer o controlo administrativo.

---

[118] MARCOU, Gerard, "L'Organisation Politique et Administrative", in *L'Aménagement du Territoire en France et en Allemagne*, (1994), p. 39.

[119] PHILIP, Olivier (2001) "O Préfet" in Análises e reflexões, por consulta no site: http://www.france.org.br/.

[120] ' *'Si le représentant de l'Etat estime qu'un acte pris par les autorités communales, départementales et régionales, soumis ou non à l'obligation de transmission, est de nature à comprometre de manière grave le fonctionnement ou l'intégrité d'une installation ou d'un ouvrage intéressant la défense, il peut en demander l'annulation par la juridiction administrative pour ce seul motif*". Cfr. Artigo 7.º do "Code General des Collectivites Territoriales"

O prefeito exerce, em simultâneo, funções políticas, dado que recolhe e transmite para o governo informações sobre o estado da opinião no departamento; funções administrativas, tomando medidas de regulamento e exercendo um controlo sobre os actos administrativos das colectividades locais. Ainda como chefe da polícia, assegura a ordem pública no seu departamento. Desenvolve também funções na área do desenvolvimento económico local, seja em questões do emprego no departamento seja em questões relacionadas com o planeamento do território.

O prefeito tem também como atribuição coordenar os serviços desconcentrados do Estado presentes no seu departamento, exercendo sobre eles a sua autoridade, como já foi referido. Escapam a esta hierarquia as autoridades militares, os serviços judiciais, a educação nacional, e pouco mais.

Podendo ser livremente nomeadas e demitidas pelo Governo, há neste País, a tradição de se escolher, para estas funções, individualidades pertencentes a uma elite de funcionários de alta qualidade em administração pública.

A representação local do poder central era tradicionalmente feita no departamento. Era e, pode-se dizer, continua a ser. Um "*préfet*" nomeado para dirigir um departamento cuja capital seja igualmente capital de uma região acumula também o cargo de "*préfet*" dessa região. Não existe qualquer relação de hierarquia entre o "*préfet*" da região e os "*préfets*" departamentais. Tem aquele um papel de coordenador e de representante do poder executivo no plano regional. No entanto, o Governo tem só um "representante oficial": o "*préfet*" no respectivo departamento.

A lei de 6 de Fevereiro de 1992, lei n.º 92.125, reviu o quadro jurídico do agrupamento de comunas, estruturas fundadas, basicamente, sobre as competências do desenvolvimento económico e do ordenamento do território. No entanto, a tradição centralista da administração pública francesa mantém-se ainda muito viva e o "*préfet*" aparece com demasiadas competências[121] para uma lei que pretende regular o agrupamento de colectividades locais, o que leva Yves Madiot a questionar:

---

[121] Desde logo, preside à comissão departamental de cooperação intercomunal.

"Était-il vraiment nécessaire, alors que l'aménagement du territoire est de plus en plus une affaire locale, plus précisément une affaire des collectivités locales, de donner tant d'importance au préfet?"[122]

3.4.3. Delegação do Ordenamento do Território e da Acção Regional

(Délégation a L'aménagement du Territoire et a L'action Régionale)[123] (DATAR)

Logo após a libertação da França no final da II Guerra Mundial, começam a surgir preocupações com as desigualdades demasiado visíveis em matéria de povoamento e actividade económica, causadoras de fenómenos de excesso de povoamento, em algumas regiões, e de desertificação humana em outras.

Jean-François Gravier publica, em 1947, «Paris et le Désert Français» (Paris e o Deserto Francês). Obra com grande impacto no pensamento francês durante muitos anos, defende a necessidade de uma mais equilibrada distribuição dos equipamentos pelo território.

No início da década de cinquenta, surgem pelo País várias associações regionais constituídas, entre outros, por políticos, economistas, professores, sindicalistas e funcionários que lutavam também por uma distribuição mais lógica dos equipamentos públicos. É o despertar para a necessidade da intervenção do Estado no ordenamento do território com vista a um desenvolvimento mais equilibrado das diversas regiões.

Exemplos anteriores, de intervenção estatal, com o fim de organização territorial, encontramos ainda nos anos trinta, os *trading states*[124] em Inglaterra e a *Tennesse Valley Authority*[125] nos Estados Unidos.

---

[122] MADIOT, Yves (1993), *L'aménagement du territoire*, p. 206.

[123] Decreto n° 63-112 de 14 Fevereiro de 1963.

[124] Devido à forte concentração urbana em Londres e à crise carbonífera, a Inglaterra lançou um programa, com o qual pretendia aliviar a pressão urbana de Londres, apoiando a construção de novas cidades e, para tal, concedendo benefícios fiscais ou subsídios.

Em 1950, *Eugène-Claudius Petit*[126] cria uma direcção de ordenamento do território no ministério da reconstrução. A Guerra acabara recentemente e a reconstrução do País deveria obedecer a alguns critérios e alcançar determinados objectivos de organização geográfica.

Entre 1954 e 1955 são tomadas pelo Governo francês várias medidas que assumem, para alguns autores, o início de uma política deliberada e contínua de ordenamento do território. Referimo-nos, nomeadamente, à obrigação de obter autorização para qualquer investimento a realizar na *Ile-de-France*[127]. A obtenção desta autorização era "negociada" com as grandes empresas de modo a conseguir destas a instalação de alguns investimentos, de preferência, na região Oeste ou na Sudoeste.

Em 1955, é criado o primeiro sistema de ajuda ao desenvolvimento regional, "... *decret (d. n.º 55-875) crée le fonds de développement économique et social (FDES) qui peut financer les actions de conversion industrielle, agricole et celles de décentralisation industrielle.*"[128]

Neste mesmo ano, são criadas vinte e três circunscrições regionais que ficam com encargo de elaborarem programas de acção regional. Em 1959, são criadas comissões interdepartamentais para promoverem a repartição do investimento público nos departamentos.

Uma outra medida foi, em 1960, a definição de vinte e uma circunscrições, vinte e uma regiões económicas, e da instituição de um programa de apoio e incentivo aos empresários que se fixassem nas circunscrições consideradas críticas para o desenvolvimento equilibrado do território.

---

[125] A missão original desta Agência, fundada em 1933, era tornar o Rio de Tenesse navegável e controlar as inundações de modo a recuperar a terra contribuindo para o desenvolvimento agrícola e industrial e, ao mesmo tempo, gerar poder eléctrico de modo que a população e o ambiente pudessem beneficiar e prosperar. Hoje, continua a contribuir para o desenvolvimento integrado e apoiado da região.

[126] É deste ministro francês a expressão segundo a qual (l'aménagement du territoire) "*c'est la recherche, dans le cadre géographique de la France, d'une meilleure répartition des hommes en fonction des ressources naturelles et des activités économiques*", cfr. MADIOT, Yves (1993) *L'aménagement du territoire*, p. 28.

[127] Ile-de-France, Região que compreende Paris.

[128] MADIOT, Yves (1993), *L'aménagement du territoire*, p. 18.

Esta divisão, para acção regional deste programa, antecipou as regiões que se haveriam de instituir em 1982 e marca o primeiro reconhecimento real da região.

É a política de ordenamento do território a dar os primeiros passos no caminho da descentralização. O desequilíbrio territorial entre Paris e a província provoca o reconhecimento da importância do nível local no processo de desenvolvimento económico e na solução dos problemas.

O General de Gaulle dispensa também grande atenção à política de ordenamento do território, desde logo pela criação de duas importantes estruturas com atribuições nessa matéria. Como já foi acima referido, De Gaulle chega a apresentar uma proposta de regionalização, nos finais dos anos sessenta.

Em 1960, é criado o primeiro Comité Interministerial de Ordenamento do Território[129]. Este vai ser o principal órgão de decisão no que diz respeito à definição de perspectivas e de escolhas a longo prazo relativas ao ordenamento do território. Vai também ocupar um lugar importante no relacionamento entre o Estado e as regiões, dando parecer sobre os contratos de plano[130] entre estas duas entidades.

Em 1963, seguindo a linha política dos últimos anos de perseguir o desenvolvimento económico equilibrado das diversas regiões francesas, mas consciente da necessidade de alterar a organização das estruturas responsáveis, o Governo cria a *Délégation a L'aménagement du Territoire et a L'action Régionale* (DATAR), fixando-lhe as respectivas atribuições, e nomeia o seu primeiro delegado, Olivier Guichard[131], colaborador directo do primeiro-ministro, ao tempo, Georges Pompidou.

---

[129] CIAT – Comité Interministériel pour les problèmes d'action régionale et d'Aménagement du Territoire: d. n.º 60-1219 du novembre 1960.

[130] Os contratos de plano entre Estado e as regiões foram concebidos como o instrumento essencial para a planificação descentralizada de modo a assegurar uma coerência nacional, da planificação económica nacional. Introduzidos pela reforma de 1982 servem para fazer a ligação entre o plano nacional e o plano da região, sendo elaborados conjuntamente pelo prefeito da região e pelo presidente do conselho regional.

[131] Oliver Guichard além de ter sido o primeiro delegado da DATAR é, em França, um nome incontornável no desenvolvimento e ordenamento do território, tendo mais tarde

Em primeiro lugar, pretendia-se, com a DATAR, assegurar uma melhor unidade de concepção em matéria de planeamento e, em segundo lugar, era necessário melhorar e reforçar os meios e os procedimentos de implementação dos objectivos do plano em matéria de acção regional e ordenamento (organização) do território.

A ideia inicial teria que ver, em termos gerais, com a procura, a nível nacional, de uma melhor repartição da população em função dos recursos naturais e das actividades económicas. Os objectivos passavam por uma distribuição racional, em termos geográficos, das actividades económicas, pelo restabelecimento de equilíbrios entre partes e regiões do país e pela localização descentralizada dos serviços públicos, disseminação do tecido industrial, preservação dos solos situados nas faixas costeiras ou propícios à agricultura e silvicultura, criação de novas cidades e pólos de crescimento industrial ou urbano, controlo da expansão excessiva das grandes cidades, e, finalmente, pela articulação entre estas e os aglomerados urbanos satélites.[132]

A DATAR, assumida como uma administração de missão[133] e obrigada a uma visão transversal da realidade regional, tem como tarefa levar os diversos Ministérios a pensarem para o espaço e não somente para o sector respectivo. Ao mesmo tempo é pensada com duas preocupações fundamentais: a organização do território nacional e a acção regional, coordenando as acções das comunidades no seio do Estado.

É uma administração atípica, constituída por uma equipa interdisciplinar de técnicos originários dos diversos Ministérios, alguns do sector privado, outros ainda das Universidades e da administração local.

---

presidido a uma comissão de estudo que contribuiu para salvar a DATAR da extinção, ao reorientar as suas acções para a elaboração de planos directores de infra estruturas rodoviárias e comboios de alta velocidade (TGV).

[132] CONDESSO, F. (1999) *Direito do Urbanismo: Noções Fundamentais*, p. 57.

[133] Neste sentido Yves Madiot afirma que ' *'la DATAR doit être et rester une administration «de mission». C'est dire q'elle ne doit pas assurer, en principe, de tâches de gestion et que son rôle est de «faire faire» et non de faire elle-même."* Cfr. MADIOT, Yves (1993), *L'aménagement du territoire*, p. 39.

Dá continuidade a uma política de distribuição das actividades e dos equipamentos pelo território, aliando uma política que privilegie as localizações dos diversos empreendimentos fora da região parisiense e, deste modo, conseguir-se uma rede urbana que suporte as áreas rurais envolventes.

Podemos apontar três grandes objectivos que eram perseguidos neste início da década de sessenta: prosseguir com as grandes obras de desenvolvimento, como as vias de comunicação, orientar a actividade económica de modo a conseguir-se uma industrialização desconcentrada e a promoção de "*metrópoles de equilíbrio*"[134] e cidades médias, cobrindo todo o território, de modo a conseguir-se uma difusão equilibrada do tecido urbano.

Devido à crise económica, perante uma curva do crescimento cujos efeitos são percebidos a partir de 1973 e que se estenderam progressivamente ao conjunto das actividades e do território, a DATAR teve de mudar de estratégia. Todas as regiões são atingidas pela crise do emprego. São definidas políticas específicas para as zonas mais duramente tocadas, ao mesmo tempo que a DATAR diversifica o seu campo de acção sobre o conjunto do território. É muitas vezes obrigada a intervir, reagindo a situações, o que contraria o espírito da sua missão, mais virada para o futuro que para fazer de "bombeiro", planeando o desenvolvimento e estabelecendo objectivos. Passa, também, a interessar-se mais pelo ambiente e pela qualidade de vida.

Na década de setenta, as teses dos economistas liberais, para quem a localização das actividades e das empresas deve resultar apenas do funcionamento do mercado, também influenciaram os decisores políticos levando-os a duvidarem ou pelo menos a acreditarem menos na eficácia da intervenção do Estado no desenvolvimento económico e social. Sentimento que se reflectiu também na forma de encarar o desenvolvimento e o ordenamento do território e no tratamento dado à sua principal

---

[134] De que é exemplo o apoio fornecido, pelo General de Gaulle a: Lille, Nancy-Metz, Lyon, Marselha, Toulouse, Nantes, Bordaux e Estrasburgo.

estrutura administrativa: a DATAR. Deixou de estar vinculada ao Gabinete do Primeiro Ministro para ir saltitando de Ministério em Ministério e, algumas vezes, dependente de um simples Secretário de Estado pouco influente.

As leis de descentralização de 1982 e 1983 e a construção da União Europeia renovaram profundamente as condições de intervenção da DATAR que se tornou o elo da negociação contratual com as regiões, e reforçou seu papel de negociadora entre a Europa e os territórios.

Em 1986, fruto de uma alternância política, novas dificuldades surgiram a esta entidade, tendo mesmo sido posta em hipótese uma extinção que não veio a acontecer.

As leis de descentralização trazem o princípio da não subordinação das autarquias umas em relação às outras. A política contratual entre o Estado e as regiões que se vai desenvolver a seguir, permite uma maior mobilização das energias locais e a DATAR torna-se o elo da negociação dos contratos quinquenais que se estabelecem entre o Estado e as regiões. Contratos que representam interesses convergentes das regiões e do Estado em tudo o que possa concorrer para o desenvolvimento regional.

A DATAR torna-se também no interlocutor privilegiado da negociação das zonas elegíveis e da distribuição dos fundos europeus, com a União Europeia.

Em 1993, com uma larga consulta dos cidadãos e um grande debate nacional, a política de ordenamento do território é revista. A adopção da lei de orientação para o ordenamento e o desenvolvimento do território (LOADT) faz-se atribuindo à DATAR o encargo da sua aplicação e desenvolvimento.

Aquando da sua criação, a DATAR tinha como objectivos ajudar a anular as assimetrias do território francês assegurando a sua coesão, promovendo a redistribuição de actividades económicas e administrativas, promovendo o desenvolvimento de infra-estruturas, apoiando o mundo rural, reforçando as malhas urbanas e ajudando às reconversões industriais de zonas em crise. Actividades que foi desenvolvendo, umas vezes com mais fulgor que outras, durante quarenta anos.

Em recente relatório[135], publicado pelo quadragésimo aniversário da DATAR, pode ler-se que

"*Plusieurs évolutions marquantes vont dans le sens souhaité: un meilleur équilibre démographique, la réduction des inégalités spatiales d'emploi et de revenu, la qualité, l'attractivité du cadre de vie et du patrimoine culturel et naturel.*"

Mas, como as acções relativas ao ordenamento do território acontecem no território, não são muito adequadas a uma gestão longínqua. Pelo contrário, todas as opções, de usos e ocupações de solos, prioridades de projectos e elaboração de planos devem ser tomadas por actores locais a quem os cidadãos possam responsabilizar directamente.

Assim, surge a necessidade da descentralização.

Atendendo ao âmbito territorial que cobre cada um dos três níveis do poder local: a comuna, o departamento e a região, caberá a esta última ficar com um papel mais relevante em relação à competência do ordenamento do território.

Como nos refere Yves Madiot,

"*dans le trio actuel des collectivités locales, l'une d'elles semble devoir jouer un rôle majeur dans l'aménagement du territoire. La région, en effet, dispose d'une compétence presque naturelle, compétence qui fut d'ailleurs reconnue par le législateur de 1982.*"[136]

---

[135] "Une nouvelle politique de développement des territoires pour la France - Contribution au débat sur la décentralisation, l'Europe et l'aménagement du territoire", DATAR, p. 11. Consulta em http://www.datar.gouv.fr/

[136] MADIOT, Yves (1993), *L'aménagement du territoire*, p. 67.

3.4.4. As reformas de 1982 – 1986

Os anos de 1982 a 1986 são marcados por um processo de descentralização e instituição das regiões em França.

Este foi um processo desenvolvido por etapas mas que desde o início assim foi programado, conforme se confirma pela Lei relativa aos direitos e liberdades das comunas, dos departamentos e das regiões que iniciou este processo e que definiu os princípios que orientarão o funcionamento destas colectividades locais.

"Leis determinarão a distribuição das competências entre as comunas, os departamentos, as regiões e o Estado, bem como a distribuição dos recursos públicos que resultam das novas regras da fiscalidade local e as transferências de créditos do Estado às autarquias, a organização das regiões, das garantias estatutárias atribuídas ao pessoal das autarquias, do modo de eleição e do estatuto dos eleitos, bem como as modalidades da cooperação entre comunas, departamentos e regiões, e o desenvolvimento da participação dos cidadãos na vida local"[137].

Com esta Lei, que instituiu o princípio da livre administração das autarquias locais e do controlo da legalidade *a posteriori* dos seus actos administrativos, cumpriu-se uma das principais etapas desta reforma.

Durante quatro anos, correspondentes a uma legislatura de esquerda, e a um ritmo variável, com fases de grande entusiasmo e com fases de

---

[137] A tradução é nossa. Cfr. artigo 1.º da Lei n.º 213 de 2 de Março de 1982 : *"Des lois détermineront la répartition des compétences entre les communes, les départements, les régions et l'Etat, ainsi que la répartition des ressources publiques résultant des nouvelles règles de la fiscalité locale et des transferts de crédits de l'Etat aux collectivités territoriales, l'organisation des régions, les garanties statutaires accordées aux personnels des collectivités territoriales, le mode d'élection et le statut des élus, ainsi que les modalités de la coopération entre communes, départements et régions, et le développement de la participation des citoyens à la vie locale"*.

algum desencanto, procedeu-se à construção de todo o edifício legal que culminou com as primeiras eleições para as regiões em 1986.

A repartição de competências entre o Estado e as colectividades locais é fixada pelas Leis de 7 de Janeiro de 1983 e 22 de Julho do mesmo ano[138].

Sobre esta distribuição das competências entre as comunas, os departamentos, as regiões e o Estado, a lei determina que as comunas, os departamentos e as regiões podem intervir para promover o desenvolvimento económico, defender os interesses económicos e sociais da população local e assegurar a manutenção dos serviços necessários para a satisfação das necessidades da população, no caso de carência ou ausência de iniciativas privadas.

As competências do Estado e das diferentes autarquias locais, após esta distribuição, resultam num acréscimo dos domínios de intervenção local e a redução da intervenção do Estado. A esta nova distribuição, há que juntar um princípio importante que enforma o conceito de autonomia, que está subjacente a qualquer processo de descentralização. Assim, não será de permitir o exercício de qualquer tutela de uma autarquia local sobre outra, quer seja tutela administrativa, quer tutela financeira ou tutela técnica.

A regionalização decorreu num quadro de grande estabilidade organizativa, em que é de destacar a ausência de quebra de unidade política, jurídica e económica do Governo central. Por outro lado, as competências atribuídas às regiões são, exercidas por estas no respeito ao seu conteúdo. O Estado mantém a possibilidade de algum controlo sobre as colectividades territoriais, mas sempre *a posteriori* e, apenas, sobre questões de legalidade. Nunca sobre a oportunidade das medidas e dos actos praticados.

Mas, se a Constituição consagra o princípio de livre administração das autarquias, também consagra o carácter unitário[139] do Estado pelo que

---

[138] Lei 83-8 e Lei 83-663.

[139] No sentido de que as leis da República se aplicam em todo o território nacional, apesar de a partir de Julho de 2002, "*les collectivités territoriales et leurs groupements, lorsque selon le cas la loi ou le règlement l'a prévu, de déroger, à titre expérimental et*

aquela livre administração tem de ser ajustada com este outro valor constitucional. Assim, as autarquias continuam a ser "controladas" por um representante do Estado, a quem têm de transmitir as suas deliberações para que estas se possam tornar executórias.

O critério de proximidade foi fundamental para a distribuição das competências. Tratou-se de confiar o exercício do serviço público ao nível mais adequado para os utilizadores, atendendo-se também ao princípio da subsidiariedade. Às comunas coube tratar das questões de maior contacto com o cidadão como por exemplo a gestão urbanística. Aos departamentos atribui-se a responsabilidade pela gestão dos serviços e pelas as acções de solidariedade. Para a região fica a planificação e o ordenamento do território. No entanto, esta distribuição é feita sem se retirarem competências que já estavam distribuídas a outras colectividades locais.

A formação profissional e a aprendizagem, incluindo os investimentos, a localização, a construção, e o financiamento de certas escolas de formação, ficam também ao cuidado da região.

À região, cabe ainda, definir o esquema regional dos transportes e decidir a criação canais e de portos fluviais assim como de certos aeródromos.

Para as comunas fica a gestão das marinas, sendo atribuição do Estado a gestão dos portos comerciais.

Competências como o ambiente, o património e a acção cultural são repartidas igualmente entre os quatro níveis de poder. Cada nível é responsável pela organização, financiamento e pela conservação dos museus, das bibliotecas e dos arquivos respectivos.

A lei de 26 de Janeiro de 1984, sobre o estatuto da função pública territorial, substitui, para os agentes locais, o sistema da carreira pelo sistema do emprego. O objectivo é criar uma função pública local de modo que as estruturas descentralizadas possuam os verdadeiros meios para funcionarem. Esta reforma da função pública consagra a função pública

---

pour un objet et une durée limitée, aux dispositions législatives ou réglementaires qui régissent l'exercice de leurs compétences." LOI ORGANIQUE relatif à l'expérimentation par les collectivités territoriales.

territorial como, apenas, uma das partes da função pública. A opção foi criar três funções públicas (Estado, autarquias e estabelecimentos hospitalares) todas elas construídas sobre um estatuto geral composto de normas comuns e normas específicas a cada grupo.

Esta lei aplicável às comunidades locais, visava salvaguardar o que constitui a especificidade desta função pública, ou seja a pluralidade dos empregadores. O princípio da livre administração das autarquias locais ficava diminuído se estas entidades tivessem de se submeter a um regime geral da função pública muito vinculativo.

No ano de 1985 podemos escolher quatro leis com importância no desenvolvimento dos poderes locais: uma primeira altera o estatuto do arquipélago Saint-Pierre-et-Miquelon[140], transformando-o em autarquia. Uma segunda lei prevê a eleição dos conselheiros regionais em representação proporcional, no âmbito departamental. Esta Lei apresenta-se com os mesmos critérios que fundamentaram a reforma da Lei que regulamenta a eleição dos deputados. O Departamento funciona como círculo eleitoral, com representação proporcional e exclusão das listas que não obtenham 5% dos votos. É um sistema que tenta conciliar a representação de minorias com a constituição de maiorias que garanta a estabilidade. O sistema está pensado de modo que se evitem as dissoluções das assembleias por falta de apoio de uma maioria sólida.

Por fim, duas leis estabelecem a limitação de cumulação dos mandatos eleitorais[141]. A cumulação dos mandatos, até então permitida, pode, certamente, ser interpretada como resultado da forte centralização política administrativa deste Estado. O mandato nacional e o seu capital de influência facilitam o cumprimento do mandato local. Por outro lado, o mandato local muitas vezes garantia a reeleição para o mandato nacional.

---

[140] Antigo departamento de além-mar.

[141] A lei de 30 de Dezembro de 1985 assim fixou uma lista de mandatos (deputado, senador, deputado europeu, presidente da câmara municipal de uma comuna de 20.000 habitantes, conselheiro geral e regional, conselheiro de Paris, etc..) e precisou que os eleitos não podem acumular mais de duas funções ou mandatos figurantes nesta lista

Os progressos da descentralização fizeram surgir vários olhares críticos sobre a cumulação dos mandatos. Estas críticas centravam-se na necessidade de uma maior disponibilidade para a maior responsabilidade na gestão dos negócios locais, assim como no temor da instalação de confusão de interesses e no enfraquecimento do alcance dos controlos.

Em 1986, como já referimos, dá-se um importante acontecimento na história das regiões administrativas francesas. São realizadas as primeiras eleições, por sufrágio universal e directo, para a eleição dos conselheiros regionais.

3.4.5. As regiões de hoje

Neste País, há uma discussão em torno da possibilidade de extinção ou não de algum dos níveis de administração e em saber qual o nível que deve desaparecer. Este debate surge a par do grande debate lançado, em 1993, pelo Governo sobre o ordenamento do território. Como já foi acima referido, podem contar-se seis níveis, (contabilizando também as associações de comunas), desde a comuna à Europa. A discussão centra-se em torno do abate dos departamentos[142] ou das regiões. A dimensão das regiões francesas é próxima da das grandes regiões de outros países europeus, pelo que os defensores das regiões usam o argumento da conformação com o modelo dominante na Europa.

No entanto, também há quem defenda uma diminuição do número de regiões, provocando assim um aumento da sua área territorial, condição necessária, no entender destes autores, para a sua verdadeira afirmação no quadro europeu e no confronto directo com as regiões de países vizinhos. Este debate foi relançado nos anos noventa por uma declaração do presidente da República que considerava as regiões muito numerosas e muito pequenas quando comparadas com as vizinhas regiões espanholas ou os *länder* alemães.

---

[142] Divisão só existente em França e que para STRAUSS-KAHN, Dominique (2002), *A Chama e a Cinza - O Socialismo, A globalização e a Europa*, pp. 286-287; essencialmente pela sua reduzida dimensão será futuramente extinta, *"compensada pelo aumento de poder dos agrupamentos intercomunais"*.

No entanto, há outros elementos que levam a admitir *"qu'il ne s'agit pas seulement d'une opinion personnelle"*[143]. Certos serviços públicos, incluindo a DATAR, organizam-se por grandes espaços que compreendem duas ou três regiões.

Mas a comparação com as referidas regiões vizinhas será um exercício executável e com resultados categóricos? Vários autores dizem que não são realidades comparáveis. Madiot diz-nos que o problema das regiões está nas competências e nos meios que lhes cabem. Também para Bodineu, se as regiões francesas perdem na comparação com as regiões vizinhas (de Espanha e da Alemanha), *"c'est moins pour leur dimension ou leur poids démographique que pour leur pouvoir administratif et fi-nancier."*[144]

O número de habitantes por região, na metrópole francesa, prova o quão variável pode ser a *"dimensão média"* de país para país e dentro de cada país. Com efeito, no caso francês, este número varia entre 270 mil e 10 milhões.

As regiões administrativas francesas surgiram para responder a um duplo imperativo, económico e técnico, e não para satisfazer qualquer reivindicação de afirmação política regional. Por razões de racionalização e eficácia administrativa que pudessem garantir uma óptima organização do espaço territorial, através de um ordenamento de território excelente, levou a que a ideia da existência de novos poderes locais se impusesse naturalmente e de forma muito gradual.

Dizemos gradual porque não podemos esquecer que o processo de descentralização de 1982–1985, beneficiou, muito provavelmente, mais os departamentos[145] e as comunas do que as próprias regiões que estavam a surgir como entidades autónomas.

---

[143] BODINEAU, Pierre (1995), *La Régionalisation*, p. 82.
[144] BODINEAU, Pierre (1995), *La Régionalisation*, p. 83.
[145] Os departamentos saíram beneficiados no processo de transferências de atribuições durante a reforma descentralizadora em 1982-1983. Conservaram as suas missões mais antigas, de que são exemplo a ajuda social, através da ajuda em benefício dos mais necessitados e a construção e o planeamento rodoviário. Desde 1982, passam a ter competência, principalmente, em matéria de habitação, de transportes, de saúde e de ensino (colégios). A partir desta mesma data, ver-se-ão, tal como sucederá com as comunas, com poderes de intervenção económica.

Também por esta razão, a regionalização francesa pode servir de exemplo para Portugal, já que o nosso problema fundamental a resolver é a obtenção de um desenvolvimento mais harmonioso entre as diversas parcelas do território.

Não podemos esquecer que a região é *"o meio privilegiado de ordenamento do território, o espaço adequado para a aprendizagem e para a aplicação de processos de planificação, o vector da mudança social."*[146]

O processo de descentralização em França tem vindo gradualmente a aprofundar-se. A partir de 1992[147] as colectividades territoriais passaram a ter legitimidade para assumir compromissos com colectividades estrangeiras.

Recentemente, o processo de revisão da Constituição de 2003, estabeleceu que a organização da República é descentralizada e reconheceu o poder regulamentar às autarquias relativamente às competências por estas exercidas. Foram clarificados alguns princípios sobre a autonomia financeira, nomeadamente, a obrigação da transferência de competências entre o Estado e as Colectividades ser sempre acompanhada dos respectivos meios financeiros equivalentes e foram, também, introduzidos mecanismos de perequação destinados a favorecer a igualdade entre as autarquias.

3.4.6. Caracterização das regiões

Como já foi referido cada região compreende um ou vários departamentos. Apresentamos dois quadros (fig. 11 e fig. 12) com elementos relativos a esse número de departamentos, à área de cada região, à sua população e respectiva densidade.

---

[146] FERNANDES, António T. (1988), *Os fenómenos políticos – Sociologia do poder*, p. 320.

[147] Loi d'orientation n.º 92-125 du 6 février 1992, Art. 131. - I. – *"Les collectivités territoriales et leurs groupements peuvent conclure des conventions avec des collectivités territoriales étrangères et leurs groupements, dans les limites de leurs compétences et dans le respect des engagements internationaux de la France. "*

Figura 11 - Número de departamentos e densidade populacional das regiões francesas[148]

REGIÃO	Número de Departamentos	Superfície (km²)	População 1999	População/km²
Alsace	2	8.280	1 734 145	209,44
Aquitaine	5	41.308	2 908 359	70,41
Auvergne	4	26.013	1 308 878	50,32
Bourgogne	4	31.582	1 610 067	50,98
Bretagne	4	27.208	2 906 197	106,81
Centre	6	39.151	2 440 329	62,33
Champagne-Ardenne	4	25.606	1 342 363	52,42
Corse	2	8.680	260 196	29.98
Franche-Comté	4	16.202	1 117 059	68,95
Île-de-France	8	12.012	10 952 011	911,76
Languedoc-Roussillon	5	27.376	2 295 648	83,86
Limousin	3	16.942	710 939	71,96
Lorraine	4	23.547	2 310 376	98,12
Midi-Pyrénées	8	45.348	2 551 687	56,27
Nord-Pas-de-Calais	2	12.414	3 996 588	321,94
Basse-Normandie	3	17.589	1 422 193	80,86
Haute-Normandie	2	12.317	1 780 192	144,53
Pays de la Loire	5	32.082	3 222 061	100,43
Picardie	3	19.399	1 857 481	95,75
Poitou-Charentes	4	25.810	1 640 068	63,54
Provence Alpes Côte d'Azur	6	31.400	4 506 151	143,51
Rhône-Alpes	8	43.698	5 645 407	129,19
Guadeloupe *	1	1.493	422 496	282,98
Guyane *	1	91.000	157 213	1,73
Martinique *	1	1.080	381 427	353,17
Réunion *	1	2.511	706 300	281,28

[148] Fonte: MARCOU, Gérard, "L'Organisation Politique et Administrative", in L'Aménagement du Territoire en France et en Allemagne, (1994), p. 52. * Cfr. Superfície destas regiões em SALGADO, Argimiro Rojo (1996), La Exigencia de Participación Regional en la Unión Europea, p. 81. Dados da população actualizados a 1999 por consulta em www.insee.fr/

Figura 12 - População e a sua evolução nos últimos recenseamentos[149]

Região	Recenseamentos		Evolução (%)
	1990	1999	1999/1990
Alsace	1 624 372	1 734 145	+ 6,8
Aquitaine	2 795 830	2 908 359	+ 4,0
Auvergne	1 321 214	1 308 878	- 0,9
Bourgogne	1 609 653	1 610 067	0,0
Bretagne	2 795 638	2 906 197	+ 4,0
Centre	2 371 036	2 440 329	+ 2,9
Champagne-Ardenne	1 347 848	1 342 363	- 0,4
Corse	250 371	260 196	+ 3,9
Franche-Comté	1 097 276	1 117 059	+ 1,8
Île-de-France	10 660 554	10 952 011	+ 2,7
Languedoc-Roussillon	2 114 985	2 295 648	+ 8,5
Limousin	722 850	710 939	- 1,7
Lorraine	2 305 726	2 310 376	+ 0,2
Midi-Pyrénées	2 430 663	2 551 687	+ 5,0
Nord-Pas-de-Calais	3 965 058	3 996 588	+ 0,8
Basse-Normandie	1 391 318	1 422 193	+ 2,2
Haute-Normandie	1 737 247	1 780 192	+ 2,5
Pays de la Loire	3 059 112	3 222 061	+ 5,3
Picardie	1 810 687	1 857 481	+ 2,6
Poitou-Charentes	1 595 109	1 640 068	+ 2,8
Provence Alpes Côte d'Azur	4 257 907	4 506 151	+ 5,8
Rhône-Alpes	5 350 701	5 645 407	+ 5,5
Guadeloupe	386 987	422 496	+ 9,2
Guyane	114 678	157 213	+ 37,1
Martinique	359 572	381 427	+ 6,1
Réunion	597 823	706 300	+ 18,2
Total	58 074 215	60 185 831	+ 3,6
Fonte : INSEE "La France en faits et en chiffres"			

---

[149] Quadro obtido por consulta em http://www.ladocumentationfrancaise.fr, em 30.04.2003.

3.4.7. As actuais competências das regiões Francesas e os recursos financeiros

As regiões conheceram uma extensão progressiva do seu campo de competências. Actualmente, tornaram-se importantes centros de decisões e de acções em matéria de planeamento do território, de ensino (liceus), de formação profissional dos jovens, de transportes, de cultura e ainda de investigação.

Se, mesmo com as limitações legais já referidas, os EPR já procuravam apoiar os projectos de interesse regional directo, a legislação de 1982 vem alargar consideravelmente o âmbito de intervenção das regiões. A partir desta data passam a participar e a intervir em todas as áreas de desenvolvimento de interesse regional, a estabelecer ajudas a empresas em dificuldade e a participar no capital social de sociedades de desenvolvimento regional.

Outra importante área de intervenção é o ordenamento de território. As regiões elaboram o plano regional em que estabelecem os objectivos, de médio prazo, de desenvolvimento económico, social e cultural. Este é de facto um bom nível para a reflexão e a acção de uma política voluntarista de ordenamento do território. No entanto esta potencialidade não terá sido devidamente explorada, em grande parte por culpa do excessivo respeito ao princípio segundo o qual uma autarquia local não pode exercer tutela sobre outra colectividade local.

A região tem hoje sobretudo uma vocação económica, de planificação e ordenamento do território, em conjugação com o Estado através dos contratos de plano.

Dar à região uma verdadeira competência de autoridade organizadora no domínio do ordenamento do território é hoje uma necessidade assumida por muitos. Os planos regionais com a planificação espacial das grandes políticas públicas no respectivo território deveriam evoluir para verdadeiros documentos normativos elaborados pela região e aprovados pelo Estado.

Vejamos, então, quais são os domínios de intervenção das regiões.

No ordenamento do território e no planeamento:
- participação na elaboração do plano nacional[150], nomeadamente, pela comunicação das suas prioridades e, em simultâneo, contribuindo para a definição de um esquema regional de ordenamento e desenvolvimento do território que fixa as orientações, nomeadamente, em matéria de grandes infra-estruturas de transportes e de equipamentos;
- elaboração do seu próprio plano regional aí fixando os seus objectivos económicos, sociais e culturais;

Na área da formação profissional e na educação:
- construção e equipamento dos liceus;
- definição anual de um programa de aprendizagem e de formação profissional em associação com as comunas. Têm como responsabilidade, a formação profissional inicial dos jovens;
- financiamento significativo dos estabelecimentos universitários.

Na acção económica :
A região desempenha o papel muito importante com:
- as ajudas directas, através de prémios (ao emprego, à criação de empresa), ou de empréstimos e adiantamentos a taxas bonificadas;
- as ajudas indirectas, através de garantias de empréstimo às empresas, isenção de taxas.

Nos transportes:
A região é competente para organizar o sistema de transportes regionais de passageiros e participar com o Estado na definição

---

[150] Como podemos ver em: FERREIRA, Abílio Afonso (1997), *Regionalização, Europa das Regiões, Reordenamento do Território Nacional*, p. 460, uma das principais atribuições das regiões centra-se na *"participação do Plano Nacional através da sua presença na Comissão Nacional de Planificação."*

da política global de transportes. As regiões estão, também, autorizadas a investir na construção e na gestão de infra-estruturas e equipamentos afectos aos transportes, sejam estradas ou caminhos de ferro, ou mesmo os TGV.

Na habitação e no ambiente:
A região pode complementar através de subsídios ou de outras formas, os apoios atribuídos pelo Estado no âmbito da habitação para fins sociais. Na área do ambiente são muitas as oportunidades de intervenção das regiões. Podem intervir na despo-luição de cursos de água, na recolha e tratamento de lixos, na protecção e promoção de espaços verdes ou na luta contra o ruído.

O reconhecimento de autonomia jurídica e administrativa feito pela Constituição, num quadro de descentralização, leva a que as regiões tenham direitos e obrigações, possuam património e o administrem, decidam sobre o destino e utilização das receitas e das despesas, tenham quadros de pessoal próprios dotados de um estatuto especial – a função pública territorial, etc.

No entanto esta autonomia financeira não é total. As regiões não só não têm poder para criar os seus próprios impostos como as subvenções estatais continuam a representar uma importante fatia dos orçamentos regionais.

Em termos de recursos financeiros nos três níveis de poder local, a região é ainda aquele que conta com o menor volume. Diz-nos Chantal Duchène que

"... sachez que les ressources des communes représentent plus de 70 milliards d'euros, soit près de 10 % du PIB français, celles des départements plus de 30 milliards d'euros et celles des régions, moins de 10 milliards d'euros. Tout cela à comparer avec le budget de le Etat français qui est de l'ordre de 215 milliards d'euros."[151]

---

[151] DUCHÈNE, Chantal "L`Experience Française" in *Território e Administração - Gestão de Grandes Áreas Urbanas*, (2001), p. 126.

O controlo da gestão financeira é exercido "*a posteriori*" pelos tribunais de contas regionais.

3.4.8. Os órgãos das regiões

As regiões francesas compreendem um Conselho regional, formado pelos conselheiros regionais, eleitos em sufrágio directo e universal, no âmbito do território do departamento e um Presidente. O Conselho, que reúne pelo menos uma vez por trimestre, procede à eleição do presidente e da comissão permanente e organiza-se em comissões especializadas, sem poder de decisão.

O presidente eleito prepara e executa as deliberações do Conselho e dirige os serviços de apoio. Tem também, além de poderes executivos, um importante papel político.

A par do Conselho regional há o Conselho Económico e Social Regional[152] (CESR), composto por representantes de empresas e actividades independentes, representantes de organizações sindicais, representantes do movimento associativo, educativo, social e cultural e por personalidades qualificadas nomeadas pelo Primeiro Ministro.

A criação deste conselho (CESR) explica-se fundamentalmente pela competência que cabe às regiões de promoverem o desenvolvimento económico e social.

---

[152] Conseil économique et social régional (CESR)

Figura 13 – Mapa com as regiões francesas

Fonte: http://www.europa.eu.int/abc/maps/members/france_pt.htm

CAPÍTULO IV

AS REGIÕES ADMINISTRATIVAS DEPOIS DA CONSTITUIÇÃO DA REPÚBLICA PORTUGUESA DE 1976

4.1. Introdução

Ao iniciar este capítulo vamos fazer uma abordagem sobre a introdução e a consciencialização das políticas regionais nas preocupações do discurso e da acção governativos. Tentaremos mostrar como e quando se iniciaram, em termos institucionais, estas preocupações sobre o desenvolvimento regional e planeamento regional. A apresentação desta problemática impõe-se, por ser, quanto a nós, aquela matriz do planeamento e do desenvolvimento regional uma das mais fortes raízes que fundamenta a ideia da criação das regiões (administrativas) em Portugal.

Como nos diz Manuel Porto, *"... a criação de regiões é justificada fundamentalmente por objectivos de desenvolvimento,..."*[1].

Sendo este capítulo dedicado às regiões administrativas na CRP de 1976, veremos, num segundo ponto, como aquelas aí estão consagradas como autarquias locais, que atribuições e que princípios deverão suportar a sua definição, quais os seus órgãos, competências e respectivas finanças.

---

[1] PORTO, Manuel, "Um Processo Infeliz de «Regionalização»", in António Barreto (org.), *Regionalização Sim ou Não*, (1998), p. 231.

Num terceiro ponto apresentar-se-á uma síntese das iniciativas regionalizantes levadas a cabo após o 25 de Abril.

Por último, vamos concentrar-nos em alguns dos argumentos, a favor e contra, utilizados pelos defensores e pelos opositores da criação das regiões administrativas.

4.2. Desenvolvimento Regional, Estruturas Administrativas e Planeamento Regional

O desenvolvimento do território[2] é, de facto, um dos pilares fundamentais em que se deverá centrar a discussão de qualquer reforma administrativa séria que pretenda contribuir para o progresso e a qualidade de vida da nossa sociedade. Desenvolvimento regional como expressão de, na palavras de Simões Lopes, *"... acesso de cada um, qualquer que seja o local em que vive, aos bens e serviços básicos da civilização."*[3] Para tal, defende o mesmo autor a *"organização espacial da sociedade, significando assim o estabelecimento de uma rede hierarquizada de centros (e de regiões associadas a eles)..."*[4] devidamente providos das estruturas necessárias, de forma que permita aquele acesso às pessoas e ao mesmo tempo contribua para a diversificação das ofertas de emprego.

Como já vimos, o Código Administrativo de 1936 conferia às províncias atribuições no domínio do planeamento regional. No entanto, com a revisão desse Código e a substituição das províncias pelos distritos como autarquia local, deixaram de existir estruturas administrativas com orientação para o planeamento regional.

---

[2] O Território é o recurso dos recursos e, no continente, está muito mal organizado. Desde logo, são evidentes três problemas: o centralismo, a insuficiência da dimensão municipal e a desconcentração desconexa.

[3] LOPES, A. Simões (1995), *Desenvolvimento Regional: problemática, teoria e modelos*, p. 384.

[4] LOPES, A. Simões (1995), *Desenvolvimento Regional: problemática, teoria e modelos*, p. 384.

A década de sessenta funciona como marco a partir do qual se começam a encontrar enunciadas, em termos políticos, linhas de orientação para o desenvolvimento regional. São estabelecidos objectivos, as medidas para os atingir e criam-se as estruturas administrativas que possam levar a cabo este desiderato.

Refere-nos Figueiredo, que a partir desta altura, *"assimetrias, desequilíbrios e desenvolvimento regional começam a ganhar actualidade"*[5].

Com a designação de Divisão de Planeamento Regional e integrado na Direcção de Serviços de Planeamento, surge em 1966, o primeiro órgão com funções de planeamento e desenvolvimento regional.

Em 1967 é publicada a Lei n.º 2.133 que define as bases de organização e execução do III Plano de Fomento, para o período de 1968 a 1973, em que se apostava nos *"... seguintes grandes objectivos: a) Aceleração do ritmo de acréscimo do produto nacional; b) Repartição mais equilibrada do rendimento; c) Correcção progressiva dos desequilíbrios regionais de desenvolvimento."*[6]

Esta mesma Lei determinava que o Plano deveria conter as orientações relativas ao planeamento regional.

Para dar corpo à política regional iniciada, o País é dividido em regiões e sub-regiões de planeamento[7]. Em cada região são criadas as Comissões Consultivas Regionais, que vão funcionar até 1974 dependendo do Secretariado Técnico da Presidência do Conselho de Ministros. Eram suas atribuições:

---

[5] FIGUEIREDO, Ernesto V. S. (1988), *Portugal: que regiões?* p. 35.

[6] Base III da Lei 2.133 de 20 de Dezembro de 1967. A ordem com que são apresentados estes grandes objectivos não era com certeza arbitrária. O crescimento do produto sobrepunha-se à sua repartição e a objectivos de correcção de disparidades regionais. A própria Comunidade Económica Europeia que no seu Tratado de Roma (artigo 2.º) estabelece como objectivo a promoção e expansão de forma harmoniosa, contínua e equilibrada das economias nacionais, só em 1972 decidiu dar mais atenção ao objectivo de serem corrigidas as assimetrias estruturais e regionais. A expansão era contínua mas não era equilibrada.

[7] Decreto-Lei n.º 48.905, de 11 de Março de 1969.

"a) Coordenar a expressão dos elementos representativos da região quanto às necessidades e aspirações respeitantes ao seu desenvolvimento económico e social;
b) Colaborar na preparação dos respectivos planos de desenvolvimento e no acompanhamento da sua execução;
c) Promover a coordenação, para os mesmos efeitos dos meios da acção regional."[8]

Pretende-se, assim, que esta estrutura não só colabore e promova a articulação técnica de outros serviços nas várias fases do planeamento da respectiva região como ainda que acompanhe a sua execução.

Por associação de distritos, inicialmente, formaram-se quatro regiões, no continente; Norte, Centro, Lisboa e Sul.

De salientar nesta divisão que cada uma das regiões era composta por duas sub-regiões. A região Norte, Centro e Lisboa desdobravam-se, cada uma delas, em sub-região do litoral e sub-região do interior. A região do Sul compreendia a sub-região do Alentejo e a sub-região do Algarve. O que nos leva a concluir que esta divisão territorial do continente apresentava oito regiões, ou seja em número e com delimitação idêntica às regiões administrativas previstas na Lei 19/98, de 28 de Abril.

Depois, aquela delimitação foi corrigida e ajustada de forma a espelhar melhor a realidade económica e social, coisa que os distritos não satisfazem, e criada a Região do Algarve.

A estas entidades era, de início, pedido sobretudo um *"papel de órgão de estudo e observação das realidades regionais e de difusores de uma visão horizontal das políticas definidas sectorialmente no Plano"*[9].

Estas estruturas chegaram a 1974 com uma organização recomendável e com excelentes quadros técnicos, conhecedores das suas regiões e aptos a contribuírem para uma transformação e criação de uma administração regional. De acordo com o 1.º Livro Branco da Regionalização, a

---

[8] Artigo 4.º do Decreto-Lei n.º 48.905, de 11 de Março de 1969.
[9] MARTINS, G. Câncio, "A Regionalização, o Planeamento Regional e Urbano e a Dimensão Europeia", in *Regionalização e Desenvolvimento*, (1996), p.107.

CRP, sobre as regiões administrativas, foi inspirada por trabalhos e relatórios produzidos pelas pessoas e pelas equipas que representavam essa *"cultura regional"*.

Em 1974 estas Comissões de Planeamento Regional (CPR) são integradas no Ministério da Administração Interna (MAI) e procedeu-se à criação da Direcção Geral da Administração Regional e Local (DGARL).

A opção de colocar as CPR do MAI passou pelas preocupações políticas da época de se instituir um nível regional de administração que faria a ponte entre o poder central e o poder local, contribuindo para a democratização do aparelho do Estado. Estas entidades poderiam ser o embrião da administração regional.

Surgem também os Gabinetes de Apoio Técnico (GAT)[10]. Primeiro sem existência jurídica reconhecida, surgem depois formalmente instituídos face à aprovação da Lei das Finanças Locais, Lei n.º 1/79[11] que alargou a esfera de acção das autarquias, criando-lhes uma série de novos desafios. Este novo quadro de descentralização,

"vai colocar os órgãos do poder local, tão carecidos de meios técnicos, perante novos e complexos problemas de contabilidade e gestão, e ainda perante a responsabilidade de opções fundamentais na afectação de recursos relativamente vastos ao desenvolvimento económico e social das respectivas zonas"[12].

Estruturas do poder central com funções de apoio técnico aos municípios, vieram estes gabinetes suprir algumas lacunas do poder local em termos de capacidade técnica de projecto e, mais tarde, vieram a

---

[10] Por decisão de 1976 estabeleceram-se 49 agrupamentos de municípios, cada um deles com o seu GAT.

[11] Primeira Lei das Finanças Locais, que consagrou definitivamente, o princípio constitucional da descentralização administrativa, designadamente, quanto à justa repartição dos recursos públicos e ao objectivo de correcção de desigualdades entre autarquias do mesmo grau. Esta Lei representa um marco fundamental para consolidação das estruturas do poder local em Portugal.

[12] Preâmbulo do Decreto-Lei n.º 58/79, de 29 de Março.

contribuir para uma capacidade de planeamento urbano local e supramunicipal. Estas entidades, foram especialmente importantes nas zonas menos desenvolvidas do País.

À medida que o poder local se fortalecia, as CPR conheciam também algumas transformações. Lembremo-nos que a actuação dos municípios e a sua importância na vida local das populações, sofre a partir do 25 de Abril, uma enorme transformação. Inicia-se um processo de descentralização para os municípios que é necessário acompanhar, coordenar e avaliar. Muitos dos municípios não tinham organização nem recursos humanos que se aproximassem das necessidades ideais para cumprirem com o mínimo de qualidade e eficácia as solicitações a que eram sujeitos.

Em 1979 é criado um órgão de controlo político – o Conselho Consultivo – em que tinham assento os representantes eleitos dos agrupamentos de municípios[13]. Existe também um Conselho Coordenador. Foi nestes Conselhos que se fizeram muitas negociações; se estabeleceram redes de cooperação local, quer internas quer externas; que os autarcas foram conhecendo os problemas dos municípios vizinhos e aprenderam a compatibilizar as suas acções com interesses supramunicipais.

Assim, para que se fosse preparando o caminho para a descentralização de novas e mais exigentes atribuições para os municípios, foi-se reforçando o poder destas estruturas regionais e, ao mesmo tempo, criando condições que permitissem desconcentrar o sistema da administração pública. Exemplo desta vontade é o Decreto-Lei n.º 494/79, de 21 de Dezembro, ao criar as Comissões de Coordenação Regional (CCR), como órgãos externos do MAI e concedendo-lhes autonomia administrativa e financeira. As CCRs são então instituídas como órgãos periféricos da administração central para assegurarem, a nível técnico, as relações entre esta e os órgãos do poder local. Ao longo dos anos, estas estruturas da administração periférica do Estado, vão ganhando em poder e em prestígio ao ponto de, quando comparada a sua evolução com a evolução do

---

[13] De acordo com o artigo 7ª do Decreto-Lei 58/79, de 29 de Março.

poder local, levar Valente de Oliveira a afirmar que *"têm capacidade de influência a mais e legitimidade a menos"*[14].

A adesão de Portugal à Comunidade Europeia é outro marco importante para estas estruturas administrativas que desempenharam um papel de relevo na gestão dos Fundos Comunitários.

Refira-se que os tratados que instituíram a CEE não previam políticas de desenvolvimento regional, o que se compreende dado que, por um lado, existia um certo equilíbrio entre os Estados que a compunham e, por outro, acreditava-se *"... que o livre jogo das leis da oferta e da procura conduziria ao estabelecimento do equilíbrio regional."*[15] Só nos anos setenta, à medida que o espaço comunitário foi alargando, é que surgiu uma Política Regional Europeia com a criação do FEDER[16], fruto de pressões políticas e também de opiniões vindas do meio científico que alertavam para o facto de que

"a correcção de assimetrias regionais não é automática num processo de integração, antes tem que resultar de políticas convergentes, comunitárias, estatais, regionais e locais dirigidas para esse fim."[17]

A integração económica, pela sua abolição das restrições ao comércio e à mobilidade dos factores, promove o crescimento económico ao criar economias de escala, novas oportunidades e maiores mercados. Mas, muitos dos que se preocupam com o desenvolvimento regional alertam, como nos diz Simões Lopes, *"... para o facto de ser elevada a probabili-*

---

[14] OLIVEIRA, Luís Valente (1997), *Novas Considerações sobre a Regionalização*, p. 25.

[15] ALVES, Jorge de Jesus Ferreira (1993), *Lições de Direito Comunitário, III Volume*, p. 81.

[16] O Fundo Europeu de Desenvolvimento Regional foi criado em 1975, curiosamente, com o objectivo de contrabalançar as incidências regionais negativas resultantes do livre jogo das forças de mercado.

[17] SÁ, Luís (1994), *As Regiões, a Europa e a «Coesão Económica e Social»*, p. 59.

dade de os desequilíbrios regionais aumentarem com a integração económica."[18]

Assim, partir da década de oitenta, com a adesão à Comunidade Europeia, a política de planeamento e desenvolvimento regional no nosso país, passa a contar com uma nova dimensão: a dimensão Europeia.

Em termos institucionais, é criado o Ministério do Planeamento e da Administração do Território (MPAT). As CCRs, que representam a administração central nas tarefas de planeamento e gestão do território, passam do MAI para o MPAT.

Para Elisa Ferreira, as funções e competências destas entidades têm sido alvo de avanços e recuos. Vejamos.

"Já tiveram competências em ciência e tecnologia, em ambiente, retiraram as de ambiente, depois reintegraram o ambiente; tiveram o ordenamento, posteriormente retiraram o ordenamento, para logo a seguir o reintegrarem; oscilam entre as funções de coordenação de todos os delegados sectoriais regionais e a mera função de apoio técnico às autarquias.... Entre zero e infinito tudo é possível, oscilando entre as concepções em que se valoriza a articulação de políticas sobre o espaço regional e aquelas em que se ignora o espaço e se reforçam os laços de todos os sectores ao nível central."[19]

---

[18] LOPES, A. Simões (1995), *Desenvolvimento Regional: problemática, teoria e modelos*, p. 375.

[19] FERREIRA, Elisa, "Desorganização Territorial Disfarçada de Descentralização", Intervenção no Debate "Descentralizar. Regionalizar. Desconcentrar. Como Fazer?". Lisboa, 9 de Julho de 2003. Consulta em 10.10.2003 ao texto disponível em http://www.margemesquerda.org/egf.htm.

Figura 14 – Mapa com as cinco regiões correspondentes às CCR

Fonte: http://www.europa.eu.int/abc/maps/members/port_pt.htm

A adesão de Portugal à Comunidade Europeia dá-se quase em simultâneo com a Reforma dos Fundos Estruturais[20][21]. Reforma que vem tentar combater o fosso, que cada vez é maior, entre os países ricos e os países pobres da Comunidade. Era a Europa de duas velocidades.

Assim, além da duplicação do montante dos Fundos Estruturais, a política regional da Comunidade procura, nomeadamente, acentuar a concentração e a coordenação dos instrumentos financeiros existentes, atingir uma maior coerência e entrosamento entre as políticas comunitárias e nacionais e reforçar não só a eficácia da gestão dos Fundos através da programação plurianual e da descentralização como também a simplificação dos procedimentos administrativos e de decisão.

A partir daqui o papel da Comissão é reforçado, dado que além da duplicação dos recursos, passa-se para uma lógica de co-financiamento de políticas. Esta maior iniciativa da Comissão implica uma descentralização da execução para os Estados membros. Esta descentralização, nos casos dos países da Coesão, não era para se limitar apenas à administração central. Na lógica da Comunidade deveria estender-se a níveis regionais. Este aspecto é importante dado que, pela concentração dos recursos em menor número de objectivos[22], das áreas elegíveis[23] e dos sectores a apoiar, era

---

[20] O tratado de adesão de Portugal às Comunidades entrou em vigor em 1.01.1986. A Reforma dos Fundos Estruturais verificou-se em Fevereiro de 1988.

[21] Os principais Fundos com finalidades estruturais que concorrem para a promoção da coesão económica, social e territorial são: O Fundo Europeu de Orientação e de Garantia Agrícola, secção "Orientação" (FEOGA-O), o Fundo Social Europeu (FSE), e o Fundo Europeu de Desenvolvimento Regional (FEDER). O FEDER tem por objectivo *"contribuir para a correcção dos principais desequilíbrios regionais na Comunidade através de uma participação no desenvolvimento e no ajustamento estrutural das regiões menos desenvolvidas e na reconversão das regiões industriais em declínio"*, cfr. Artigo 160º do Tratado que institui a Comunidade Europeia. A par destes, existe ainda o Fundo de Coesão, que visa contribuir *"financeiramente para a realização de projectos nos domínios do ambiente e das redes transeuropeias em matéria de infra-estruturas de transportes"*, cfr. Artigo 161º, nº2, do Tratado que institui a Comunidade Europeia.

[22] Cinco objectivos prioritários: o desenvolvimento e o ajustamento estrutural das regiões menos desenvolvidas; a reconversão das regiões industriais em declínio; a luta contra o desemprego de longa duração; facilitar a inserção profissional dos jovens; e a adaptação das estruturas agrícolas e promover o desenvolvimento das zonas rurais.

importante que houvesse uma coordenação e integração das políticas, e respectivos programas e acções, capaz de assegurar efeitos cumulativos e de sinergia. Esta coordenação e integração teriam, então, vantagem em ser realizada por entidades politicamente responsáveis perante as populações regionais.

Conforme sugeria o Comissário Millan, só executa bem quem está interessado no que está a fazer e só se interessam aqueles que participam na definição do que fazem.

As relações entre a Comissão e Portugal deveriam, então, ter saído do âmbito da Administração Central, e sido criadas condições para que aparecesse uma administração regional eleita como interlocutora? Essa não foi, no entanto, a opção.

Por outro lado, considerando os elevados montantes em causa destes fundos estruturais, qualquer alteração à organização administrativa do país teria que ter em conta os critérios subjacentes à atribuição e distribuição dos referidos fundos. Este era mais um problema a juntar a tantos outros numa delimitação de regiões.

4.3. Consagração na CRP das regiões administrativas como autarquias locais

A Administração Pública, de acordo a CRP[24], *será estruturada de modo a evitar a burocratização, a aproximar os serviços das populações e a assegurar a participação dos interessados na sua gestão efectiva.* Para esse efeito, serão estabelecidas *"adequadas formas de descentralização e desconcentração administrativa"*[25].

---

[23] Adoptados critérios para a determinação das áreas elegíveis de acordo com as NUTS II e III.
[24] Cfr. n.º 1 do artigo 267.º
[25] Cfr. n.º 2 do artigo 267º da CRP.

Assim, de forma programática, surgem na CRP uma série de conceitos da maior importância, motivo pelo qual não podem ser ignorados. Temos que ter presente que a Administração Pública, utilizando os institutos da descentralização e da desconcentração, deve:

- Evitar a burocratização,
- Aproximar os serviços das populações, e
- Assegurar a participação dos interessados na sua gestão.

E, nesse sentido, "*a organização democrática do Estado compreende a existência de autarquias locais*"[26], definindo a CRP, para o continente, como categorias de autarquias locais: as freguesias, os municípios e as regiões administrativas. As regiões administrativas aparecem no Título VIII da CRP sob a epígrafe de *Poder Local*. A própria CRP define as autarquias locais como *pessoas colectivas territoriais dotadas de órgão representativos, que visam a prossecução de interesses próprios das populações respectivas*.

Importa sublinhar nesta definição três elementos[27] por serem relevantes para a caracterização das autarquias locais em geral. O que significa que são relevantes para a caracterização das regiões administrativas. Caracterização que teremos de fazer aqui.

Diremos então que, de acordo com esta definição, as autarquias locais são: pessoas colectivas públicas; pessoas colectivas associativas e pessoas colectivas de base territorial.

A Administração Pública, para o desempenho das suas funções, aparece organizada, internamente, em diversas pessoas colectivas de direito público. Além do Estado, e, no que poderíamos chamar de uma relação de dependência decrescente, em relação a esse mesmo Estado, temos os institutos públicos, as empresas públicas, as associações públicas, as autarquias locais e as regiões autónomas.

---

[26] Artigo 237.º n.º 1 da CRP de 1976, hoje artigo 235.º
[27] REBELO DE SOUSA, Marcelo (1999), *Lições de Direito Administrativo*, pp. 324-325.

Se, no princípio, além do Estado, apenas contavam como entidades públicas as colectividades públicas territoriais, hoje, como refere Vital Moreira, já não é assim, *"a noção de pessoa colectiva de direito público perdeu a capacidade para arrumar todas as diversas manifestações organizatórias da Administração Pública"*[28]. Tal foi a evolução de toda a Administração Pública, seja no sentido da diversificação das formas como na diversificação dos comportamentos.

Não se justificando aprofundar aqui o conceito de pessoas colectivas públicas, diremos que as autarquias locais o são desde logo pela sua inserção no texto constitucional, o que faz com que obrigatoriamente participem na função administrativa. Mas, a CRP dá-lhes um relevo maior ao enunciar que *"a organização democrática do Estado compreende a existência de autarquias locais"*[29].

Para Rebelo de Sousa, as autarquias locais

*"são pessoas colectivas associativas, o que se infere da relevância dos interesses próprios das populações respectivas "..."
e se projecta na representatividade dos órgãos, ou seja, na electividade dos respectivos titulares..."*[30].

Fundamenta o autor esta classificação no n.º 2 do artigo 235.º da CRP. Esta é, no entanto, uma classificação que não é acompanhada por outros autores.

É a própria CRP que define as autarquias locais como pessoas colectivas territoriais. São entidades dotadas de órgãos representativos que

---

[28] MOREIRA, Vital (1997), *Administração Autónoma e Associações Públicas*, p. 259.
[29] CRP, artigo 235.º n.º 1. De acordo com GOMES CANOTILHO, J. J. & MOREIRA, Vital (1993), *Constituição da República Portuguesa*, p. 881, *"a autonomia local é, juntamente com a autonomia regional, um dos princípios constitucionais, fundamentais em matéria de organização descentralizada do Estado"*.
[30] REBELO DE SOUSA, Marcelo (1999), *Lições de Direito Administrativo*, p. 324.

visam a prossecução de interesses próprios das populações respectivas, com atribuições, organização e competências dos órgãos reguladas por lei de acordo com o princípio da descentralização.

Esta ideia da prossecução dos interesses próprios das populações respectivas subjacente à clássica divisão de atribuições entre as autarquias locais e o Estado, tem vindo a ser ultrapassada pela necessidade de, em muitos casos, se impor a cooperação entre as autarquias locais e o Estado. O critério do interesse local ou nacional, que por vezes é difícil de avaliar, cede lugar a critérios de eficiência e eficácia de acção.

Importante e significativo é o facto de determinado território servir de baliza à eficácia dos actos dos órgãos autárquicos, ao mesmo tempo que os cidadãos que aí residem *"são titulares de situações jurídicas passivas"*[31].

As regiões, no nosso quadro constitucional, são autarquias locais. No entanto não é assim em muitos outros países. Para Freitas do Amaral, a inclusão das regiões administrativas no Título VIII da CRP, reservado ao poder local, ter-se-á verificado para que se evitassem

> *"quaisquer veleidades de estas, uma vez instituídas, virem a querer ter um estatuto legal e um protagonismo político semelhante aos das regiões autónomas dos Açores e da Madeira"*[32].

Com a criação das regiões administrativas não se pretendia colocar em risco a coesão nacional. Pelo contrário, o objectivo era e continua a ser o reforço da coesão nacional conseguido através de um desenvolvimento integrado do continente, num quadro em que as regiões detêm como missão a prossecução de interesses próprios das populações respectivas.

Apesar de haver, da parte de alguns, a tendência em não reconhecer as diferenças que separam as regiões administrativas (regiões do conti-

---

[31] REBELO DE SOUSA, Marcelo (1999), *Lições de Direito Administrativo*, p. 325.

[32] AMARAL, Diogo Freitas (2002), *Curso de Direito Administrativo*, p. 532.

nente) das regiões políticas (regiões autónomas), Luís Sá[33] entende que não se deve renunciar a essa distinção, lembrando que esta tem mesmo consagração constitucional.

Desde logo é de notar que a CRP reconhece a existência das regiões administrativas, assim como reconhece a existência dos municípios e das freguesias, considerando estas três entidades como autarquias locais.

As regiões autónomas e o respectivo regime político-administrativo constituem um Título próprio na CRP. Estas gozam de autonomia política-administrativa que lhes permite legislar sobre as matérias de interesse específico das respectivas regiões, ainda que com respeito pelos princípios fundamentais das leis gerais da República.

Em relação às regiões administrativas, a CRP consagra, nomeadamente, que a estas são conferidas atribuições que passam pela "...*coordenação e apoio à acção dos municípios no respeito da autonomia destes...*"[34], enquanto que, para as regiões autónomas, a mesma CRP consagra que estas vão "*exercer poder de tutela sobre as autarquias locais*"[35].

Apesar de haver autores que, no campo dos poderes tributários, se pronunciam no sentido de que "*nada impede que se aplique aos municípios o procedimento que tem sido seguido quanto aos poderes tributários das Regiões Autónomas*"[36], podemos afirmar que há uma clara distinção de poderes e de funções que a CRP destina às regiões administrativas e às regiões autónomas.

---

[33] SÁ, Luís, "Modelos Políticos de Regionalização: Sobre os Modelos para Portugal" In *Regionalização e Desenvolvimento*, (1996), pp. 30-31. Este autor fala-nos do aparecimento de teses que põem em causa a possibilidade de separar regiões políticas e regiões administrativas.
[34] Cfr. art.º 257.º da CRP.
[35] Cfr. art.º 227.º n.º 1 alínea m) da CRP.
[36] SANCHES, José Luís Saldanha, "Poderes Tributários do Municípios e Legislação Ordinária", in *Fiscalidade,* (2001), p. 118. Admitimos nós que, na lógica de Saldanha Sanches, se o procedimento das Regiões Autónomas pode ser aplicado aos municípios, mais depressa o poderá ser, então, às regiões administrativas.

4.3.1 Que atribuições?

A organização político-administrativa do Estado, na qual surgem diferentes níveis de "governo", pressupõe que a cada um desses níveis se atribuam as respectivas funções. Convém que estas funções estejam distribuídas de forma clara e sem sobreposições para se evitarem conflitos de competências entre os diversos níveis. Da redistribuição das atribuições, num quadro de regionalização e por via do aumento da autonomia das entidades regionais, resultará um reforço das competências exercidas a nível regional. Assim, teremos também que contar com a necessidade de uma boa articulação e coordenação entre a administração central e a administração regional, naquelas funções em que ambas têm de cooperar.

Esta correcta e objectiva distribuição de funções pelos diferentes níveis é, também, fundamental para a definição do que deverá ser o quadro financeiro do respectivo nível de "governo". Quadro financeiro quanto ao volume e quanto às modalidades de financiamento.

Sabemos que a diversidade cultural e os diferentes estádios de desenvolvimento das comunidades influenciam a procura, o gosto e a preferência de bens. Assim, os serviços a oferecer por um determinado "governo" deverão ser diversos dos serviços oferecidos pelo "governo" de outra comunidade que esteja noutro estádio de desenvolvimento.

Por outro lado, há bens e serviços cuja utilidade chega a todo o território nacional, como é o caso da defesa, da investigação ou das relações internacionais, ao passo que há outros bens e serviços, também fornecidos pela Administração Pública, que apenas vão beneficiar um grupo mais reduzido de cidadãos. Um centro de saúde, uma escola do ensino básico ou um porto fluvial exemplificam o tipo de bens e serviços que vão beneficiar um grupo menor de cidadãos. De acordo com o princípio da perfeita correspondência, deveria haver um nível de governo para a promoção de cada tipo de bens e serviços de acordo com o seu grau de influência no território. Assim, o Estado devia distribuir por entidades intermédias como as regiões e os municípios as diversas funções.

Não há soluções universais. Os limites de competências e atribuições entre o poder Central, Regional e Local, têm de ser fruto de

um grande trabalho de discussão, concertação e cooperação entre os diferentes poderes e feito num plano de igualdade[37].
Vejamos, de acordo com o artigo 17.º da LQRA,

"... no respeito da aplicação do princípio da subsidiariedade, as regiões administrativas detêm, no âmbito da respectiva área territorial, atribuições nos seguintes domínios:
(...)
e) educação e formação profissional;... ".

Pegando neste exemplo, a educação, perguntamos – a quem cabe promover esta competência? Antes de responder, teremos que analisar devidamente o que é a competência "educação". Assim, poderemos proceder à sua divisão em:

- Ensino Superior;
- Ensino Secundário;
- Ensino Básico; e
- Pré-escolar.

Apresentando a educação com esta divisão, já seríamos tentados a distribuir estas competências pelos diversos níveis de Poder. Mas, apontar o ensino básico e o pré-escolar como competência municipal não seria suficiente. Não nos podemos esquecer que, em simultâneo, seria necessário esclarecer, nomeadamente, quem é que detém, constrói, financia e gere os estabelecimentos escolares; quem é que define os currículos; qual o estatuto do pessoal docente e do pessoal auxiliar e quem paga a estes funcionários.

---

[37] Os municípios e as regiões administrativas, como autarquias que são, têm na CRP uma natureza política que se reflecte na designação Poder Local. São entidades autónomas, o que queremos dizer é que estas entidades não poderão ser tidas como parte ou prolongamento do Poder Central numa discussão sobre a delimitação de atribuições.

A mesma dissecação tem de ser efectuada para as outras atribuições, construindo aquilo a que António Dray chama *"Matriz de Delimitação Vertical de Competências entre o Poder Central e Local"*[38]. Freitas do Amaral, diz-nos que as regiões

"visam a prossecução daqueles interesses próprios das respectivas populações que a lei considere serem mais bem geridas em áreas intermédias entre o escalão nacional e o escalão municipal."[39]

De acordo com este autor, serão de confiar às regiões os interesses públicos cujo nível óptimo de decisão seja o nível regional, numa clara alusão ao princípio da eficácia em conjugação com o princípio da subsidiariedade.

Seguindo a proposta apresentada por Paulo Pinho[40], elaboramos um quadro[41] com a distribuição de competências que ilustra o que poderá ser o quadro geral de redistribuição de competências, na área do ambiente[42], após um processo de descentralização.

Quanto à distribuição de funções pelos Municípios, pode-se dizer que a tarefa tem vindo a ser aprofundada e, de um modo geral, com desempenhos eficientes por parte destes.

Mas, a criação das regiões administrativas só se concretiza, com êxito, se houver consenso quanto a um conjunto de atribuições a serem prosseguidas por estas entidades.

---

[38] DRAY, António (1995), *O Desafio da Qualidade na Administração Pública*, p. 262.
[39] AMARAL, Diogo Freitas (2002), *Curso de Direito Administrativo*, pp. 531-532.
[40] PINHO, Paulo (1998), *Regionalização e Ambiente*, pp. 73-75.
[41] In anexo I.
[42] Este é um domínio que em termos de sensibilização e de preocupação mais atenção tem despertado, em especial nas novas gerações, o que associado ao facto de muitos dos problemas que se colocam estarem ligados ao próprio território, torna-o uma área onde a responsabilidade regional pode crescer.

Como refere Duarte Lynce de Faria,

"... *Torna-se indispensável definir, com maior precisão ou «densificação», as atribuições das regiões que hipoteticamente possam a vir a ser criadas e, sobretudo, as competências dos seus órgãos...* "[43].

Impõe-se, então, que os defensores da regionalização apresentem, pelo menos, um conjunto de princípios que balizarão a transferência de atribuições para as regiões administrativas. Princípios que em simultâneo justificarão, também, uma adequada descentralização financeira. Tendo sempre presente os objectivos a atingir com esta reforma.
Vejamos, então, alguns destes princípios.

4.3.1.1. Princípio da Subsidiariedade

Um princípio com origem na antiguidade clássica e com bastante difusão pela doutrina social da Igreja[44], manda que as entidades superiores só devem intervir se se verificar a incapacidade de uma entidade inferior em atingir eficazmente o objectivo em causa.
É um princípio com preocupações humanistas que visa reforçar a autonomia do indivíduo e das comunidades, face a intervenções

---

[43] FARIA, Duarte Lynce (1996), *Regionalizar, o Referendo do Portugal Esquecido – Ensaio Sobre as Perspectivas de Desenvolvimento Regional e os Factores de Delimitação*, p. 150.

[44] Por exemplo, na *Carta Encíclica* de João Paulo II "*Centesimus Annus*", quando crítica o excesso do Estado assistencial como meio de auxiliar os mais carenciados e defende que é na esfera do pequeno grupo que a solidariedade é mais eficaz. "*De facto, parece conhecer melhor a necessidade e ser mais capaz de satisfazê-la quem a ela está mais vizinho e vai ao encontro do necessitado*", Ano Centenário (1991), p. 79. Este é um princípio que já estava presente na *Encíclica Rerum Novarum*, de Leão XIII e na Encíclica de Pio XI, *Quadragesimo Anno*, aqui com a categoria de «solene princípio da Filosofia Social».

desnecessárias de organismos de nível de poder mais elevado. Muitas vezes as necessidades não são satisfeitas pela simples disponibilização de recursos materiais. Mais do que uma atitude paternalista impõe-se, em determinados casos, uma atitude de delegação, acompanhamento e responsabilização.

De acordo com este princípio, *"todas as atribuições de um país deverão ser prosseguidas pela entidade mais pequena e mais próxima do indivíduo que consiga eficazmente realizá-las"*[45].

Ou dito de outro modo, o que pode ser feito pelo cidadão, não deve fazê-lo o município; o que pode fazer o município, não deve sobrar para a região; o que pode fazer a região, deve ser por ela realizado e não pelo Estado; o que pode ser feito pelo Estado, não deve ser uma organização internacional a fazê-lo.

O princípio de subsidiariedade implica, assim, que as autoridades públicas não devem agir quando essa acção possa ser realizada de forma adequada e eficaz pelos cidadãos.

De acordo com este princípio, qualquer função deve ser gerida e executada ao nível mais baixo das diferentes escalas sócio políticas a que pode sê-lo, mas, sem perder eficácia. Assim, qualquer processo de distribuição de atribuições terá que ter em conta *"a eficácia da acção das entidades menores"*[46], eficácia que representa em si um limite ao princípio da subsidiariedade.

Para Fernanda Paula Oliveira,

"trata-se de um princípio que é corolário dos princípios da descentralização e da desconcentração administrativas, da desburocratização, da aproximação dos serviços às populações, mas sem esquecer a necessária eficácia de acção..."[47].

---

[45] MARK KIRKBY, "O Processo de Regionalização" in *Finisterra*, (1998), p. 94.
[46] MARK KIRKBY, "O Processo de Regionalização" in *Finisterra*, (1998), p. 96.
[47] OLIVEIRA, Fernanda Paula, "Uma breve aproximação à noção de Ordenamento do Território", in *Revista de Administração e Políticas Públicas*, (2001), pp. 149-150.

A razão deste princípio, no entanto, não se fica apenas pela maior eficácia ou eficiência que assim se alcança, ou se procura alcançar, embora essa particularidade seja, de facto, muito importante. Para José Manuel Moreira:

"A principal razão é que a actuação meramente subsidiária respeita mais a dignidade da pessoa humana do que o intervencionismo, já que este trata as pessoas (e as suas associações voluntárias) como seres incapazes de definir os seus próprios fins vitais"[48].

Este é um dos princípios que informam os Tratados que instituem a Comunidade Europeia[49] e a União Europeia[50] de modo a que as decisões sejam tomadas no nível mais próximo possível dos cidadãos. Está presente no espírito dos tratados, com relevo a partir do Acto Único Europeu[51] mas, ainda *"sem que a palavra subsidiariedade seja pronunciada"*[52] e expressamente a partir de Maastricht.

---

[48] MOREIRA, José Manuel (2002), *Ética, Democracia e Estado*, p. 142.

[49] Tratado de Roma, feito em Março de 1957, no artigo 3-B, (introduzido pelo tratado de Maastricht), *"Nos domínios que não sejam das suas atribuições exclusivas, a Comunidade intervém apenas, de acordo com o princípio da subsidiariedade, se e na medida em que os objectivos da acção encarada não possam ser suficientemente realizados pelos Estados-membros, e possam, pois, devido à dimensão ou aos efeitos da acção prevista, ser melhor alcançados ao nível comunitário"*.

[50] Cfr. Tratado de Maastricht, feito em Fevereiro de 1992, no artigo A, *"... no processo de criação de um união cada vez mais estreita entre os povos da Europa, em que as decisões serão tomadas ao nível mais próximo possível dos cidadãos."*

[51] Cfr. artigo 130.º-R, *"A Comunidade age em matéria de ambiente na medida em que os objectivos (...) possam ser melhor realizados a nível comunitário do que a nível dos Estados-membros, considerados isoladamente."* O Acto Único Europeu introduziu algumas alterações nas disposições do Tratado de Roma, assim como aditou novos preceitos como sucedeu em matéria ambiental (artigos 130.º-R; 130.º-S e 130.º-T). Tratou-se, neste último caso, de um passo verdadeiramente significativo uma vez que até então não existiam disposições a regular expressamente o ambiente.

[52] RAOUX, Alain & TERRENOIRE, Alain (1993), *A Europa e Maastricht Guia - Prático para a Europa de 93*, p. 263.

Na preparação da Conferência Intergovernamental de 1996 e do Tratado de Amesterdão (1997), o Comité das Regiões expressou a necessidade de incluir mecanismos de participação das regiões e dos municípios nos processos decisórios da Europa, o que implica a evolução do seu próprio estatuto e também as modalidades de aplicação do princípio de subsidiariedade.

Princípio cuja terminologia entrou assim, recentemente, no vocabulário do europeu comum. Apesar de o conceito ser antigo, tem a sua maior dificuldade na fixação dos limites de competências de uns e de outros, pois a apreciação destes limites varia de país para país e evolui no tempo.

Na nossa Constituição53, este princípio acompanha o regime autonómico e insular e os princípios da autonomia das autarquias locais e da descentralização da administração pública, no contraponto à ideia de Estado unitário. Princípios que este tem de respeitar na sua organização e funcionamento.

No seu significado histórico-político, é visto como um princípio regulador do federalismo. Influenciou a formação do estado alemão (o poder deve ser exercido pela instância inferior do sistema político) e, já antes, a Constituição americana, (Emenda 10)54, na qual se garante aos estados todas as competências não outorgadas especificamente ao governo federal.

Para João Caupers, a conjugação do princípio da subsidiariedade, com o princípio da descentralização administrativa,

---

[53] Cfr. Artigo 6.º da CRP. Princípio introduzido neste artigo pela quarta revisão constitucional, Lei Constitucional n.º 1/97, de 20 de Setembro. Este princípio já tinha acolhimento da nossa CRP, desde 1992, no âmbito das relações com a EU, como se pode inferir do n.º 6 do artigo 7.º. *("Portugal pode (...) com respeito pelo princípio da subsidiariedade (...) convencionar o exercício em comum dos poderes necessários à construção da união europeia."*

[54] *"The powers not delegated to the United States by the Constitution, nor prohibited by it to the states, are reserved to the states respectively, or to the people."* Consulta em http://www.law.cor-nell.edu/constitution/constitution.overview.html.

"... impõe uma criteriosa e descomplexada escolha do centro de decisão mais adequado à prossecução de cada interesse público, titulando nele a correspondente atribuição."[55]

Assim, para o Estado e fazendo apelo a critérios de eficácia, só deve ficar aquilo para que não sejam ou não estejam aptas as colectividades territoriais, transferindo para estas a gestão de todos os interesses que sejam melhor prosseguidos neste nível administrativo, tendo em conta a amplitude e a natureza da tarefa, independentemente de se tratar de interesses específicos destas entidades.

De acordo com este princípio, a estruturação do Estado deve ser feita a partir das bases, "... *isto é, a partir das comunidades inferiores que integra e do seu funcionamento autónomo, em cumprimento das finalidades naturais que correspondem a cada uma delas.*"[56]

4.3.1.2. Princípio da igualdade

Ao invocarmos aqui o princípio da igualdade estamos a pensar na criação de formas de acesso dos cidadãos aos bens e serviços fornecidos pela administração pública, em condições gerais de igualdade.

Considerando que o desenvolvimento se traduz *"em quadros de vida evoluídos"* e que *"o desenvolvimento tem que ver com as pessoas"*, é necessário ter em conta as questões da localização das actividades e dos serviços, de modo que tenhamos *"disponibilidade de bens e serviços básicos em condições de acesso (não apenas físico, mas também físico) para todos os indivíduos, onde quer que vivam..."*[57].

---

[55] CAUPERS, João, "Dos Argumentos Contra a Regionalização ao Modo de a Fazer", in António Barreto (org.), *Regionalização Sim ou Não*, (1998), p. 155.

[56] AMARAL, Carlos Eduardo Pacheco (1998), *Do Estado Soberano ao Estado das Autonomias. Regionalismo, subsidiariedade e autonomia para uma nova ideia de Estado*, p. 296.

[57] LOPES, A. Simões (1995), *Desenvolvimento Regional: problemática, teoria e modelos*, p. 18.

Sabemos que hoje a estruturação dos serviços da administração pública obedece a diversos condicionantes sócio económicos, obrigada que está a rentabilizar ao máximo a sua actividade. Assim, os diversos factores demográficos são peças chave para a organização da administração pública. Se a população é predominantemente jovem, em determinada área territorial, os serviços procurados são diversos dos procurados em outra área territorial em que a população é essencialmente envelhecida.

Mas, fundamental, é a sua distribuição pelo território. Se há uma distribuição da população, digamos regular, o planeamento e a organização administrativa são tarefas facilitadas. Se pelo contrário, há uma distribuição irregular, como acontece com Portugal, com áreas, por um lado, demograficamente desertificadas, e por outro lado, com áreas com grandes concentrações de população, a gestão dos bens e serviços fornecidos pela administração pública torna-se uma tarefa difícil, senão impossível, de realizar em respeito pelo princípio da igualdade, constrangida que está por princípios de racionalidade económica.

Também sabemos que os serviços da administração pública se distribuem pelo território, de acordo com a pujança económica das respectivas áreas territoriais. Assim, quanto maior for a actividade económica, maior será a cobertura por serviços da administração pública. Esta tem sido a lógica. Mais actividade económica, mais serviços públicos. Mais serviços públicos que, por sua vez, atraem mais actividade económica. E assim, as regiões mais ricas e desenvolvidas afastam-se cada vez mais das regiões menos ricas.

Entendemos que é necessário, num quadro de definição de competências e distribuição de recursos, respeitando o princípio da democracia económica e social, impor o que Gomes Canotilho considera ser *"um dever de compensação positiva da desigualdade de oportunidades"*[58], de modo que o fosso que separa as regiões mais favorecidas das menos favorecidas não continue a aumentar.

---

[58] GOMES CANOTILHO, J. J. (1993), *Direito constitucional*, p. 480.

4.3.1.3. Princípio da solidariedade

Este é mais um princípio com uma consagração genérica na CRP, logo no artigo 1.º ao afirmar que *"Portugal é uma República soberana (...) empenhada na construção de uma sociedade livre, justa e solidária"*.

Dando voz a esta consagração genérica, o princípio da solidariedade, reflectir-se-á nas futuras regiões administrativas de modo a que se caminhe para uma correcção das desigualdades entre as autarquias do mesmo grau, o que forçosamente levará a que se proceda a uma partilha dos rendimentos com discriminações positivas, combatendo assim, as assimetrias regionais.

Esta solidariedade tem de ser intrínseca às relações institucionais, entre o Estado e as futuras regiões menos favorecidas, e inter-regiões, e não interpretada como uma esmola dada a essas regiões. E poderá sê-lo se consagrada, *ab initio,* no Estatuto da região administrativa carecida.

4.3.1.4. Princípio da parceria

Juntamente com o Projecto de Lei de criação das regiões administrativas, em 1996, foi apresentada uma proposta[59] de alteração da LQRA em que se acrescentava, nomeadamente, o princípio da parceria. Com este princípio pretende-se consagrar que

> *"as regiões realizam as suas atribuições pelo exercício autónomo das suas competências próprias, em parceria com os demais níveis de administração ou em colaboração com outras entidades públicas ou privadas mediante a realização de contratos-programa e demais modalidades contratuais admitidas na lei."*[60]

---

[59] Projecto de Lei do PS – alteração à LQRA.
[60] Projecto de Lei do PS de alteração da LQRA, artigo 9.º

Este princípio assume relevância, nomeadamente, em áreas em que há concorrência de atribuições entre vários níveis da administração pública e exige que diversas entidades, públicas ou privadas, colaborem umas com as outras, actuando de forma concertada.

4.3.2. Atribuições e competências das regiões administrativas

Para nós, regionalização significa um conjunto de medidas institucionais que, integradas num *processo evolutivo ao longo do tempo* e por recurso simultâneo a acções de descentralização e de desconcentração de funções, permitem contribuir para três objectivos:

- Atenuar os desequilíbrios regionais;
- Aumentar a eficácia e a eficiência da administração pública; e
- Assegurar a participação da população, (através de eleições, referendos,...).

Atenuar os desequilíbrios regionais, passa não só por resolver problemas urbanísticos, ambientais, de transportes, de integração dos mais jovens, de apoio aos idosos..., carências sentidas, nomeadamente, nas AMs de Lisboa e Porto, em grande parte fruto da pressão da migração do interior para estes espaços mas também por ajudar os municípios do interior a estancarem e a inverterem aquela migração criando com isso dimensão e massa critica.

A eficácia e a eficiência da administração pública sairão vencedoras com uma reforma que descentralize e desconcentre poderes, o que só com o processo de regionalização será possível. É, no entanto, necessário que seja acompanhada de uma reorganização da administração periférica do Estado que aproxime o maior número de serviços que operam no terreno de uma matriz de referência que no caso será a regional.

A participação dos interessados nas diversas decisões reforça a ligação entre o cidadão e o *governo*, conseguindo-se assim uma mais viva democracia. A participação do cidadão será mais intensa quanto mais próxima deste estiver a Administração. Proximidade "*... apreciada em termos de possibilidades de intervenção nas decisões e de influência, no* *sentido de as ajustar mais às circunstâncias em que os problemas se põem.*"[61]

Como tem vindo a ser referido, a regionalização prevista para o continente português passa pela criação de regiões administrativas, entidades classificadas pela CRP como autarquias locais. O que queremos dizer é que estas pessoas colectivas públicas terão funções administrativas e não funções políticas, ou seja, não deterão competências legislativas nem fiscais.

Assim, impõe-se que se faça a breve distinção entre função administrativa e função política, para uma melhor compreensão das atribuições que podem caber às regiões administrativas.

No entanto, a aplicação da distinção a efectuar terá sempre que ter presente que não existe dicotomia entre política e administração na governação autárquica. Estas duas actividades, independentemente do grau de desenvolvimento que a cada uma couber na respectiva autarquia, são inseparáveis. As autarquias locais são unidades político-administrativas com órgãos legitimamente eleitos para exercerem, autonomamente, os respectivos mandatos. Ou exercerem a governação[62], como é hodierno dizer.

A autonomia administrativa é um elemento fundamental da ideia de administração autónoma e significa a capacidade de praticar actos jurídicos definitivos e executórios. O que significa que esses actos ficam apenas sujeitos a um controlo judicial. Para Marcello Caetano

"a autonomia administrativa consistirá, pois, no poder conferido aos órgãos de uma pessoa colectiva de direito público de praticar actos administrativos definitivos, que serão executórios desde que obedeçam a todos os requisitos para tal efeito exigidos por lei."[63].

---

[61] OLIVEIRA, Luís Valente (1996), *Regionalização*, p. 16.

[62] O conceito de *"new public management"* que alguns acreditaram ser a alternativa ao modelo jurídico-formal das organizações burocráticas, é ultrapassado pelo conceito de *governação*, (*"governance"* ou *"governância"*), que se apoia mais na negociação e implica um processo de coordenação e de conciliação de múltiplos actores.

[63] CAETANO, Marcello, *Manual de Direito Administrativo,* (1990), p. 222.

Na função administrativa deve incluir-se "*a actividade de execução das leis prosseguida por iniciativa da administração e no âmbito de relações jurídicas em que a administração é titular de interesses diferentes da outra parte*"[64] e cujo objecto directo e imediato consiste na produção de bens ou na prestação de serviços destinados à satisfação quotidiana das necessidades colectivas.

Por outro lado, à função política reservam-se as grandes decisões de uma comunidade que, de forma organizada, delega nos seus governantes. Como ensina Sérvulo Correia:

"*a função política traduz-se numa actividade de ordem superior que tem por conteúdo a direcção suprema e geral do Estado, tendo por objectivos a definição dos fins últimos da comunidade e a coordenação das outras funções à luz deste fim.*"[65]

No exercício dos poderes políticos, através de decisões legislativas encontramos as funções relativas à definição do interesse público. Mas, a descentralização necessária para o exercício desta função política, apenas equivale a autonomia política-administrativa e não a soberania[66].

Opello, em marcante trabalho para a Sociologia Política do Poder Local em Portugal[67], ao examinar e ao relacionar o governo local e a cultura política de um concelho rural, nos anos a seguir ao 25 de Abril de 1974, com a sua autonomia, chega à conclusão que, fruto da dependência financeira, o processo de decisão surja como essencialmente administrativo. A relação que se estabelece entre munícipes e os eleitos locais não passa de uma relação de administrados / administradores, que fica bastante aquém de uma relação de cidadão / governante.

---

[64] SÉRVULO CORREIA, José Manuel (1982), Noções de Direito Administrativo, p. 29.

[65] SÉRVULO CORREIA, José Manuel (1982), *Noções de Direito Administrativo*, p. 29.

[66] Cfr. MIRANDA, Jorge (1994), *Manual de Direito Constitucional*, p. 177.

[67] OPELLO, Walter C. Jr. (1985), "Local Government and Political Culture" in *Portuguese Rural Country. Comparative Politics*, pp. 217-289.

Para este autor, é também relevante para o pouco desenvolvimento da cultura política, o facto de não haver tradição ou imposição de responsabilidade dos eleitos locais perante as assembleias municipais, donde a função política sair muito diminuída.

Freitas do Amaral, fazendo uma síntese sobre as diferenças entre as regiões do continente e as regiões autónomas insulares, afirma que

"as regiões administrativas são uma entidade administrativa, que exerce funções de auto-administração; enquanto as regiões autónomas insulares são uma entidade política, que exerce funções de auto-governo"[68]

Mas, pergunta-se: as regiões administrativas terão algum interesse ou servirão para muito se tiverem apenas competências administrativas, ou simplesmente executivas? A utilização destes termos na caracterização das regiões, administrativas e não políticas pode criar alguns mal entendidos. Concordamos totalmente com Daniel Bessa quando este afirma que,

"se vão existir, e quero que existam, quero-as políticas: com funções políticas, ainda que tão limitadas como as que respeitam à definição de uma estratégia de desenvolvimento, com implicações em domínios como as prioridades do investimento público ou a concepção de sistemas de incentivo ao investimento privado na Região"[69].

Advoga, assim, este professor que as matérias que actualmente estão no âmbito do PIDDAC e do QCA, não podem ser afastadas da decisão dos órgãos regionais. Estas são decisões políticas e não administrativas.

"Às regiões administrativas são conferidas, designadamente, a direcção de serviços públicos e tarefas de coordenação e apoio à

---

[68] AMARAL, Diogo Freitas (2002), *Curso de Direito Administrativo*, p. 534.
[69] BESSA, Daniel (1996), "Capital de queixa" in *Público*, p. 9.

acção dos municípios no respeito da autonomia destes e sem limitação dos respectivos poderes"[70].

As regiões administrativas, de acordo com o artigo 258.º da CRP, também, elaboram planos regionais e participam na elaboração dos planos nacionais. Por outro lado, a LQRA[71], no artigo 17.º, relativamente às atribuições destas entidades estabelece que:

> *"as regiões administrativas detêm, no âmbito da respectiva área territorial, atribuições nos seguintes domínios:*
> *a) Desenvolvimento económico e social;*
> *b) Ordenamento do território;*
> *c) Ambiente, conservação da natureza e recursos hídricos;*
> *d) Educação e formação profissional;*
> *e) Cultura e património histórico;*
> *f) Juventude, desporto e tempos livres;*
> *g) Turismo;*
> *h) Abastecimento público;*
> *i) Apoio às actividades produtivas;*
> *j) Apoio à acção dos municípios".*

A definição das atribuições foi um dos pontos críticos da discussão pública que antecedeu o referendo de 1998, sobre a regionalização do país.

Compreende-se que assim tenha sido, dado que este artigo 17.º se limita a enumerar os domínios em que se verificará a actividade da região administrativa mas não especifica as atribuições em concreto.

Para responder a esta falha, o Partido Comunista Português (PCP) apresentou um projecto de lei[72] especificamente sobre esta matéria, definindo em concreto, e em respeito pela Lei n.º 56/91, as atribuições das regiões administrativas.

---

[70] Artigo 257.º da CRP
[71] *Lei Quadro das Regiões Administrativas, Lei n.º 56/91, de 15 de Agosto.*
[72] Projecto de lei n.º 49/VII, em 1995.

Para uns era indispensável definir clara e objectivamente quais as atribuições que seriam cedidas pela administração central e, eventualmente, quais a que seriam retiradas dos municípios para o âmbito das futuras regiões. Para outros, o importante era o estabelecimento das regiões e a definição do respectivo mapa regional. Para estes a partir daqui o processo não teria retorno.

Entendemos nós que não é de apoiar nem a primeira nem a segunda posição. Será de toda a conveniência que, estabelecido que seja um quadro geral de atribuições e competências, estas sejam conferidas de modo gradual, tendo sempre presente uma avaliação da experiência e dos resultados entretanto obtidos. Não podemos esperar que uma reforma desta envergadura e com as resistências que se perfilharão, se possa processar de um momento para o outro. Utilizando um velho provérbio, *uma estrada faz-se andando*.

Há, como nos diz Valente de Oliveira, "*atribuições de solidariedade que relevam mais da esfera nacional do que de qualquer outra...*"[73]. São exemplos: a solidariedade para com as vítimas da guerra, a solidariedade para com os desempregados, a solidariedade geracional, a solidariedade geográfica traduzida em sistemas de correcção de assimetrias espaciais, etc.

Embora a observação que se possa fazer em vários países sobre o que pode ser descentralizado não permita retirar um modelo único, há, no entanto, consenso sobre aquilo que não pode ser. Por questões de soberania, não é possível pensar em descentralizar, nomeadamente, a defesa, a justiça, as relações internacionais e a política económica e financeira.

Enveredar por um processo de regionalização – tenhamos consciência disso – obriga a alterações profundas na estrutura do poder. Como nos diz Figueiredo, são necessárias "*partições do poder político, delegações de funções do estado e articulação de decisões...*"[74].

---

[73] OLIVEIRA, Luís Valente (1996), *Regionalização*, p. 17.
[74] FIGUEIREDO, Ernesto V. S. (1988), *Portugal: que regiões?*, p. 53.

4.3.3. Os órgãos das regiões

Os órgãos representativos da região administrativa são a assembleia regional e a junta regional[75]. Em cada região, permite a CRP[76] e, impõe a LQRA[77], a existência de um governador civil que representará, na área da região, o Governo e que o nomeia.

A junta regional é o órgão executivo da região. Será constituído, de acordo com a LQRA, por um presidente e por quatro ou seis vogais, consoante o número de eleitores. A sua eleição é feita de acordo com o sistema de representação maioritária e em listas plurinominais, na primeira sessão da assembleia regional.

A assembleia regional, o órgão deliberativo da região, é constituída por membros directamente eleitos e por representantes das assembleias municipais.

A aprovação de uma moção de censura, na assembleia regional, por maioria absoluta dos deputados implica a demissão da junta.

4.3.4. As competências dos órgãos

A assembleia regional é o órgão deliberativo da região e é composta por representantes das assembleias municipais e por membros eleitos directamente pelos cidadãos da respectiva região.

De acordo com a LQRA, no seu artigo 25.º, as competências da assembleia regional são:

"a) Eleger a junta regional;
b) Eleger o seu presidente e os secretários;
c) Elaborar e aprovar o seu regimento;

---

[75] Artigo 3.º da LQRA e artigo 259.º da CRP.

[76] Cfr. artigo 262.º, *"Junto de cada região pode haver um representante do Governo, ..."*

[77] Cfr. artigo 10.º da LQRA, *"Junto de cada região administrativa haverá um representante do Governo, designado por governador civil regional".*

d) Acompanhar e fiscalizar a actividade da junta regional;

e) Apreciar, em cada uma das sessões ordinárias, uma informação escrita do presidente da junta acerca da actividade desenvolvida, informação essa que deve ser enviada, com a antecedência mínima de três dias, reportada à data da sessão, ao presidente da mesa da assembleia, para conhecimento dos seus membros;

f) Participar, nos termos da lei, na formulação das políticas de planeamento e desenvolvimento regional, de ordenamento do território, de defesa e aproveitamento dos recursos naturais, de ensino e cultura, de fomento agrícola e industrial e de emprego e formação profissional;

g) Exercer os demais poderes conferidos por lei ou regulamento.

2 - Compete ainda à assembleia regional, sob proposta ou pedido da junta regional:

a) Aprovar o plano de desenvolvimento regional;

b) Aprovar o plano regional de ordenamento do território;

c) Aprovar o plano anual de actividades, o orçamento e as suas revisões;

d) Aprovar o relatório de actividades, o balanço e a conta de gerência apresentados anualmente pela junta regional;

e) Autorizar a junta a outorgar exclusivos e a explorar obras ou serviços em regime de concessão;

f) Aprovar empréstimos, nos termos da lei;

g) Aprovar posturas e regulamentos;

h) Aprovar os símbolos heráldicos da região, nos termos da legislação própria;

i) Estabelecer, nos termos da lei, o quadro de pessoal dos serviços da região;

j) Autorizar a junta a alienar em hasta pública, adquirir e onerar bens imóveis cujo valor seja igual ou superior ao limite que tiver fixado e ainda, nos termos da lei, bens ou valores artísticos da região, independentemente do seu valor;

l) Definir o regime de participação dos municípios na elaboração dos planos regionais e no estabelecimento das redes regionais de equipamentos sociais e de infra-estruturas;

m) Aprovar taxas e tarifas;
n) Designar os representantes da região nos órgãos sociais das empresas em que a região tenha participação;
o) Autorizar a junta a celebrar com o Governo protocolos de transferência ou de delegação de competências para a região e com os municípios acordos de cooperação e de delegação de competências administrativas da junta regional."

A competência, prevista na última alínea, "*... de delegação de competências para a região...*", pensamos que deverá ser vista com algum cuidado. A delegação de poderes não constitui um acto de descentralização mas sim uma técnica de desconcentração. Por isso, pode ser uma porta aberta para o governo central empurrar algumas tarefas mais desagradáveis ou incómodas, para as regiões administrativas.

Por outro lado, sendo a delegação de competências uma técnica para desconcentrar, isso pressupõe a existência de uma relação hierárquica entre o delegante e o delegado, quadro de todo incomportável com autonomia administrativa das Autarquias Locais. No entanto, essa delegação seria suficiente para colocar sob uma forte subordinação o delegado em relação ao delegante, situação que, do mesmo modo, não é aceitável face ao Estatuto das Autarquias Locais.

De acordo com o artigo 29.º da LQRA, pode a assembleia regional votar moções de censura à junta regional. Aprovadas que sejam há a demissão da junta e a realização de novas eleições.

Esta é, de facto, uma norma de grande importância para o sistema político. Com esta previsão, atribui-se à assembleia regional um verdadeiro poder de fiscalização e controlo sobre a junta regional. Assim teria de ser, dado que os representantes eleitos são-no em primeiro lugar para a assembleia, órgão deliberativo, e desta é que sai o órgão executivo: a junta regional.

Previsão idêntica deveria existir para as assembleias municipais[78]. Apesar de também poderem aprovar moções de censura[79], estas não têm

---

[78] As Assembleias Municipais necessitam de uma redefinição de competências, capaz de projectar este órgão para um nível de intervenção e afirmação no qual, pelo

como resultado a demissão da câmara municipal. Há apenas uma censura política ao executivo municipal, em consequência da acção desenvolvida por este ou por algum dos seus membros.

Acreditamos que seria mais saudável para o poder local a existência deste equilíbrio de poderes entre câmara e assembleia, ou seja a câmara responder permanentemente perante a assembleia e não a situação actual em que, durante todo o mandato, os executivos têm todo o poder, praticamente não prestando contas a ninguém ou, pelo menos, com pouquíssimos controlos. Aliás, é a própria CRP, n.º 1 do artigo 239.º, que ao estabelecer a organização das autarquias locais declara que há "... *uma assembleia eleita dotada de poderes deliberativos e um órgão executivo colegial perante ela responsável.*" No entanto, esta relação de responsabilidade da câmara perante a assembleia nunca foi devidamente regulado e, na prática e na generalidade dos casos, foi-se subalternizando o papel da assembleia municipal. Para Gomes Canotilho e Vital Moreira:

"a responsabilidade do órgão executivo perante a assembleia deve incluir, sob pena de ficar vazio, o poder de demissão do órgão executivo e de destituição dos seus membros"[80].

---

menos, possam ombrear com o outro órgão municipal, a câmara. Além de a sua constituição ser muitas vezes totalmente desproporcionada, em relação aos resultados eleitorais, fruto da presença dos Presidentes de Junta com o mesmo estatuto dos restantes membros eleitos directamente, temos ainda uma cultura de sobrevalorização do órgão executivo em relação ao órgão deliberativo, quando o contrário é que estaria correcto. Mas mais grave é quando é no interior do próprio município que se sente essa vontade de desvalorizar o papel da Assembleia Municipal. Algum tempo atrás, um Presidente de uma Câmara mostrava-nos muito convencido da sua razão, entre outras, as obras que estava a concluir no espaço em que iria funcionar a Assembleia Municipal. E então lá estava uma bancada com óptimas condições, três ou quatro degraus acima do nível da Mesa da Assembleia, dominando e sobrepondo-se a toda a sala e destinada à Câmara, ao passo que para os restantes membros apenas umas simples cadeiras sem quaisquer condições de trabalho.

[79] Alínea l) do artigo 53.º da Lei n.º 169/99, de 18 de Setembro.
[80] GOMES CANOTILHO, J. J. & MOREIRA, Vital (1993), *Constituição da República Portuguesa*, p. 892.

Mas, porque o órgão executivo é eleito directamente e não através da assembleia, esta solução torna-se pouco praticável.

É de aplaudir, então, esta norma que reforça e afirma o sistema democrático de poder local, prevista nas competências da assembleia regional.

Por seu lado, a junta regional e também conforme estabelece a LQRA no seu artigo 31.º, tem as seguintes competências:

"... no âmbito do planeamento e do desenvolvimento regional:

a) Promover a elaboração do plano de desenvolvimento regional a apresentar à assembleia regional;

b) Promover a elaboração do plano regional de ordenamento do território a apresentar à assembleia regional e submetê-lo a ratificação;

c) Executar o plano de desenvolvimento regional e os programas integrados de desenvolvimento regional;

d) Dar parecer sobre os planos directores municipais;

e) Promover a construção de infra-estruturas, equipamentos e outros investimentos públicos de nível regional;

f) Promover a cooperação intermunicipal em sectores de interesse comum, designadamente coordenando a participação dos municípios da região em empreendimentos intermunicipais;

g) Constituir um banco de dados de apoio à gestão municipal e ao fomento das actividades produtivas;

h) Participar nos órgãos de gestão das bacias hidrográficas e das áreas protegidas;

i) Solicitar a declaração de utilidade pública das expropriações e a tomada de posse administrativa dos imóveis necessários a obras de iniciativa da região ou das empresas públicas regionais;

j) Outorgar os contratos necessários à execução dos planos aprovados pela assembleia regional;

l) Exercer os demais poderes conferidos por lei, regulamento ou deliberação da assembleia regional.

2 - Compete à junta regional, no âmbito do funcionamento dos serviços e da gestão corrente:

a) Elaborar o programa anual de actividades, o balanço e a conta a apresentar à assembleia regional;

b) Elaborar e apresentar à assembleia regional o orçamento da região e as suas revisões e proceder à sua execução;

c) Superintender nos serviços regionais e na gestão e direcção do pessoal ao serviço da região;

d) Modificar ou revogar os actos praticados por funcionários regionais;

e) Outorgar contratos necessários ao funcionamento dos serviços;

f) Estabelecer, nos termos da lei, as taxas e as tarifas a cobrar pelos serviços prestados e fixar o respectivo montante;

g) Instaurar pleitos e defender-se neles, podendo confessar, desistir ou transigir, se não houver ofensa de direitos de terceiros;

h) Promover todas as acções necessárias à administração corrente do património da região e à sua conservação;

i) Preparar e manter actualizado o cadastro dos bens imóveis da região;

j) Alienar em hasta pública, independentemente da autorização da assembleia regional, bens imóveis ainda que de valor superior ao estabelecido pela assembleia regional, desde que tal alienação decorra da execução do plano de actividades e a respectiva deliberação seja aprovada por maioria de dois terços dos membros da junta regional em efectividade de funções;

l) Aceitar doações, legados e heranças a benefício de inventário;

m) Deliberar sobre as formas de apoio a entidades e a organismos legalmente existentes que prossigam na região fins de interesse público."

Feita a sua caracterização, passamos agora a analisar a história das regiões administrativas como autarquias locais.

Estão previstas na CRP há quase três décadas mas a verdade é que ainda não foram instituídas em concreto.

Não deixa de ser curioso o facto de os maiores partidos políticos serem a favor da regionalização e esta ainda não ter acontecido. Durante algum tempo dizia-se que os partidos na oposição eram pró-regionalização e no governo eram anti-regionalização. Esta ideia foi (?)[81], no entanto, ultrapassada com a chegada do Partido Socialista ao Governo em 1995, altura em que o processo de regionalização esteve muito próximo de ser concretizado.

Uma reforma desta envergadura, que obrigatoriamente acabaria com determinados serviços e determinados órgãos, que quebraria laços, romperia com redes instaladas, que levaria a que se estabelecessem novos quadros de relações e que criaria novas redes, explica que se manifestassem fenómenos de resistência.

Aliás, esta é uma das características de todas as organizações, incluindo as administrativas públicas: a resistência à mudança. Pensemos nos quadros de uma qualquer direcção distrital ou regional de um dos Ministérios, quadros superiores que vivem e trabalham numa cidade que, no mínimo é actualmente, capital de Distrito. Com a criação das regiões administrativas, grande parte destas direcções distritais ou regionais, serão reorganizadas (com algumas competências a serem transferidas para as novas regiões) ou mesmo extintas, dependendo do número de regiões e da sua delimitação.

Estes quadros superiores, habituados à sua cidade, à sua organização, ao seu cargo, dificilmente vão aderir a uma causa em que os primeiros a serem afectados serão eles próprios, com possíveis transferências para diferentes locais de trabalho, com os consequentes prejuízos, e, eventualmente, perda de regalias por cessação do exercício de cargos que serão extintos.

Depois há a questão das máquinas partidárias. Actualmente os partidos políticos organizam-se, de baixo para cima, por secções locais e sectoriais alguns, por comissões políticas concelhias, federações distritais e a Direcção Nacional. Assim, os que agora têm algum poder dentro de cada Distrito, também correm perigo de, com a criação das regiões administrativas, perderem o actual protagonismo a favor de um outro actor com mais

---

[81] Questiona-se se houve um verdadeiro empenhamento, por parte de todo o PS, na concretização desta reforma. O nosso humilde testemunho vai no sentido de que não houve tal empenhamento.

visibilidade num espaço territorial com uma configuração diferente. Esta é uma consequência que será inevitável, a não ser que o número de regiões a criar venha a ser igual ao actual número de distritos. Situação que não nos parece de todo viável.

4.3.5. As Finanças regionais

O regime das finanças locais, de acordo com a CRP, deve reflectir os princípios da *solidariedade* (visando a justa repartição dos recursos públicos pelo Estado e pelas autarquias locais) e da *igualdade activa* (necessária correcção de desigualdades entre autarquias do mesmo grau)[82].

As regiões administrativas, como as restantes autarquias locais, gozam de autonomia financeira. Esta autonomia evidencia-se na existência de património e finanças próprias; na possibilidade de os seus órgãos poderem elaborar, aprovar e alterar os seus orçamentos, os seus planos de actividades; disporem de receitas próprias e arrecadá-las; ordenarem e processarem as suas despesas.

Não é recomendável que aconteça a institucionalização das regiões sem que, desde logo, se apresente uma Lei de Finanças Regionais. É necessário que desde o princípio se estabeleçam as *regras do jogo* para que assim se evitem mal entendidos e tensões que abalem a reforma.

"No taxation without representation"

Para uma mais saudável relação entre a administração central e a administração local, é aconselhável que não seja a administração central a arrecadar os recursos, principalmente os impostos, e a administração local, e no caso, as regiões administrativas, a gastá-los. Caso contrário, a autonomia sairá, mais cedo ou mais tarde, diminuída. Mais: não seria compatível a configuração jurídico-constitucional das Autarquias Locais,

---

[82] Cfr. SOUSA FRANCO, António L. (1997), *Finanças Públicas e Direito Financeiro*, p. 213.

com a sua absoluta dependência económica e financeira da Administração Central. A autonomia local manifesta-se, também, pela capacidade de as autarquias autonomamente arrecadarem as suas receitas e aplicá-las em favor das respectivas populações. E, porque quem financia acabará por ceder à *"tendência de controlar ou pelo menos saber a priori onde vai ser aplicado o dinheiro e controlar a posteriori o resultado obtido"*[83], impõe-se que se projecte um nível de receitas a definir ou a cobrar[84] pelas regiões administrativas que as deixe fora deste risco.

Por outro lado, não podemos fechar os olhos à realidade das relações existentes entre o poder central e os municípios. Todos sabemos que a par das transferências financeiras legalmente previstas, existem outros mecanismos de financiamento de projectos, com importância relevante a nível local, e que a decisão do seu destino não escapa, muitas vezes, a uma *"vertente de latência e de subterraneidade, presente naquilo que acreditamos serem labirintos inerentes aos procedimentos políticos"*[85]. Porque todos sabemos que há uma grande discrepância entre o discurso e a prática, quando se trata da definição espacial dos investimentos públicos. Estes corredores, utilizados pelos poderes locais para atingirem o *centro*, politicamente mapeados, frequentemente têm uma escala maior para alguns actores e outra escala bem menor, ao ponto de os tornar ilegíveis, para outras periferias políticas.

---

[83] CARVALHO, Joaquim dos Santos (1996), *O Processo Orçamental das Autarquias Locais*, p. 48.

[84] Não queremos com isto defender pura e simplesmente a existência de impostos regionais. Defendemos uma maior responsabilização dos actores responsáveis pelas despesas na hora da definição dos volumes de receitas. Definição que pode passar pela aplicação ou não de derramas e as suas taxas e também pela definição das taxas aplicáveis a impostos nacionais com destino ao orçamento da região e que nele representem uma considerável percentagem.

[85] RUIVO, Fernando (2000), *O Estado Labiríntico*, p. 24. Para este autor, "*o labirinto constitui o símbolo de um sistema de defesa por parte de um centro*". Esse centro, na tese, é o poder e o labirinto tem como função separar esse centro da restante comunidade, estabelecendo no entanto um sistema de percursos alternativos que abre as portas a alguns e as fecha a muitos outros.

Assim,

"devido a esta actividade de mediação por parte dos autarcas, entre outros motivos, o Estado português será um Estado Labiríntico, um conjunto multifacetado onde confluem vozes e linguagens, enleios e enredos, onde algumas portas se abrem e outras se fecham na imensidão dos seus corredores."[86]

Castelo de Paiva, por exemplo, pode dizer-se que durante muitos anos não teve condições para ultrapassar com êxito esse labirinto[87]. A prová-lo basta ver as obras[88] realizadas neste concelho pela administração

---

[86] RUIVO, Fernando "Um Estado Labiríntico: A Propósito das relações entre o Poder Central e o Poder Local em Portugal", in *Autarquias Locais e Desenvolvimento*, (1993), p. 41.

[87] *"Como diz Paolo Santarcangeli (Il libro dei labirinti...), «... para falar do labirinto com um total conhecimento de todos os aspectos que pode assumir, o estudioso que se aventure na matéria necessitaria ser etnólogo, arqueólogo e historiador das religiões, ser versado em estudos da pré-história e também de todas as etapas da evolução dos costumes europeus, estar familiarizado com a "psicologia das profundidades" e com a psicotécnica, ser arquitecto e jardineiro e muitas outras coisas mais; mas, acima de tudo, importaria ser poeta».*

A utilização do labirinto é variada: desde o fruir lúdico da pequenada (...) até à utilização no campo da terapêutica, o seu simbolismo possui algo que nos leva ao «centro»..." Consulta efectuada em 01.02.2003, no sitio http://planeta.clix.pt/laborintus/refs.html.

[88] Sem pretendermos ser exaustivos damos nota dos principais investimentos directos da administração central em Castelo de Paiva. Assim, de 1980 a 1995 encontramos a aquisição de instalações para o Serviço de Finanças, a construção de uma Escola Secundária e a construção do Palácio da Justiça.

Entre 1995 e 1997 destacamos: a construção de um Centro de Saúde, investimentos efectuados pela Empresa Pública Águas do Douro e Paiva na captação e adução de água do Rio Paiva, na construção da ETA de Castelo de Paiva, construção do quartel da G.N.R., construção de uma EB 2, 3, ampliação da Escola Secundária, participação do OE na construção da variante à EN 222, participação do OE na construção de uma piscina coberta de aprendizagem, participação do OE na construção da Zona Industrial de Lavagueiras e participação do OE na construção de seis polidesportivos.

central até 1995 e ver depois as obras iniciadas ou assumidas entre 1995 e 1997. No primeiro período, o Município era gerido por um executivo de cor política diferente da que predominava no Governo. No segundo período, tanto o executivo municipal como o Governo eram da mesma família política.

O que se passou, em termos de transferências financeiras ou de assunção de obras pela administração central neste concelho, a partir de Março de 2001[89], fica obviamente fora do contexto de qualquer teoria labiríntica ou de redes[90] que pretenda fazer o enquadramento financeiro dos municípios pelo lado informal e discricionário.

E não podemos culpar apenas os actores do poder local pela eventual inabilidade em se movimentarem por esses corredores que para alguns são transparentes, mas para outros completamente opacos, sabendo nós que uma das condições que relevam para o sucesso na transposição desse labirinto, é a compatibilidade político-partidária entre o poder local e o poder central.

Não sendo nossa pretensão aprofundar estes conceitos, de "labirinto" e de "redes relacionais", não podemos deixar de os trazer à discussão para que os males provocados pela sua activação possam ser prevenidos na instituição das regiões administrativas.

Compreendemos que, face ao sistema centralizado de administração que temos e apesar do discurso descentralista, o autarca se sinta impelido a procurar caminhos alternativos, utilizando para tal todos os contactos, sejam eles sociais, políticos ou económicos, que ao longo da vida, tal como cada um de nós, vai cultivando e que podemos classificar de *capital relacional*.

---

[89] Como já foi referido, 4 de Março de 2001 fica para a história de Castelo de Paiva como uma data trágica. Situação que, muito por força *dos média*, obrigou o Governo a disponibilizar para este concelho milhares e milhares de euros. Efectivamente, num ano, deu-se esta formidável ocorrência de o poder central investir no concelho cerca de 4 vezes mais (112,5 milhões de euros) do que todos os outros governos o haviam feito entre Abril de 1974 e Março de 2001 (28,5 milhões de euros).

[90] Para um acompanhamento do conceito de rede, cfr. RUIVO, Fernando (2000), *O Estado Labiríntico*, pp. 29-47 e 215-253, a partir do qual se encontram pistas para o seu aprofundamento.

No entanto, não podemos ser alheios aos desvios que tais comportamentos provocam. Desde logo, podemos invocar uma clara violação ao princípio da igualdade. Diferentes actores locais, munidos de diferentes pesos de capital relacional vão obter resultados, forçosamente, também diferentes. O efeito será a distribuição mais generosa, seja de equipamentos públicos ou de outros benefícios aos concelhos que são representados por presidentes que melhor leitura façam do labirinto e usem bem a sua rede. E quanto mais fechada for a malha desta rede, melhor.

A Lei n.º 56/91, a exemplo do que acontece com os municípios, *mutatis mutandis*, atribui às regiões *"o produto do lançamento de derramas*[91] *regionais, nos termos da lei"*. Ao mesmo tempo que determina que *"uma participação no produto das receitas fiscais do Estado, a fixar, nos termos da lei, em função do esforço financeiro próprio da região e no respeito do princípio da solidariedade nacional,"* propõe que será também receita desta autarquia.

Defendemos que às regiões deve ser atribuída a capacidade de fixar o custo dos serviços que prestar ao cidadão (taxas e tarifas), nas mesmas condições em que outras entidades exercem essa competência, sujeitando-se nomeadamente a regras de entidades reguladoras, se for o caso.

Por outro lado, em relação aos impostos, as regiões não podem limitar-se a reclamar uma parte da cobrança, esquivando-se à responsabilidade da definição e fixação dos valores globais dessa cobrança. As regiões têm de ter uma forte intervenção na área fiscal. Não criando impostos específicos, mas atribuindo-lhe a competência da fixação de taxas, de isenções, de reduções de taxas, de agravamentos de taxas, de incentivos, etc.

---

[91] A derrama configura-se como um imposto adicional, acessório do imposto principal, a cuja colecta acresce. A derrama não é criada pela região, uma vez que é um imposto, tem de estar previsto em lei da Assembleia da República. Depende, na sua existência e montante, do exercício de um poder dos órgãos da região, nos limites fixados na lei. Exemplo de derrama actualmente em vigor, no nosso sistema fiscal, temos a derrama que pode incidir sobre o IRC, caso as assembleias municipais assim o deliberem. Neste sentido cfr. SÁ GOMES, Nuno (1999), *Manual de Direito Fiscal*, pp. 303-306.

Sobre o complexo equilíbrio entre a distribuição da carga fiscal e a manutenção dos serviços públicos por parte das autoridades regionais e locais, José Manuel Moreira diz-nos que,

"... nada poderá contribuir mais para criar condições para uma mais salutar disciplina de gasto público do que fazer saber a todo aquele que votar uma determinada despesa que o gasto terá de ser pago por ele e seus eleitores..."[92]

Actualmente, a intervenção dos municípios em matéria tributária resume-se praticamente, à fixação da taxa[93], dentro de determinados limites, a aplicar ao rendimento colectável dos prédios urbanos, no âmbito da Contribuição Autárquica e à possibilidade de fixação de uma derrama, até 10%, sobre a colecta do IRC das empresas que tenham sede no município. No entanto, esta possibilidade está longe de ser completamente explorada. Como podemos ver no quadro que se segue (fig. 15), mais de metade dos municípios não fixou qualquer derrama para os últimos três anos.

A falta de tecido empresarial justifica a ausência deste lançamento em muitos dos municípios do interior, tendo em conta que se trata de um adicional ao imposto sobre o rendimento das pessoas colectivas. No entanto, esta justificação já não colhe para distritos como o de Faro, ou mesmo Coimbra, apesar de aí também serem poucos os municípios que deliberaram no sentido de aplicar a derrama.

---

[92] MOREIRA, José Manuel (1993), *Como se perdeu e como justificar a devolução do poder ao Governo Local?*, p. 17.

[93] No âmbito da CA as assembleias municipais fixavam uma taxa que podia variar de 0,7 a 1,3%.

Figura 15 – Evolução da aplicação de derrama sobre o IRC
nos exercícios de 2001, 2002 e 2003. Fonte: DGCI[94].

	Taxa de Derrama Lançada para Cobrança – IRC Número de Municípios									Número de municípios por distrito
	0%			mais de 5% e menos de 10%			10%			
DISTRITO \ ANO	2001	2002	2003	2001	2002	2003	2001	2002	2003	
AVEIRO	3	3	3	3	5	5	13	11	11	19
BEJA	5	4	5	-	1	1	9	9	8	14
BRAGA	5	5	5	-	-	-	9	9	9	14
BRAGANÇA	12	12	12	-	-	-	-	-	-	12
CASTELO BRANCO	8	8	10	1	1	-	2	2	1	11
COIMBRA	11	11	11	4	4	3	2	2	3	17
ÉVORA	2	2	2	1	1	1	11	11	11	14
FARO	15	15	14	-	-	-	1	1	2	16
GUARDA	10	10	10	1	1	2	3	3	2	14
LEIRIA	9	8	8	4	2	3	3	6	5	16
LISBOA	2	2	2	4	1	1	10	13	13	16
PORTALEGRE	6	6	7	1	1	1	8	8	7	15
PORTO	7	5	4	1	-	-	10	13	14	18
SANTARÉM	7	5	6	3	5	4	11	11	11	21
SETUBAL	-	-	-	-	1	1	13	12	12	13
VIANA DO CASTELO	5	5	5	-	-	-	5	5	5	10
VILA REAL	11	10	10	-	-	-	3	4	4	14
VISEU	20	18	17	1	-	-	3	6	7	24
SOMA – CONTINENTE	138	129	131	24	23	22	116	126	125	278
ANGRA DO HEROÍSMO	5	5	5	-	-	-	-	-	-	5
HORTA	7	7	7	-	-	-	-	-	-	7
PONTA DELGADA	4	3	3	1	1	1	2	3	3	7
FUNCHAL	11	11	11	-	-	-	-	-	-	11
TOTAL- PAÍS	165	155	157	25	24	23	118	129	128	308

---

[94] Quadro construído de acordo com os dados contidos em: Ofício-Circulado n.º 20059, (2002), Ofício-Circulado n.º 20079, (2003) e Ofício-Circulado n.º 20091, (2004).

O poder tributário dos municípios traduz-se também, na possibilidade de estes, nos termos da lei, criarem e cobrarem taxas para cuja criação, as autarquias locais apenas encontram como único limite, a definição do conceito de taxa e correspondente delimitação face à figura do imposto.

Este quadro de responsabilidade fiscal, em relação aos municípios deverá brevemente evoluir no sentido de uma maior co-responsabilização municipal, no âmbito de uma prometida Reforma da Tributação do Património.[95][96]

Esta é também a posição da ANMP que, publicamente, vem defendendo a existência de um modelo em que o princípio da co-responsabilização fiscal entre a Administração Central e a Administração Local Autárquica possibilite o aumento de receitas para os Municípios e em que a auto-suficiência financeira gerará recursos para permitir uma menor dependência das transferências da Administração Central. Assim se reforçando a autonomia do poder local.

Este reforço dos poderes tributários da administração autárquica terá de ser devidamente ponderado e equilibrado, acautelando alguns problemas que se levantam pela implementação de um sistema de impostos locais. Como nos diz João Catarino, *"quanto menor for a área de jurisdição de uma dada região, maior será a capacidade que os cidadãos têm de fugir aos impostos"*[97]. A literatura anglo-saxónica identifica esta situação por *"voting with feel"*.

---

[95] Proposta de Lei n.º 56/IX que autoriza o governo a aprovar o Código do Imposto Municipal sobre Imóveis e o Código do Imposto Municipal sobre as Transmissões onerosas de Imóveis, a alterar o Estatuto dos Benefícios Fiscais, o Código do IRS, o Código do IRC, o Código do Imposto do Selo, e a revogar o Código da Contribuição Predial e do Imposto sobre a Indústria Agrícola, o Código da Contribuição Autárquica e o Código do Imposto Municipal de Sisa e do Imposto sobre as Sucessões e Doações.

[96] No uso de autorização legislativa constante da Lei n.º 26/2003, de 30 de Julho, foi aprovado o Decreto-Lei n.º 287/2003, de 12 de Novembro, que aprova o Código do Imposto Municipal sobre Imóveis (CIMI) e o Código do Imposto Municipal sobre as Transmissões Onerosas de Imóveis (CIMT). Além de outras alterações, revogou o Código da Contribuição Autárquica (CCA) e o Código do Imposto Municipal de Sisa e do Imposto sobre as Sucessões e Doações (CIMSISD).

[97] CATARINO, João "A concorrência Fiscal Inter-Regiões no Quadro Europeu: A Dialética entre a Regionalização e o Tributo", (2001), p. 98.

A Carta Europeia de Autonomia Local estabelece que os recursos financeiros das autarquias locais devem ser proporcionais às atribuições previstas. Assume também que

"*pelo menos uma parte dos recursos financeiros das autarquias locais deve provir de rendimentos e de impostos locais, tendo estas o poder de fixar a taxa dentro dos limites da lei.*"[98]

Princípios que se aplicarão também ao nível regional.

Por outro lado reconhece a necessidade da protecção das autarquias locais financeiramente mais débeis. Para isso se exige

"*... a implementação de processos de perequação financeira ou de medidas equivalentes destinadas a corrigir os efeitos da repartição desigual das fontes potenciais de financiamento...*"[99]

Sobre a necessidade de um Fundo de Perequação Regional, Valente de Oliveira, justifica-o pela urgência de "*obviar à insuficiência de receitas das regiões menos prósperas*"[100], dando expressão à solidariedade nacional. Constituído por receitas cobradas a nível regional, não deve representar uma percentagem demasiado importante nos orçamentos regionais, mas sim, uma simples compensação.

Acreditando que a descentralização, se democraticamente legitimada, satisfaz melhor as necessidades próximas das populações, parece óbvio que todos ganharão com este reforço do poder local. Este reforço revelará a necessidade de alguns gastos na criação de estruturas técnicas de apoio à gestão mas é importante que se diga que as Autarquias Locais são, em termos proporcionais, muito mais investidoras em co-financiamento e em investimento próprio quando comparadas com o poder central.

---

[98] Artigo 9.º n.º 3 da Carta Europeia de Autonomia Local. Conselho da Europa. Adoptada e aberta à assinatura em Estrasburgo, a 15 de Outubro de 1985.

[99] Artigo 9.º n.º 5 da Carta Europeia de Autonomia Local. Conselho da Europa. Adoptada e aberta à assinatura em Estrasburgo, a 15 de Outubro de 1985.

[100] OLIVEIRA, Luís Valente (1996), *Regionalização*, p. 140.

Outra questão que se coloca é a gestão da cobrança dos impostos locais. Actualmente, toda a gestão, liquidação, inspecção e colecta daqueles impostos, é responsabilidade da Administração Central, através da Direcção Geral dos Impostos (DGCI).

No entanto, começa-se a estudar a possibilidade de tais tarefas passarem para a esfera municipal. Competências que ficariam nos Municípios ou em entidades supramunicipais em quem aqueles delegassem esta função.

A ANMP e a Suma – Gestion Tributária[101] – entidade da Diputation de Alicante – já se entenderam entre si de modo a que seja realizado um estudo, com o apoio técnico desta entidade, para a identificação e implementação de um modelo para a cobrança de impostos municipais (a antiga Sisa, a antiga Contribuição Autárquica e Imposto Municipal sobre Veículos) em Portugal. Isto acontece quando estão em fase de discussão duas importantes iniciativas legislativas que poderão, eventualmente, virem a cruzar-se na sua implementação. Referimo-nos à criação[102] das áreas metropolitanas e das comunidades intermunicipais e da Reforma da Tributação do Património.

4.4. Síntese das iniciativas regionalizantes

Vamos apresentar uma síntese das iniciativas legislativas e pró legislativas, por anos, historiando deste modo as tentativas dos diversos actores para colocarem na ordem do dia a problemática da criação das regiões administrativas.

Em 1976, como já foi referido, a região administrativa é consagrada na CRP ao mesmo tempo que se atribui um carácter transitório ao distrito.

---

[101] Entidade que abarca os 139 municípios da Diputation de Alicante.
[102] Lei n.º 10/2003 e Lei n.º 11/2003, ambas de 13 de Maio.

No mesmo ano de 1976 surgem, ainda, duas propostas de delimitação do País. O MAI apresenta uma proposta de reforma da administração em que colocava o continente dividido em cinco grandes regiões, (províncias administrativas) e duas AMs de nível regional. A AM do Porto e a AM de Lisboa. Do Ministério do Plano e Coordenação Económica, surge a proposta de criação de seis regiões-plano previstas na lei.

Em 1977, o PCP apresenta o primeiro Projecto de Lei para a criação das regiões administrativas, propondo a divisão do continente em oito regiões.

Em 1979 é a vez do PS apresentar um idêntico Projecto de Lei.

Em 1980 o PS apresenta novo Projecto de Lei, propondo a criação de 7 regiões. É também apresentado um projecto para a criação de uma região piloto, a Região Administrativa do Algarve o que violava claramente a CRP.

Em 1981, durante o Governo presidido por Sá Carneiro, a regionalização foi considerada, a nível do programa de governo, como objectivo estratégico fundamental, sendo considerada como um dos principais desafios políticos que se deparava à Economia Portuguesa.

Destaca-se, nesse ano, a publicação do "Livro Branco sobre a Regionalização" pela Secretaria de Estado da Administração Regional e Local e o debate público que decorreu de forma séria e interessante, envolvendo os autarcas, as várias instituições governamentais e não governamentais, a comunidade científica, um debate que não se limitou às elites e que percorreu todo o território nacional.

Em 1982, surge um novo Projecto de Lei para a criação das regiões administrativas, desta vez por iniciativa do PPM, propondo a criação de duas áreas metropolitanas e 13 regiões administrativas.

Nesse ano dá-se uma revisão constitucional que mantém os princípios fundamentais, já consagrados na CRP, clarificando que as atribuições as serem confiadas às regiões não podem levar à redução dos poderes dos municípios (" ... *sem limitação dos poderes dos municípios*")[103].

---

[103] Artigo 257º da Lei Constitucional n.º 1/82.

Nesse ano também, o MAI promove um debate público sobre o processo de regionalização junto dos autarcas, dos partidos políticos, da comunicação social e junto de outros parceiros sociais.

Em Janeiro é publicada do Diário da República, a resolução n.º 1/82, da Presidência do Conselho de Ministros, que aprovou as *"linhas gerais do processo de regionalização do continente"*, incluindo um pormenorizado calendário. A regionalização do continente foi qualificada *"como uma das quatro prioridades da acção governativa"*[104] que o governo da Aliança Democrática inscreveu no seu Programa e que, de acordo com esta Resolução, previa a instituição das regiões para o ano de 1983 e as primeiras eleições regionais para o ano de 1984[105]. Este calendário é interrompido ainda em Dezembro de 1982, com o pedido de demissão do primeiro-ministro[106] e a dissolução do Parlamento que se seguiu.

Nesta Resolução é reconhecida a prudência com que um processo de regionalização tem de se assumir para poder caminhar de forma segura e sem *retrocessos indesejáveis*. Assim, o Governo propunha-se a implementar *"a orgânica da regionalização do continente*[107]*"* em três anos. Ao mesmo tempo, na mesma Resolução, reconhece que serão necessários dez ou quinze anos para se conseguir *"a transferência global de poderes, serviços e recursos para as regiões"*[108]. Era um modelo devidamente ponderado.

Em 1986 retorna-se ao tema da regionalização, com a apresentação de vários projectos de lei. A saber: o Projecto de Lei n.º 187/IV do PCP;

---

[104] Resolução n.º 1/82 – Linhas Gerais do Processo de Regionalização do Continente, DR I Série, n.º 2, de 4 de Janeiro de 1982, I – Introdução n.º1, p. 5.

[105] Resolução n.º 1/82 – Linhas Gerais do Processo de Regionalização do Continente, DR I Série, n.º 2, 4 de Janeiro de 1982, IV – Fases do processo de regionalização n.º 13 alíneas d) e e), p. 9.

[106] Pinto Balsemão pede a demissão de primeiro-ministro em 18 de Dezembro de 1982.

[107] Resolução n.º 1/82 – Linhas Gerais do Processo de Regionalização do Continente, DR I Série, n.º 2, de 4 de Janeiro de 1982, II – Princípios orientadores, p. 6.

[108] Resolução n.º 1/82 – Linhas Gerais do Processo de Regionalização do Continente, DR I Série, n.º 2, de 4 de Janeiro de 1982, II – Princípios orientadores, p. 6.

pelo PRD surge o Projecto de Lei n.º 320/IV; o MDP apresenta o Projecto de Lei n.º 334/IV; de iniciativa do Deputado Ribeiro Teles surge o Projecto de Lei n.º 337/IV; o PS apresenta o Projecto de Lei n.º 338/IV; do Partido Os Verdes vem o Projecto de Lei n.º 339/IV; do CDS o Projecto de Lei n.º 340/IV e do PSD surge o Projecto de Lei n.º 341/IV.

Em 1987 o PCP propõe que se crie uma comissão eventual para a regionalização e calendarização do respectivo processo de legislativo.

No mesmo ano, o Governo apresenta a Proposta de Lei n.º 171/V Lei – Quadro das Regiões Administrativas.

Em 1989 decorre novo processo de revisão constitucional. Mantém-se a obrigatoriedade da instituição em simultâneo de todas as regiões administrativas, impedindo quaisquer tentativas de criar regiões piloto. Há, no entanto, uma alteração aos órgãos previstos para as regiões, com a eliminação dos conselhos regionais.

Ponto alto de todo este processo, dá-se em 1991 com a aprovação por unanimidade da Assembleia da República da Lei-quadro das Regiões Administrativas, a Lei 56/91, de 13 de Agosto[109]. No entanto, apesar da unanimidade na aprovação, a oposição, logo no dia da votação, levantou muitas dúvidas quanto à bondade, por parte do Governo, para a sua real execução, tanto mais que a legislatura estava a terminar.

Em 1993, há três factos a assinalar: O PS apresenta o Projecto de Lei n.º 94/VI sobre a criação das regiões administrativas no continente. O PCP, apresenta três projectos: um sobre a criação das regiões administrativas, outro sobre as suas finanças e outro sobre as suas competências. Na Assembleia da República é, também, aprovada a Resolução n.º 16/93, sobre a *"Constituição de uma comissão para a reforma do ordenamento administrativo do País"*[110].

Em 1994 dá-se o primeiro e público retrocesso das políticas partidárias que vinham sendo sistematicamente apresentadas e defendidas após o 25 de Abril, com a apresentação, pelo PSD, de um projecto de

---

[109] Lei que teve por base projectos de lei do PS, do PRD, do CDS, de Os Verdes, do PCP e a proposta de lei n.º 171/V.

[110] DR I Série n.º 129 de 3.06.1993.

revisão constitucional que visava a eliminação da figura da região administrativa da CRP.

O PS ganha as eleições para a Assembleia da República, em 1995, sendo a regionalização apresentada durante a campanha eleitoral, como uma prioridade fundamental.

Em 1995 é novamente o PCP que apresenta novo conjunto de iniciativas legislativas, desta vez, além da criação, das finanças e das competências, apresenta um Projecto de Lei *"sobre as transferências de serviços e património da administração central para as regiões administrativas"*[111].

Em 1996, PS, PCP e "Os Verdes" apresentam um conjunto de projectos sobre a criação das regiões administrativas[112] e sobre alterações a efectuar à LQRA. Destes projectos resultou a lei da criação das regiões administrativas.

Os deputados do Partido Popular, eleitos pelo círculo eleitoral do Porto, elaboraram também uma proposta de regionalização que no entanto não chegaram a apresentar, por razões de estratégia política da direcção do Partido.

No dia 4 de Outubro de 1996 a Assembleia Municipal de Castelo de Paiva, em sessão ordinária, toma posição pública sobre a Regionalização[113]. Esta posição é tomada no âmbito da consulta pública solicitada pela Assembleia da República, através da Comissão de Administração do Território, Poder Local, Equipamento Social e Ambiente, em relação aos projectos de Lei sobre a Regiões Administrativas, junto das Assembleias Municipais.

---

[111] Cfr. Projecto de Lei n.º 51/VII.

[112] O mapa proposto pelo PS e que depois foi aprovado no Parlamento, deixou muitos defensores da regionalização descontentes ao ponto de uns o apelidarem de "mapa estranho" e, outros, fazerem campanha pelo "não".

[113] Posição cujo texto se junta in anexo II. Julgamos adequado inserir esta referência pelo desenvolvimento que vamos fazer relativamente a Castelo de Paiva e ao seu enquadramento administrativo no capítulo seguinte.

Em 1998 realiza-se um referendo sobre a instituição em concreto das regiões administrativas. Referendo que, como já foi acima referido, compreendia duas perguntas. À primeira pergunta o "sim" obteve, apenas, 34,97% das respostas. À segunda pergunta, só na região do Alentejo é que o "sim" superou ligeiramente o "não".

4.5. Argumentos a Favor e Contra a Regionalização

"Os povos atrasados ou incultos não regionalizam, não são capazes de regionalizar, não têm condições culturais, económicas, políticas, administrativas ou financeiras para poder regionalizar"[114].

Vários foram os argumentos que se foram introduzindo para dizer não à regionalização. Uns sérios e utilizados com convicção, outros, nem tanto. Alguns, por vezes, foram utilizados com muita demagogia e pouca seriedade. Não será alheio a tal comportamento o enfraquecimento dos *lobbies*, se o poder deixar de estar centralizado no Terreiro do Paço e também o facto de os partidos a nível nacional perderem poder a favor do nível regional.

De um modo geral, muitos são os que concordam que o problema existe, reconhecem-no, não concordam com a solução proposta[115] mas não apresentam uma solução alternativa.

Vejamos alguns casos.

"... Pessoalmente penso que a regionalização, tal como o PS e o PCP a desejam, é uma falsa solução para um verdadeiro problema. Este existe realmente e consiste desde logo na excessiva

---

[114] AMARAL, Diogo Freitas (2002), *Curso de Direito Administrativo*, p. 542.

[115] Quando falamos em solução proposta estamos a pensar na Lei da criação das regiões administrativas, alvo de referendo em 1998.

centralização da nossa administração e na desigualdade da distribuição territorial dos recursos disponíveis. Mas não será pelo desdobramento em mini-soberanias regionais que se vencerá o atraso estrutural em tantas parcelas do País..."[116].

Estas são palavras de Durão Barroso, em que além de reconhecer o problema, "... na *excessiva centralização da nossa administração e na desigualdade da distribuição territorial dos recursos...",* discorda da solução, invocando no entanto conceitos que não estão em discussão.

Ao falar em *"mini-soberanias regionais"*, está a querer comparar as regiões administrativas, no mínimo, às Regiões Autónomas dos Açores e da Madeira. A regionalização que se pretende no continente não deve ser comparada com o desenvolvimento das autonomias daquelas Regiões. São realidades de natureza bastante diferente, conforme já foi demonstrado.

Em outro comentário, lê-se:

"O primeiro-ministro veio garantir ao público interessado que as Regiões a haver (...) são "estruturas leves" (sic), sem agravamentos burocráticos, e que não custarão mais dinheiro ao contribuinte, limitando-se a "racionalizar" (sic) a gestão dos fundos que já existem. (...) No fundo, o Eng. Guterres afirma uma coisa espantosa: as regiões não serão más... porque serão irrelevantes. Ora, a ser assim, pergunta-se por que é que terão então de existir "em concreto."[117]

Aqui, Nuno Rogeiro, brinca com as palavras de Guterres que explicava que as regiões seriam estruturas leves e que não iriam custar mais

---

[116] BARROSO, J. M. Durão, "O sentido de responsabilidade", in *Expresso* de 25.07.1998, consulta efectuada no site http://primeirasedicoes.expresso.pt/ed1343/p221.asp

[117] De acordo com a citação, na página: http://www.terravista.pt/meco/2535/cita.htm, Citações (a propósito da regionalização), atribuída a Nuno Rogeiro.

dinheiro aos contribuintes nem criariam mais burocracia. O mesmo comentador chega à espantosa conclusão de que, para Guterres, "*as regiões não serão más porque serão irrelevantes*". Com esta dedução, apetece dizer que para Nuno Rogeiro, as instituições só são relevantes se aumentarem a burocracia e gastarem mais dinheiro aos contribuintes.

Para Paulo Portas, "*O peso, a ineficiência e, sobretudo, a injustiça do Estado centralizado que temos não é suportável por muito mais tempo.*"[118] Mas este político de Lisboa considera que a regionalização seria "*corrigir o mal com a caramunha*". A alternativa, segundo ele, é descentralizar.

Mas, os defensores da regionalização não o são exactamente porque querem descentralizar o poder de Lisboa?

Na mesma confusão entra, também, Mário Soares que em resposta à pergunta se "*... continua a considerar que o país ganhou com o "chumbo" da regionalização?*", responde:

"*... Para um país com uma enorme diversidade mas também com um excepcional sentido de unidade nacional – com as dimensões reduzidas de Portugal – a regionalização não vinha acrescentar nada e traria, muito provavelmente, grandes complicações. Portugal membro de pleno direito da União Europeia, sujeito, portanto, a tremendos desafios, tem a grande vantagem (face à Espanha, nomeadamente) de ser uma nação una, sem problemas regionais, nem linguísticos, nem religiosos. Por que razão os haveria de inventar? (...) Acrescente-se que a única região natural, indiscutível quanto às suas fronteiras, é precisamente o Algarve. Ora até no Algarve a população disse maioritariamente não à regionalização (...) Regionalização, quanto a mim, não; mas descentralização, libertar o país da tutela burocrática do Terreiro do Paço, sim. É preciso fazê-la sem perda de tempo.*"[119]

---

[118] Paulo Portas num artigo de O Independente em 16/02/96.
[119] Consulta no sítio da AMAL: http://www.amal.pt/sulsticio/3/verso_e_reverso.html, em 25.4.03.

-"*Portugal é um país pequeno pelo que não se justifica dividi-lo em regiões.*"

Será este argumento deveras considerável? Pensamos que não. Bastaria olhar para outros países da dimensão de Portugal, ou até mais pequenos, que estão regionalizados. Mas, o importante é que, apesar de Portugal ser um país pequeno, existem no seu seio assimetrias muito profundas.

Pela análise comparativa que fizemos, no Capítulo III, somos de concluir que este argumento não tem validade.

Como já demonstramos a dimensão média do espaço regional, nos três Países da análise comparativa, varia entre 15.000 km2 em Itália, 29.000 km2 em Espanha e 24.990 em França. Em Portugal, se a opção fosse a criação de cinco regiões, estas ficariam em média com 18.4000 km2. Importa aqui lembrar que por exemplo no caso de Espanha a maior parte das regiões ainda se dividem em províncias e depois nos concelhos, pelo que estamos a comparar realidades diferentes.

Em relação ao factor demográfico por região e considerando novamente valores médios, encontramos em Espanha 2,27 milhões, em Itália 2,87 milhões, em França 2,31 milhões e para Portugal 2 milhões num cenário de cinco regiões.

Devemos ter em conta que a densidade populacional ronda os 108 habitantes/km2, um valor médio inferior ao verificado na UE, e que esconde grandes diferenças regionais.

- "*Portugal não tem comunidades étnicas, religiosas ou linguísticas, pelo que a criação de regiões administrativas iria colocar em risco a unidade nacional.*"

Pretende-se com este argumento invocar uma certa homogeneidade nacional. Pensamos nós que num país com oito séculos de história, não pode ser pela simples criação de regiões administrativas, simples autarquias locais, que a unidade desse país é ameaçada. Por outro lado, pelo próprio facto de não haver aquelas diferenças étnicas, religiosas ou linguísticas, é que é artificial levantar o fantasma do risco da unidade nacional. Para José Reis, *"a coesão social de Portugal mostra que um projecto de regionalização não tem que estar associado a segmentações linguísticas, culturais ou religiosas e é um factor extraordinariamente positivo a favor da regionalização (...) e não um argumento contra ela."*[120]

O pluralismo não tem que ser desagregador, pode até contribuir para a coesão nacional. Veja-se o exemplo das instituições municipais. Por passar a haver eleições livres para estas instituições não houve, nem há, qualquer risco para a unidade do Estado. Com as regiões, conforme estão previstas na CRP e na Lei, aconteceria o mesmo, ou seja não haveria qualquer risco para a unidade nacional.

Para José Mattoso a homogeneidade do País, é coisa que não se pode justificar historicamente, acrescentando este historiador que

"... os estudos da geografia humana, da linguística, de sociologia da história da cultura material e da própria história política levam a encontrar regiões fortemente diferenciadas no País, regiões mesmo opostas em certos aspectos."[121]

Portugal tem uma grande e inegável diversidade cultural. No entanto, mesmo encontrando essas *"regiões fortemente diferenciadas"*, a criação das regiões administrativas não se faz por via de qualquer apelo de diferenciação especial. Esses diferentes aspectos poderão, eventualmente, ser um dos vários critérios para a delimitação da região.

Importa deixar aqui o testemunho de Ludgero Marques a propósito deste argumento.

---

[120] REIS, José – "Por Uma Cultura do Território: Notas Sobre o Processo de Regionalização (1995-1998)", in *Finisterra,* (1998), pp. 45.
[121] *Cadernos Municipais,* n.º 40/41, Janeiro/Abril 1987. Regionalização, Entrevista conduzida por José Manuel Fernandes a JOSÉ MATTOSO, p. 10.

"Se a regionalização significa dividir o território nacional (...), como se Portugal fosse povoado por povos étnica e culturalmente distintos, e como se Portugal não fosse uma única nação, sou contra. Se regionalizar significa antes desconcentrar e descentralizar, devolver a todos nós poderes e competências que longos anos de tendências centralizadoras nos retiraram, então eu sou a favor."[122]

- "A regionalização é muito cara e aumenta a burocracia."

A ideia de regionalizar, em Portugal, tem de ser acompanhada por uma outra que é a da reorganização de toda a administração central, regional e local. Assim, facilmente se verificará que o que vai ser gasto com a criação das regiões vai ser recuperado por via daquela reorganização. Não tem que haver aumento de custos. Tem, isso sim, de haver uma reafectação dos recursos actualmente ao dispor da administração pública colocando-os ao serviço de quem ficar com as atribuições. Se a administração central vai deixar de ter competência na matéria x ou y, deverá deixar de utilizar os recursos que lhe estavam afectos. Caso contrário, aí sim, estávamos perante uma duplicação de custos.

Por outro lado, há os custos da não regionalização, que se reflectem nomeadamente nas assimetrias regionais. Veja-se o contraste que existe entre o interior e o litoral.

Assim, qualquer despesa suplementar aquando da instalação das regiões administrativas, devemos entendê-la não como um custo, mas como um investimento numa administração voltada para os cidadãos e para o desenvolvimento.

Abílio A. Ferreira, sobre a questão da despesa pública, refere que

"lançando mão de estudos comparativos e tomando como exemplo o caso de Espanha e França é possível concluir que a

---

[122] MARQUES, Ludgero, "Pela Metropolização", in António Barreto (org.), *Regionalização Sim ou Não*, (1998), p. 201.

transformação de Estados centralizados em Estados descentralizados não é "ipso facto" causa de agravamento da despesa pública."[123]

Quanto à questão da burocracia, é falso que por via da regionalização ela venha a aumentar. Sendo as regiões administrativas pessoas colectivas com autonomia administrativa e financeira, o processo decisório desenrolar-se-á no seu interior, ao contrário do que ocorre quando, por efeito de desconcentração, a decisão é tomada por níveis hierárquicos superiores ao da entidade regional ou local. Aqui, com as decisões – principalmente as mais complexas – a serem tomadas longe dos problemas que visam resolver, as probabilidades do surgimento de disfunções burocráticas terão tendência a aumentar dado que os circuitos são mais complexos e os tempos de resposta mais longos.

A burocracia, ao contrário do que é insinuado, reduzir-se-á. Esta redução advirá, nomeadamente, do encurtamento dos circuitos, duma actuação mais transparente, da diminuição dos prazos de resposta e da facilidade de acesso aos meios de reacção por incumprimento.

- *"Descentralização para os Municípios em vez da criação das Regiões Administrativas."*

É reconhecido pela generalidade dos autores que *"temos uma forte tradição municipalista mas temos uma fraca tradição regionalista"*[124]. No entanto, apesar dos nossos municípios terem, em média, uma maior dimensão em comparação com os municípios ou comunas de outros países da Europa, não têm, claramente, a dimensão necessária para solucionar problemas que necessariamente têm de ser equacionados para espaços e população mais vastos que a dos municípios.

---

[123] FERREIRA, Abílio Afonso (1997), *Regionalização, Europa das Regiões, Reordenamento do Território Nacional*, p. 452.
[124] *Cadernos Municipais*, n.º 40/41, Janeiro/Abril 1987. Regionalização, Entrevista conduzida por José Manuel Fernandes a JOSÉ MATTOSO, p. 12.

Por outro lado, quando se invoca a descentralização, por oposição à regionalização, é necessário ter consciência do conceito de descentralização. Instalar uma Agência, um Gabinete de Estudos ou até uma Secretaria de Estado fora de Lisboa, não pode ser apresentado como descentralização, como por vezes acontece.

Ora, com o actual quadro de dimensões e capacidades dos municípios portugueses não é possível efectuar uma verdadeira descentralização. A não ser que queiramos uma descentralização *"a la carte"*, município a município.

Assim, a verdadeira descentralização só poderá acontecer quando existirem entidades supramunicipais, idênticas por todo o território, que à partida garantam condições de desempenho das competências que lhe forem atribuídas.

CAPÍTULO V

A QUESTÃO DA DIVISÃO TERRITORIAL

Introdução

Estabelecemos como objectivo deste capítulo fazer, num primeiro ponto, a análise do processo e da respectiva proposta de regionalização que terminou com o referendo em 1998. Num segundo ponto discutiremos a problemática da divisão territorial, quantas e quais regiões, que critérios para a sua delimitação: separando o litoral do interior; juntando distritos ou seguindo a lógica das Comissões de Coordenação Regional.

Seguir-se-á uma apreciação do que são as actuais Áreas Metropolitanas de Lisboa e Porto, questionando o seu enquadramento e o seu desempenho e qual o seu relacionamento com a problemática da regionalização.

Este trabalho não poderia ignorar o novo modelo de gestão da ocupação e planeamento do território proposto pela Leis n.º 10 e n.º 11 de 2003. A primeira estabelece o regime de criação, o quadro de atribuições e competências das áreas metropolitanas e o funcionamento dos seus órgãos, enquanto que a segunda estabelece o regime de criação, o quadro de atribuições e competências das comunidades intermunicipais de direito público e o funcionamento dos seus órgãos. Será este modelo uma terceira via para a regionalização?

Este capítulo terminará com um ponto dedicado à apresentação de Castelo de Paiva e o seu enquadramento administrativo, iniciando-se o mesmo, com a apresentação da posição de Castelo de Paiva no mapa da regionalização de 1998. Segue-se um estudo dos diversos relacionamentos a que Castelo de Paiva está sujeito e que exemplificam a forma desencontrada como os diversos serviços da Administração Central se vão (des) organizando pelo território em geral.

Faremos uma nota final para assinalar a criação da primeira Área Metropolitana, na nova configuração legal, uma ComUrb na qual se insere Castelo de Paiva.

5.1. O Modelo de regionalização proposto em 1998

A 26 de Março de 1998 foi aprovada na Assembleia da República a Lei[1] de criação das regiões administrativas para o Continente, designando-as do seguinte modo:

a) Região de Entre Douro e Minho;
b) Região de Trás-os-Montes e Alto Douro;
c) Região da Beira Litoral;
d) Região da Beira Interior;
e) Região da Estremadura e Ribatejo;
f) Região de Lisboa e Setúbal;
g) Região do Alentejo; e
h) Região do Algarve.

Esta Lei de criação das regiões administrativas limita-se de facto, apenas, à sua criação, enumeração e delimitação, estabelecendo que

"os poderes, a composição e a competência das regiões administrativas, bem como o funcionamento dos seus órgãos, são os constantes da Lei n.º 56/91, de 13 de Agosto."[2]

---

[1] Lei 19/98, de 28 de Abril.
[2] Cfr. n.º 2 do artigo 1.º da Lei 19/98, de 28 de Abril.

Na sequência da publicação da LQRA e mais tarde pela mudança de Governo ocorrida em 1995, inicia-se, então, em 1996 um processo que visava a criação e a instituição das regiões administrativas. Surgem por iniciativa do PCP, os Projectos de Lei n.º 49/VII – Atribuições das regiões administrativas e o n.º 94/VII – Processo de criação e instituição das regiões administrativas. Por iniciativa do PS, surgem os Projectos de Lei n.º 136/VII – Altera a Lei-quadro das regiões administrativas e o n.º 137/VII – Lei de Criação das regiões administrativas. Os Verdes apresentaram os Projectos de Lei n.º 143/VII – Criação e processo de instituição das regiões administrativas no continente e o n.º 144/VII[3] – Altera a Lei-quadro das regiões administrativas no que se refere às suas atribuições, Título III da Lei n.º 56/91, de 13 de Agosto.

Pela deliberação n.º 12-PL/96, aprovada em 2 de Maio de 1996, a Assembleia da República decidiu que, após a votação na generalidade das iniciativas legislativas tendentes à criação das regiões administrativas, se abriria um período de consulta pública, ficando a Comissão de Administração do Território, Poder Local, Equipamento Social e Ambiente com o encargo de promover a referida consulta.

Desde logo ficou definido que seriam ouvidos as associações representativas das autarquias (municípios e freguesias) e os representantes das áreas metropolitanas.

A realização de programas e debates em canais de televisão sobre o tema da regionalização, sua razão, as competências, e eventuais mapas assim como a audição de especialistas nesta matéria faziam também parte do acervo das iniciativas a tomar pela Comissão de Administração do Território, Poder Local, Equipamento Social e Ambiente de a modo a dar a esta discussão o máximo de publicidade e divulgação e recolher também o máximo de sugestões.

Os projectos de Lei apresentados na AR foram enviados, nomeadamente a todos os Municípios, às Associações de Municípios, às Associações Empresariais, às Associações Ambientalistas, às Associações Culturais e às Universidades.

---

[3] Publicados na separata n.º 11/VII do Diário da Assembleia da República de 21 de Maio de 1996. É de assinalar a ausência de qualquer projecto do PSD e do PP.

As assembleias municipais foram expressamente solicitadas a pronunciarem-se sobre os diversos projectos.

Foram criadas condições para que a nível nacional houvesse uma verdadeira discussão pública com a intervenção e audição de todos os interessados e intervenientes quer a nível particular, quer a nível institucional.

Foram mais de duzentos e vinte os pareceres provenientes das assembleias municipais. Destes, mais de 75% foram em sentido favorável ao processo de regionalização. Poucos, cerca de uma dezena, consideraram *"inoportuna a criação de regiões administrativas"*. Neste sentido destacou-se o Distrito de Viseu, com quatro assembleias municipais a emitirem parecer com esta posição.

Foram cerca de três dezenas as assembleias municipais que colocaram como condição para a emissão de parecer sobre a regionalização, a realização prévia de um referendo nacional.

Relativamente a outras entidades, convém fixar desde já, a posição recolhida pela Comissão de Administração do Território, Poder Local, Equipamento Social e Ambiente, da AML, da AMP, da Associação Nacional de Freguesias (ANAFRE) e da ANMP.

Comecemos pela AML.

Nesta AM, a sua Assembleia deliberou emitir um parecer

"... *no sentido de que deve ser criada uma Região Administrativa que integre à partida o território dos 18 Municípios que hoje constituem a Área Metropolitana de Lisboa,...* "[4].

Mais adiante, no mesmo parecer *"manifesta o acordo ao conjunto das atribuições previstas..."*.

A AMP através da sua Assembleia Metropolitana, *"manifesta o acordo com a criação das Regiões Administrativas."* Manifesta também *"o acordo ao conjunto das atribuições previstas..."*[5].

---

[4] Consulta Pública sobre a Regionalização - Relatório / Parecer, (1997), p. 23.
[5] *Consulta Pública sobre a Regionalização – Relatório / Parecer*, (1997), p. 27

A ANAFRE, por seu lado, assume que tem vindo a reivindicar a criação e instituição das Regiões Administrativas no Continente "*como forma de considerar o Poder Local e promover o desenvolvimento integrado de todas as Regiões do País.*"[6]

Para esta entidade, o apoio das Regiões deverá ser alargado à acção das Freguesias, não se limitando, como consta no artigo 17.º da LQRA, ao apoio à acção dos municípios.

Importante é a posição expressa pela ANMP[7]. Não sendo nossa intenção alongar-nos aqui em considerações sobre esta posição, sempre diremos que, para a ANMP, "*a Regionalização constitui um necessário e inadiável processo de reforma do Estado e da Administração Pública; uma base insubstituível para a modernização do Estado...*"[8].

É uma posição importante porque, desde logo é constituída por um conjunto de conclusões que foram aprovadas em encontro nacional, promovido pela ANMP e é uma posição claramente favorável à criação das regiões administrativas. Depois, é a posição pública e oficial de centenas de autarcas, ou seja, actores a quem este processo deve, em muitos pontos, seguir como referência.

Por outro lado, é interessante confrontar algumas das referidas conclusões com alguns argumentos utilizados para combater a regionalização. Como exemplo, para contraponto dos que defendiam uma maior descentralização para os municípios em vez da regionalização, numa das conclusões gerais, pode ler-se que "*a regionalização constitui igualmente um quadro institucional indubitavelmente fortalecedor dos Municípios.*"[9] Esta conclusão é claramente contrária à ideia que estava subjacente no argumento daqueles que reclamavam uma maior descentralização para os Municípios. Para estes, regionalizar significaria enfraquecimento ou, então, não fortalecimento dos Municípios, o que é aqui desmentido por aqueles que falam em nome dos Municípios.

---

[6] *Consulta Pública sobre a Regionalização – Relatório / Parecer*, (1997), p. 21.

[7] Pela importância que reportamos, às conclusões que a ANMP fez chegar à Assembleia da República, pelo seu sentido e orientação, decidimos faze-las constar em anexo. Cfr. in anexo III.

[8] *Consulta Pública sobre a Regionalização – Relatório / Parecer*, (1997), p. 16.

[9] *Consulta Pública sobre a Regionalização – Relatório / Parecer*, (1997), p. 16.

A Comissão de Administração do Território, Poder Local, Equipamento Social e Ambiente fez outras audições e recebeu, também, outros pareceres. Vejamos mais alguns exemplos.

A Associação de Municípios de Trás-os-Montes e Alto Douro – AMTAD, expressou a necessidade de manter a unidade sócio-cultural que é o Douro, rejeitando a fragmentação proposta para aquela região.

A Comissão recebeu também Duarte Lynce de Faria. Este autor teceu algumas considerações, nomeadamente sobre a possibilidade das AMs serem transformadas em regiões administrativas, o que admitiu ser uma boa opção e levantou dúvidas sobre a previsão da protecção civil passar para as regiões. Como modelo a seguir, defendeu a criação e instituição em simultâneo com as mesmas competências, situação que depois poderia, de acordo com o desenvolvimento de cada uma, passar a *"regiões com mais competências e regiões com menos competências"*. Para este autor, a Resolução do Conselho de Ministros 1/82, tal como já foi por nós acima referido, era um bom modelo para ser seguido na implementação das regiões.

Este processo de regionalização ficou marcado por vários episódios que, de alguma forma, foram anunciando o resultado final. O Governo do PS iniciava funções e tinha, durante a campanha, anunciado que faria a regionalização *"em seis meses"*. Ao PSD que pouco tempo antes tinha, publicamente, deixado cair esta reforma, não convinha o debate. Assim, não apresentou nenhum projecto, privilegiando uma estratégia de oposição a todas as propostas entretanto apresentadas e exigindo a rea-lização de um referendo. Exigência que foi satisfeita pelo Governo e pelo PS.

A táctica político-partidária sobrepunha-se e António Covas lembrava-nos como o *"utilitarismo político se compagina mal com as «grandes reformas globais»"*[10]. No mesmo sentido alertava José Reis, referindo que *"o que dificulta e enfraquece o debate sobre a regionalização é só se ter visto a racionalidade político-eleitoral."*[11]

---

[10] COVAS, António (1997), *Integração Europeia, Regionalização Administrativa e Reforma do Estado-Nacional*, p. 8.
[11] REIS, José "Por Uma Cultura do Território: Notas Sobre o Processo de Regionalização (1995-1998) ", in *Finisterra*, (1998), p. 39.

Para que fosse possível a realização do referendo foi necessário promover uma revisão à CRP, alterando nomeadamente, o artigo 256.º que previa que a instituição em concreto de cada região dependia "*do voto favorável da maioria das assembleias municipais*" que representassem a maior parte da população da área regional, para uma redacção em que a instituição, em concreto, depende agora

"*do voto favorável expresso pela maioria dos cidadãos eleitores que se tenham pronunciado em consulta directa, de alcance nacional e relativa a cada área regional*"[12].

Destaca-se também neste complicado processo a inconstitucionalidade declarada[13] pelo Tribunal Constitucional sobre dois preceitos do Decreto n.º 190/VII[14], aprovado pela Assembleia da República e cuja apreciação foi requerida pelo Presidente da República e por um grupo de deputados do grupo parlamentar do PSD.

As normas declaradas inconstitucionais e que apresentavam a redacção seguinte, foram: o n.º 3 do artigo 1.º;

"*As leis de instituição em concreto de cada região administrativa podem estabelecer diferenciações quanto ao regime aplicável a cada uma, nos termos do artigo 255.º da Constituição da República Portuguesa.*"

e o n.º 1 do artigo 11.º,

"*Após a consulta directa prevista no artigo 256.º da Constituição, os limites das regiões administrativas podem ser alterados, nos termos constitucionais, mediante lei orgânica a aprovar pela Assembleia da República, a qual assegurará designadamente*

---

[12] CRP, artigo 256.º, redacção da quarta revisão constitucional.
[13] Acórdão n.º 709/97 do Tribunal Constitucional, de 10 de Dezembro de 1997.
[14] Lei de Criação das Regiões Administrativas.

que o processo inclua a audição das respectivas assembleias municipais e das assembleias regionais das regiões envolvidas".

A CRP relativamente às regiões administrativas consagra dois momentos: a criação (art.º 255.º) e a instituição (art.º 256.º). A criação será simultânea e a respectiva lei definirá os poderes, a composição, a competência, o funcionamento dos órgãos e, eventualmente, qualquer diferenciação de regime aplicável a cada uma.

Assim, o Tribunal Constitucional considerou que a norma contida no n.º 3 do artigo 1.º não respeitava a CRP. O acórdão refere que

"... a instituição em concreto das regiões administrativas depende, ex vi do n.º 1 do artigo 256º da Constituição, da lei de criação e do voto favorável resultante de um referendo de alcance nacional ao qual, forçosamente, não podem, de todo em todo, ser estranhos os parâmetros acarretados por aquela criação (ou, dizendo de outro modo, os elementos que globalmente configuram as regiões) com a consequente definição, quer do território que a cada uma cabe, quer dos respectivos poderes, quer das composição, competência e funcionamento dos seus órgãos, quer, por fim, das diferenciações de regime que aquela lei de criação eventualmente venha a estabelecer."[15]

Havia consciência de que o processo de delimitação das regiões não estava totalmente resolvido e a norma contida no n.º 1 do artigo 11.º poderia ser uma porta aberta para futuros acertos, sem novo referendo. Mas a CRP não o permitia e o Tribunal Constitucional declarou esta norma inconstitucional uma vez que

"... a Constituição não admite alternativa. Donde que, a consulta directa haverá de ter lugar, no caso, em seguida à e tendo pre-

---

[15] Acórdão n.º 709/97 do Tribunal Constitucional, de 10 de Dezembro de 1997.

sente a modificação dos limites territoriais das regiões, operada previamente por lei orgânica emanada da Assembleia da República,..." [16].

A propósito de referendo, refira-se que o mesmo era constituído por duas perguntas[17], uma de âmbito regional (de acordo com a respectiva região administrativa a criar) e outra de alcance nacional.

Figura 16 – Mapa com as Regiões do referendo de 1998

1 - Entre Douro e Minho

2 - Trás-os-Montes e Alto Douro

3 - Beira Litoral

4 - Beira Interior

5 - Estremadura e Ribatejo

6 - Região de Lisboa e Setúbal

7 - Alentejo

8 - Algarve

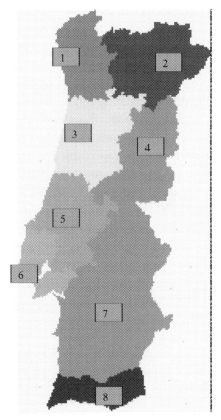

---

[16] Acórdão n.º 709/97 do Tribunal Constitucional, de 10 de Dezembro de 1997.

[17] Os cidadãos eleitores foram chamados a pronunciarem-se directamente, respondendo sim ou não a duas perguntas: a) A primeira dirigida a todos os eleitores recensea-

"O referendo exótico"[18] como lhe chamou Vital Moreira, tal é a carga de particularidades que o seu regime comporta quando comparado com o regime dos demais referendos. Salienta Vital Moreira, classificando-a como a principal especificidade deste referendo, a singular obrigatoriedade de submeter a referendo uma reforma legislativa que ao mesmo tempo está consagrada constitucionalmente.

Destaca-nos também a especial preponderância deste regime para a vitória do "não". Isto acontece pelo facto de a CRP (artigo 256.º pela redacção da Lei Constitucional n.º 1/97)[19], impor que a instituição em concreto das regiões passa pelo *"... voto favorável expresso pela maioria dos cidadãos eleitores que se tenham pronunciado..."*. Isto é, ao exigir uma maioria absoluta, os votos nulos e os votos em branco funcionam como votos "não".

Realizado o referendo, o "sim", na primeira pergunta, obteve apenas, 34,97% dos votos. À segunda pergunta, só na região do Alentejo é que o "sim" superou o "não", obtendo 50,69% das respostas. Assim e apesar da percentagem de votantes ter sido inferior a 50%, a vitória do "não" foi vinculativa, graças a uma das particularidades deste referendo já que, ao contrário do que acontece no regime geral do referendo que para ser vinculativo exige a participação de mais de 50% dos eleitores, neste caso, *"a vitória do "não" é sempre juridicamente impeditiva de avançar com o processo, mesmo que a participação no voto seja reduzida."*[20]

Para nós, este referendo não pode ser visto como um "não" à ideia de regionalização mas apenas como um "não" ao mapa proposto.

---

dos em território nacional, com a seguinte formulação: «*Concorda com a instituição em concreto das regiões administrativas?*»; b) A segunda dirigida aos eleitores recenseados em cada uma das regiões criadas pela Lei 19/98, de 28 de Abril, com a seguinte formulação: «*Concorda com a instituição em concreto da região administrativa da sua área de recenseamento eleitoral?*»

[18] MOREIRA, Vital (1998), *A Morte do Centro*, p. 42.

[19] Para MOREIRA, Vital (1998), *A Morte do Centro*, p. 42, não passou de uma *""mal enjorcada" revisão constitucional"*.

[20] MOREIRA, Vital (1998), *A Morte do Centro*, p. 44.

5.2. Outros modelos de regionalização

"Não é difícil a quem percorra a terra de Portugal verificar a existência de regiões diferenciadas pelos acidentes naturais, pelas particularidades linguísticas, pelas culturas agrícolas, pelo modo de vida popular, hábitos, tradições e aspirações"[21].

É desta forma, reconhecendo características comuns em cada região, que Marcello Caetano inicia, numa das suas obras, a abordagem às *"circunscrições administrativas e regiões naturais. As Províncias."*

Sabemos que a regionalização obedece a muitas motivações. Daí pensarmos que não há nenhum critério mais ou menos indiscutível para delimitar as regiões o que significa que também não haverá nenhum processo que possamos classificar como óptimo para o fazer. Por outro lado, há critérios que são bastante subjectivos e muito influenciados por diversos aspectos económicos, sociais ou políticos.

Tendo presente que as regiões não representam fins em si mesmas, *"mas apenas como meios para atingir fins"*[22], é lógico que a região que se crie, em qualquer momento ou espaço, será delimitada de acordo com os objectivos a atingir.

Há no entanto dois critérios que os economistas não deixam de invocar para uma análise regional e consequente delimitação de regiões. Referimo-nos à homogeneidade e à polarização e respectivas regiões homogéneas e regiões funcionais. Vejamos, ainda que de forma muito ligeira, o conceito de cada um.

De acordo com o primeiro critério a região é concebida em função das suas características, podendo ser o clima, a vegetação, a topografia, os solos, a hidrografia, a demografia, o tipo de agricultura, entre outros aspectos.

---

[21] CAETANO, Marcello, *Manual de Direito Administrativo*, (1990), p. 292.
[22] LOPES, A. Simões (1995), *Desenvolvimento Regional: problemática, teoria e modelos*, p. 32.

A homogeneidade impõe-se quando estamos perante de regiões formais, caracterizadas, segundo Simões Lopes, por *"áreas geográficas dotadas de uniformidade relativa..."*[23] face a uma qualquer variável. Para Castro Caldas e Loureiro, *"região homogénea representa uma fracção de espaço económico onde um conjunto pré-seleccionado de características apresenta um grau de dispersão mínimo."*[24] Este é um conceito que não pode ser tomado na sua noção absoluta, pelo menos desde que se trabalhe com mais do que um atributo. Antes, tem de ser visto como reflexo do comportamento de variáveis dentro de intervalos aceitáveis para a delimitação desejada. Como exemplos de regiões homogéneas, surgem frequentemente as regiões baseadas nas bacias hidrográficas e as regiões baseadas no solo, vegetação e/ou clima. O critério de regiões homogéneas surge, também, para as regiões culturais, absorvendo gostos, valores e costumes de determinada sociedade.

Numa primeira fase, procurou-se construir regiões em que a homogeneidade se verificasse, não apenas em relação a um atributo mas em relação a uma série deles, ignorando por completo a funcionalidade interna da região e as relações de interdependência com outros espaços. Estas preocupações vão preencher o conceito de região polarizada.

A região polarizada será delimitada com base na acção recíproca das actividades sociais e económicas. Dito de outro modo, determinadas actividades sociais e económicas orientam-se para centros de actividades, cidades ou áreas metropolitanas de modo mais intenso na direcção de um centro do que na de outro.

Por região polarizada entende-se, então, como sendo a área do território sobre o qual determinado fluxo, de um dado centro, estabelece a sua influência. As regiões polarizadas, com atributos heterogéneos, visam, *"fundamentalmente, a acção e uma acção multimoda que, na maior parte dos casos, tem a ver com o seu desenvolvimento."*[25]

---

[23] LOPES, A. Simões (1995), *Desenvolvimento Regional: problemática, teoria e modelos*, p. 32.

[24] CALDAS, E. de Castro & LOUREIRO, M. de Santos & outros (1966), *Regiões Homogéneas no Continente Português – Primeiro ensaio de delimitação*, p. 40.

[25] OLIVEIRA, Luís Valente (1996), *Regionalização*, p. 66. Sobre os conceitos de região polarizada e região homogénea ver, entre outros, PERROUX, François (1961),

Perroux[26] afirma que os espaços económicos definem-se em função da polarização, planificação ou homogeneidade de suas estruturas, ou seja, definem-se pelas relações entre os elementos económicos. Deste modo encara o conceito sob três diferentes visões, a saber: o espaço económico como conteúdo de um plano, o espaço económico como um campo de forças e o espaço económico como um conjunto homogéneo, surgindo assim, três tipos de regiões económicas: região plano, região polarizada e região homogénea.

Para nós, qualquer limite territorial imposto pelo Homem é imperfeito, por mais científico e sofisticado seja o método utilizado na delimitação desse território.

Assim não nos espanta que o número de regiões administrativas a criar e a sua consequente divisão ou delimitação tenha sido uma das mais discutidas questões aquando do referendo, apesar dos avisos de algumas individualidades que alertaram para a necessidade de centrar a discussão nas atribuições e nas competências em vez de se fazerem compromissos políticos em torno do seu número.

Sobre esta questão, Abel Fernandes confessa acreditar

" que a regionalização só pode, e deve, ser discutida com base em suficiente caracterização do seu conteúdo, que lhe será dada pelo conjunto de funções e competências que forem atribuídas às novas entidades e, ainda, pelo respectivo sistema de financiamento."[27]

L'économie du XXe siecle, CALDAS, E. de Castro & LOUREIRO, M. de Santos & outros (1966), *Regiões Homogéneas no Continente Português – Primeiro ensaio de delimitação,* LOPES, A. Simões (1995), *Desenvolvimento Regional: problemática, teoria e modelos,* e FARIA, Duarte Lynce (1996), *Regionalizar, o Referendo do Portugal Esquecido – Ensaio Sobre as Perspectivas de Desenvolvimento Regional e os Factores de Delimitação,* pp. 81-89.

[26] A definição de espaço económico está inserida no prefácio de PERROUX, François (1961), *L'économie du XXe siecle.* O autor dedica os capítulos um e dois do livro para a descrição dos espaços económicos e conceito de pólos de crescimento.

[27] FERNANDES, Abel (1998), *Fundamentos, Competências e Financiamento das Regiões na Europa: Uma Perspectiva Comparada,* p. 14.

Por outro lado, *"quem propõe muitas regiões – portanto, necessariamente pequenas – é porque não tem como fito descentralizar funções realmente importantes."*[28] No entanto, esta é uma opinião que não merece o consenso de todos os autores. Para José Reis *"o problema do mapa regional não é o número de regiões mas da coerência de cada uma delas, e é para isto que é preciso conhecer o território..."*[29].

Para Freitas do Amaral, a delimitação das regiões, passa pela exploração da concepção que há acerca do que é uma região administrativa, ou daquilo que se quer ou que devem ser as regiões no Continente. Para este autor,

> *"o que verdadeiramente está em causa é optar pelo modelo da grande região, que daria cinco ou seis regiões administrativas no Continente português, ou pelo modelo da média região, que daria cerca de dez ou onze regiões. No fundo trata-se de optar entre as cinco ou seis comarcas da Monarquia tradicional, e as dez ou onze províncias dos séculos XIX e XX."*[30]

Aponta-nos este autor, duas hipóteses:

- *região-comarca*, o que significa, menor número de regiões mas constituídas por grandes espaços mais vocacionados para os problemas do planeamento económico. Seriam, forçosamente, grandes unidades heterogéneas;
- *região-província*, unidades mais homogéneas que se aproximariam de comunidades naturais.

Valente de Oliveira, que foi ministro do Planeamento e da Administração do Território até 1995, assume que para efeitos de desenvolvimento as regiões que fazem sentido são: Norte, Centro, Lisboa e Vale do Tejo,

---

[28] OLIVEIRA, Luís Valente (1996), *Regionalização*, p. 68.
[29] REIS, José, "Por Uma Cultura do Território: Notas Sobre o Processo de Regionalização (1995-1998)", in *Finisterra*, (1998), p. 46.
[30] AMARAL, Freitas, Diogo (2002), *Curso de Direito Administrativo*, p. 544.

Alentejo e Algarve[31]. Cinco regiões correspondendo praticamente às áreas territoriais das CCRs. A mesma posição é mantida, por este autor, ao afirmar que "... *no Continente não há lugar para mais de cinco regiões.*"[32] Também Elisa Ferreira, defendia e defende a criação das cinco regiões, lamentando

"que se tenha perdido demasiado tempo em Portugal, e, sobretudo, que não tenham sido dados passos coerentes em relação à consolidação de um projecto de regionalização de que fui e sou apoiante: um mapa baseado nas cinco regiões do continente."[33]

No mesmo sentido vai Daniel Bessa[34], que *"preferia um Portugal regionalizado em Norte, Centro, Lisboa e Vale do Tejo, Alentejo e Algarve...".* No entanto, este mesmo autor admite uma divisão, por poucos colocada, que consistia na criação de apenas três regiões. *"... Norte, Centro e Sul, juntando as duas do meio e as duas últimas"*[35], referindo-se ao Alentejo e ao Algarve.

Esta hipótese, de criar apenas três regiões, é também levantada por Ludgero Marques, no entanto, com uma diferente configuração.

"O Norte com o Porto como motor, e o Sul com Lisboa a desempenhar esse papel. Para o Centro teria que ser encontrada uma grande metrópole assente numa cidade dinâmica dessa região."[36]

---

[31] OLIVEIRA, Luís Valente (1996), *Regionalização*, p. 71.
[32] OLIVEIRA, Luís Valente (1997), *Novas Considerações sobre a Regionalização*, p. 28.
[33] FERREIRA, Elisa, "Desorganização Territorial Disfarçada de Descentralização", Intervenção no Debate "Descentralizar. Regionalizar. Desconcentrar. Como Fazer?". Lisboa, 9 de Julho de 2003. Consulta em 10.10.2003 ao texto disponível em http://www.margemesquerda.org/egf.htm.
[34] BESSA, Daniel (1996), "Capital de queixa" in *Público*, p. 9.
[35] BESSA, Daniel (1996), "Capital de queixa" in *Público*, p. 9.
[36] MARQUES, Ludgero, "Pela Metropolização", in António Barreto (org.), *Regionalização Sim ou Não*, (1998), p. 203.

Mas, sendo o litoral tão diferente do interior, tendo o interior problemas de desenvolvimento tão diferentes dos problemas do litoral, parece óbvio que as estratégias de desenvolvimento terão também de ser diferenciadas. Neste sentido vai Ramires Fernandes, ao defender que

"... se deve aceitar a tese da divisão que crie regiões no interior deprimido, de modo a serem elas próprias centros polarizadores de desenvolvimento, autónomas em relação ao litoral (com o qual aliás pouco têm a ver em termos sociológicos, culturais e, obviamente económicos)."[37]

Uma das vias para a delimitação é seguir a delimitação das antigas regiões plano. Sobre esta possibilidade, Vítor Constâncio alertava para:

"*O grande risco que existe com uma divisão nessas grandes regiões, é o da consagração de fenómenos de dominação por parte do litoral mais desenvolvido, e onde se concentra a maior parte da população, em relação ao interior, a nível dos órgãos regionais e, portanto, a nível dos destinos da própria região*"[38].

Este mesmo autor[39] defendia que, para a Região Norte e para a Região Centro, "*criemos em cada uma delas uma região litoral e uma região interior*".

No mesmo sentido vai Carlos Lage ao afirmar que:

"*É preferível um mapa regional que proporcione autonomia às regiões do interior do país, isto é, Trás-os-Montes e Beira*

---

[37] RAMIRES FERNANDES, Manuel (1996), *A Problemática da Regionalização*, pp. 59-60.

[38] Intervenção de Vítor Constâncio na Conferência sobre Regionalização e Desenvolvimento em Lisboa, 1982, in *Conferência sobre Regionalização e Desenvolvimento*, (1984), p. 59.

[39] Intervenção de Vítor Constâncio na Conferência sobre Regionalização e Desenvolvimento em Lisboa, 1982, in *Conferência sobre Regionalização e Desenvolvimento*, (1984), p. 59.

Interior. Estas, além de enfrentarem problemáticas de desenvolvimento nitidamente diferenciadas das regiões do litoral e por isso, exigindo estratégias de desenvolvimento também diferenciadas, possuem, além disso, uma personalidade histórico-cultural bastante vincada. Há minhotos, transmontanos, beirões, alentejanos[40]

Mas, em sentido completamente inverso, Valente de Oliveira diz que

"... as assimetrias regionais representam um problema persistente na sociedade portuguesa. Ora elas patenteiam-se em espaços heterogéneos. Não faz sentido, assim, que, para resolver problemas decorrentes da heterogeneidade, se recorra a soluções que assentem na homogeneidade."[41]

Neste sentido as regiões devem ser desenhadas horizontalmente incluindo litoral e interior, de acordo com critérios de polarização e de complementaridade.

Mas este tipo de delimitação traduz, nas palavras de Figueiredo, uma filosofia segundo a qual seria

"lícito esperar que, de duas regiões distintas em presença, uma rica e outra pobre, o resultado final da reunião seria um enriquecimento relativo da mais pobre e consequente não enriquecimento adicional da mais rica."[42]

No entanto o mesmo autor diz-nos que a experiência diária desmente essa teoria.

---

[40] LAGE, Carlos "Desenvolvimento nacional, desenvolvimento regional e Regiões Administrativas" In *Cadernos Municipais*, (1987), p. 46.
[41] OLIVEIRA, Luís Valente (1997), *Novas Considerações sobre a Regionalização*, p. 28.
[42] FIGUEIREDO, Ernesto V. S. (1988), *Portugal: que regiões?*, p. 224.

As regiões conhecidas têm, tanto em área como em número de habitantes, valores muito diversos[43]. Por exemplo, no caso francês, como já foi referido, o número de habitantes varia entre os 270 mil e os 10 milhões. Por outro lado, nem a área nem o carácter homogéneo são, só por si, determinantes para a caracterização de um espaço regional. Há regiões em que é a sua heterogeneidade, em relação a vários parâmetros, que fundamenta a sua afirmação e a sua mais valia.

Assim, para alguns autores, vários são os caminhos a seguir e os critérios a considerar para determinar o âmbito de cada região. Os próprios estatutos atribuídos às diferentes regiões não são iguais, podendo ter competências legislativas ou não, terem percentagens maiores ou menores na repartição das receitas públicas e terem uma importância social e política completamente diversa. No entanto, e relativamente ao processo de regionalização para o Continente português, diz-nos Ernesto Figueiredo que *"a delimitação regional é parte integrante da teoria regional..."*[44].

Para este autor a delimitação das regiões é uma fase critica deste processo, não sendo plausível esperar por resultados positivos, por exemplo de desenvolvimento regional, se as regiões não forem *bem delimi-*

---

[43] Veja-se o quadro seguinte:

País	População / região / condado / províncias	Área km² (média)
Portugal (para a hipótese de 5 regiões)	395.000 a 3.687.200	18.400
França	270.000 a 10.000.000	24.990
Alemanha	1.400.000 a 17.000.000	22.600
Espanha	250.000 a 6.500.000	44.770
Itália	114.500 a 9.000.000	15.050

[44] FIGUEIREDO, Ernesto, "Duas Questões Maiores da Regionalização no Continente Português: Número e Delimitação das Regiões Fundamentais", in *Finisterra*, (1998), p.111

tadas. E para serem bem delimitadas é então necessário recorrer a estudos sobre as mais diversas variáveis que se encontram disponíveis em bancos de dados e relativas, também, aos mais diversos temas. Esta informação vai desde estatísticas sobre consumo de determinados produtos, demografia, produto interno, emprego, mobilidade, indústria, agricultura ou turismo, e deverá ser recolhida e analisada com base nas unidades básicas do nosso sistema administrativo. Ernesto Figueiredo[45] assume aqui que *"a informação estatística multivariada colhida a este nível"*, isto é, dos municípios, *"permite-nos investigar regionalmente em bases sólidas"*.

Para este professor, o número de regiões administrativas a instituir no Continente e de acordo com uma longa série de razões, é de seis. Além de serem em número adequado para a assunção das identidades regionais, *"vão buscar identificação regional às antigas províncias de Entre Douro e Minho, Trás-os-Montes, Beiras, Estremadura, Alentejo e Algarve"*[46]. Este número é também confirmado pela investigação aplicada *"quando se procede a inventariações regionais seguindo critérios bem definidos."*

Uma das propostas para a delimitação das regiões administrativas, defende, como temos visto, que não deve haver separação entre o interior e o litoral. As regiões deveriam ser desenhadas por linhas horizontais leste-oeste. O litoral, para os defensores desta proposta, funcionaria como locomotiva da respectiva região. Para alguns esta proposta é suportada pela ideia da importância, do valor, que é necessário voltar a dar ao mar. Estas regiões assim desenhadas teriam nos traçados perpendiculares, como é o caso do IP5 e, fundamentalmente nos rios navegáveis, corredores que funcionariam como canais charneira para o desenvolvimento desses espaços. *"Um esquema de regionalização que jamais separasse o*

---

[45] FIGUEIREDO, Ernesto, "Duas Questões Maiores da Regionalização no Continente Português: Número e Delimitação das Regiões Fundamentais", in *Finisterra*, (1998), p.113.

[46] FIGUEIREDO, Ernesto, "Duas Questões Maiores da Regionalização no Continente Português: Número e Delimitação das Regiões Fundamentais", in *Finisterra*, (1998), p.115.

interior do litoral, antes procurasse fazer dele também litoral..."[47], é o que propôs Virgílio de Carvalho.

5.3. As Áreas Metropolitanas e as Regiões Administrativas

No Continente as autarquias locais são as freguesias, os municípios e as regiões administrativas, e nas grandes áreas urbanas, de acordo com a CRP, a lei poderá estabelecer outras formas de organização territorial autárquica. Ao abrigo desta faculdade, surge a Lei n.º 44/91, de 2 de Agosto, que instituiu as Áreas Metropolitanas de Lisboa e Porto (AML) e (AMP), com natureza de associação obrigatória de municípios, de carácter especial, solução que desde logo levantou algumas dúvidas quanto à sua compatibilidade com a CRP.

De facto a CRP ao tempo e no n.º 3 do artigo 238.º determinava que *"nas grandes áreas urbanas e nas ilhas, a lei poderá estabelecer, de acordo com as suas condições específicas, outras formas de organização territorial autárquica"*. Norma que ainda hoje se mantém na CRP.

A expressão *"organização territorial autárquica"*, segundo alguns autores, impedia a criação das AMs tal como o foram. A CRP parece apontar e exigir que as entidades criadas ao abrigo desta norma fossem de natureza autárquica, logo teriam de ter, no mínimo, uma eleição directa para a sua assembleia deliberativa.

Freitas do Amaral assume mesmo que *"temos as maiores dúvidas sobre a constitucionalidade das áreas metropolitanas na sua configuração actual..."*[48].

Para a Constituição, as autarquias são formas de organização local em que os seus órgãos são eleitos pelas próprias comunidades. Assim, sem órgãos eleitos por sufrágio directo e universal dos cidadãos aí residentes, não poderemos falar em autarquia local.

---

[47] VIRGÍLIO DE CARVALHO, "Abordagem Estratégica duma Regionalização do Continente Português", in *Regionalização e Desenvolvimento*, (1996), p. 144.

[48] AMARAL, Diogo Freitas (2002), *Curso de Direito Administrativo*, p. 513.

Não ignorando estes problemas, quanto à sua natureza legal e orgânica, interessa-nos agora discutir qual será o enquadramento das Áreas Metropolitanas (AM), no Continente, existindo ou não regiões administrativas e se o modelo existente será ou não um modelo recomendável para futuras experiências.

As AMs, de acordo com a referida Lei n.º 44/91, foram criadas como *"pessoas colectivas de direito público de âmbito territorial"*, sendo-lhe atribuído, como função, a *"prossecução de interesses próprios das populações da área dos municípios integrantes"*.

Sem pretender alargar demasiado o estudo sobre a definição e atribuições das AMs, diremos que estas entidades surgem fruto de uma elevada concentração demográfica, aliada a elevadas interrelações económicas e sociais, num espaço contínuo, que se sobrepõem às divisões administrativas das partes constituintes. Certo é que a problemática das grandes áreas urbanas coloca desafios complexos e exige, do ponto de vista da gestão desses territórios, soluções institucionais capazes de promoverem de forma eficaz e coordenada a respectiva *"gouvernance"*. Por outras palavras, uma metrópole, é uma "grande cidade" que contém no seu interior outras cidades, com problemas comuns e que reclamam soluções também elas comuns. Como refere Marcelo Rebelo de Sousa:

"... a existência de áreas metropolitanas, englobando a grande cidade e os núcleos suburbanos, que mantêm com ela uma comunidade de necessidades colectivas, coloca, ela própria, questões de Direito, susceptíveis de conduzir, nuns casos, à integração de pequenos municípios suburbanos no município da grande cidade, noutros casos, à associação obrigatória de municípios, e, noutros ainda, à criação de uma autarquia supramunicipal."[49]

De acordo com este autor, a problemática da existência das áreas metropolitanas *"coloca, ela própria, questões de Direito"*. A gestão do

---

[49] REBELO DE SOUSA, Marcelo (1999), *Lições de Direito Administrativo*, p. 378.

território, a competitividade e a participação cívica, são exemplos de questões que se colocam quando se pretende definir modelos de organização e gestão desses espaços.

A litoralização da população e a sua efectiva concentração, fundamentalmente em torno de dois centros urbanos, levou a que primeiro em Lisboa e depois no Porto se começassem a acumular problemas resultantes de uma ocupação desordenada do território. Infra-estruturas básicas incapazes de responder, a falta de acessibilidades, a poluição e os congestionamentos, são exemplos de problemas que não encontravam, no plano dos instrumentos de intervenção e da gestão política, soluções capazes de optimizarem a acção dos diferentes níveis de poder e da administração.

Era assim notória a urgência em encontrar uma solução que permitisse uma intervenção à escala da dimensão dos problemas, numa abordagem conjunta e coordenada.

A CRP de 1976 permitia e o CDS propôs nesse mesmo ano, a criação de novas autarquias locais para o Grande Porto e para a Grande Lisboa. Mais tarde, no início da década de noventa o PCP defendia a mesma ideia, a criação de novas autarquias locais para estas realidades. Seriam autarquias supramunicipais que respeitariam a identidade e a autonomia dos municípios abrangidos e teriam órgãos eleitos directamente.

Vingaria no entanto, como refere Marcelo Rebelo de Sousa, "... *a solução tímida, que é a criação de áreas Metropolitanas de Lisboa e Porto, associações obrigatórias de municípios com a natureza de associações públicas...*"[50]. Associações obrigatórias, apesar de ter havido, para a sua instituição em concreto, o voto favorável da maioria das assembleias municipais dos municípios envolvidos.

As AMs compreendem os seguintes órgãos: um órgão deliberativo; um órgão consultivo; um Conselho Metropolitano e os órgãos executivos, a Junta Metropolitana com a sua Comissão Permanente e o Presidente da Junta Metropolitana. A Assembleia Metropolitana é constituída por mem-

---

[50] REBELO DE SOUSA, Marcelo (1999), *Lições de Direito Administrativo*, p. 378.

bros eleitos pelas Assembleias Municipais[51]. A Junta Metropolitana é constituída pelos Presidentes das Câmaras Municipais dos municípios que integram a respectiva AM. O Conselho Metropolitano é um órgão mais alargado, compreendendo todos os membros da Junta Metropolitana, o Presidente da CCR respectiva e pelos representantes, nomeados pelo Governo, dos serviços da administração periférica do Estado, cuja acção se cruze com as atribuições da AM. Com este órgão pretendeu-se ultrapassar a incapacidade da AM, gerada pela sua própria natureza de associação obrigatória, em articular e coordenar com o nível central. Ao Conselho Metropolitano cabe a *"concertação e coordenação entre os diferentes níveis da Administração"*, de acordo com a lei n.º 44/91, de 2 de Agosto.

As atribuições das AMs passam, nomeadamente e de acordo com a referida Lei n.º 44/91, por:

- Assegurar a articulação dos investimentos municipais que tenham âmbito supramunicipal;
- Assegurar a conveniente articulação de serviços de âmbito supramunicipal, nomeadamente nos sectores dos transportes colectivos, urbanos e suburbanos e das vias de comunicação de âmbito metropolitano;
- Assegurar a articulação da actividade dos municípios e do Estado nos domínios das infra-estruturas de saneamento básico, de abastecimento público, de protecção do ambiente e recursos naturais, dos espaços verdes e da protecção civil;

---

[51] Os respectivos membros são também membros das assembleias municipais, no entanto na assembleia metropolitana não representam o seu município, integram um órgão metropolitano. Pode acontecer um município não ter representante na assembleia metropolitana. No entanto, como nos dizem PEREIRA, Margarida & SILVA, Carlos Nunes, "As grandes Áreas Urbanas – Contributos para a Definição de Alternativas ao Modelo Institucional Vigente", in *Território e Administração Gestão de Grandes Áreas Urbanas*, (2001), p. 79, "*os deputados metropolitanos quase sempre entendem o cargo como representação do seu município...*".

- Acompanhar a elaboração dos planos de ordenamento do território no âmbito municipal ou metropolitano, bem como a sua execução; e
- Dar parecer sobre os investimentos da administração central das respectivas áreas, bem como dos que sejam financiados pela Comunidade Europeia.

Os recursos financeiros resultam, sobretudo de transferências do OE e de transferências dos próprios Municípios. No entanto a lei é omissa quanto ao peso relativo de cada uma destas fontes. Mais: não fixa quaisquer critérios para as transferências do Orçamento do Estado.

A falta de recursos próprios assim como a falta de legitimidade democrática que é conferida pela eleição directa, são duas das principais dificuldades que acompanham a vida destas entidades e que de algum modo lhes têm traçado o caminho do pouco sucesso que é reconhecido às Áreas Metropolitanas de Lisboa e do Porto.

A Lei de instituição das Áreas Metropolitanas procurava dar a estas áreas territoriais os meios, mecanismos e instrumentos que assegurassem uma visão e uma resposta integrada ao nível do planeamento, da gestão e das políticas de investimentos. Era assim objectivo desta iniciativa, pôr cobro à descoordenação da intervenção nestas áreas territoriais dos vários departamentos da Administração Central, dos Municípios e das empresas que prestam serviços públicos no território e preencher um nível de administração, indispensável no planeamento e ordenamento do território.

No entanto a nossa tradição centralista impediu que às novas instituições metropolitanas fossem reconhecidos e facultados os meios, os poderes e as competências correspondentes a um exercício pleno e eficaz das suas funções.

Hoje a avaliação que se faz do desempenho das AMs é de um modo geral muito sofrível[52].

---

[52] Este não é um problema exclusivo das AMs nacionais. Recorde-se o desmantelamento de áreas metropolitanas como é o caso dos condados metropolitanos ingleses, incluindo a Grande Londres, a área metropolitana de Rignmond-Amesterdão e, por outro

"Eu não percebo como é que nas duas áreas metropolitanas que foram criadas em 91 e que, num discurso politicamente correcto, ficaram aquém das expectativas – na verdade foram um fracasso..."[53].

Quem assim avalia o desempenho das AMs é o Secretário de Estado da Administração Local, referindo-se à falta de delegação de competências dos municípios para as Áreas Metropolitanas. Este é o mesmo governante que aposta num modelo idêntico para mais áreas do continente, como veremos adiante.

O facto de serem os presidentes de Câmara a constituírem a Junta Metropolitana, com a sua inevitável falta de disponibilidade e os mais que certos conflitos de interesses entre a visão municipal e os interesses de âmbito metropolitano, é desde logo uma quase garantia de fracasso para este modelo. Importa acrescentar que qualquer um dos presidentes de Câmara que assuma o lugar de Presidente da AM tem sempre uma legitimidade muito frágil por causa do tipo de escrutínio a que é sujeito. Recorde-se que o Presidente da AM é eleito pelos outros presidentes de Câmara que compõem a AM. Não existe verdadeira legitimidade democrática para exercer funções a nível metropolitano.

Com um sistema assim desenhado o resultado é sempre a ausência de um "rosto" que represente a AM e que preste contas perante todos os cidadãos da AM. O eleitorado do presidente de Câmara que é escolhido para Presidente de uma AM mantém-se, apesar dessa escolha, confinado

---

lado, casos de integração destes serviços nas Regiões que entretanto surgiram. Paris e Madrid são dois exemplos em que a autarquia metropolitana foi integrada, respectivamente, pela Região de Ile-de-France e pela Comunidade Autónoma de Madrid. Em Itália a sua instituição também não obteve grande êxito. Olhando para o panorama europeu Nuno Portas considera que *"... o juízo que hoje se faz sobre a eficácia real da maioria das experiências está longe de ser entusiástico..."*. Cfr. PORTAS, Nuno, "A Instituição Metropolitana", in *Cadernos Municipais*, (1987), p. 56.

[53] RELVAS, Miguel, no Debate "Descentralizar. Regionalizar. Desconcentrar. Como Fazer?", Lisboa, 9 de Julho de 2003 em http://www.margemesquerda.org/egf.htm. Consulta em 10.10.2003.

ao seu Município. É desse eleitorado que aquele presidente depende politicamente numa próxima eleição.

Por outro lado, os recursos financeiros disponibilizados pelo OE, nos primeiros anos da sua criação, mostram que o entusiasmo do Governo por estas entidades, também não era elevado. Em 1992 o OE destinava para as duas AM 50 mil contos (249.398,95), em 1993 descia para apenas 35 mil (174.579,26) e em 1994 mantinha os mesmos 35 mil contos.

Feito este enquadramento das AM, importa agora analisar a sua relação com a regionalização.

A criação destas entidades, para determinadas áreas territoriais, corresponde e é comparável em larga medida, à criação de regiões administrativas num processo de regionalização mais amplo para todo o continente. Tendo o nosso país como matriz básica o município, cuja dimensão de um modo geral não assegura a necessária "... *massa crítica para o correcto funcionamento e gestão de determinados serviços...*"[54], surge a necessidade de encontrar escalas diferentes que em regra passam por outras formas de organização territorial e administrativa.

Se as áreas das grandes metrópoles, pelos problemas concretos que apresentam, reclamam a urgência de uma autoridade administrativa supramunicipal, essa premência é independente, pensamos nós, das soluções organizativas adoptadas para o restante espaço territorial. O que não quer dizer que seja irrelevante para as AMs o que se passa no resto do país. Haja ou não regiões administrativas, as Áreas Metropolitanas têm de ter os instrumentos e as soluções para lidarem com os problemas metropolitanos que são diferentes dos problemas que se colocam a outras cidades, vilas ou regiões que não têm grandes contínuos de alta densidade populacional.

A pressão sobre as áreas de maior concentração urbana vai continuar até que surja uma verdadeira política de desenvolvimento, capaz de criar condições para parar a desertificação do interior e que contribua para

---

[54] MALAFAYA-BAPTISTA, Filipa & TEIXEIRA, Miguel B., "Um novo protagonismo para as Áreas Metropolitanas? O caso do Porto" in *Regiões e Cidades na União Europeia: Que Futuro*, (1999), p. 394.

a fixação da população de forma mais equilibrada por todo o país. Um desenvolvimento mais equilibrado entre o litoral e o interior e entre as cidades do interior e as zonas rurais circundantes é com certeza uma boa ajuda para a resolução de alguns dos problemas que se colocam às actuais AMs de Lisboa e Porto.

Mas a decisão e a adopção de políticas ao nível das AMs, nomeadamente em matérias como o ordenamento do território, o planeamento, a articulação dos principais agentes operadores em domínios como o dos transportes, as acessibilidades, os recursos hídricos e o ambiente, áreas de intervenção pública e críticas para o desenvolvimento e para a qualidade de vida do cidadão, não conseguem níveis de eficiência e eficácia se continuarem a serem prosseguidas por estruturas como as que a Lei 44/91 estabeleceu.

A revogação[55] que já consta na letra da lei e a sua substituição por outro regime é a confirmação, quanto a nós, da inoperacionalidade do modelo destas AMs.

5.4. O Novo Regime de Criação das Áreas Metropolitanas e das Comunidades Intermunicipais

Pretende-se aqui apresentar e discutir o modelo proposto pelas leis n.º 10 e n.º 11, ambas de 13 de Maio de 2003, e relacioná-lo com a questão da regionalização. Pensamos ser inquestionável esta nossa proposta de paralelismo com a regionalização.

Vejamos. Alguns dos que foram contra a regionalização defendiam e reconheciam ao mesmo tempo a necessidade da descentralização. Ora é com base nessa necessidade de descentralização[56], que logicamente também era reclamada pelos defensores da regionalização, que é lançada esta ideia da reforma das AMs e da criação das Comunidades Intermunicipais.

---

[55] O artigo 40.º da Lei 10/2003, de 13 de Maio, estabelece a revogação da Lei 44/91.
[56] Veja-se a Resolução do Conselho de Ministros de Julho de 2002.

Miguel Cadilhe em recente intervenção contra a "macrocefalia" de Lisboa e pugnando pela descentralização dos serviços (referindo-se concretamente à localização prevista para Lisboa da Agência Europeia para a Segurança Marítima), desvalorizou esta nova fórmula de organização administrativa afirmando que não sabe "... *se é uma forma avançada ou mitigada de regionalização, ou se é mesmo anti-regionalização.*"[57]

Abrindo o caminho para a criação de entidades públicas, de natureza associativa, que vão prosseguir os interesses comuns dos municípios que integrem essas entidades, não impondo barreiras às opções de cada município que não sejam limites mínimos de população e do número de municípios e atendendo à natureza das atribuições que podem vir a exercer, parece-nos que estamos perante um modelo que pretende responder a algumas das questões a que responderia a regionalização.

Importa então analisar até que ponto este modelo será um substituto da regionalização ou se não passará de uma forma diferente de se chegar ao mesmo objectivo – a instituição de um nível da administração supramunicipal, administração regional autárquica, com órgãos próprios e eleitos directamente.

Desde já e antes de mais, consideramos positivo nesta iniciativa, o reconhecimento das limitações do nível municipal e em simultâneo a identificação e valorização da dimensão supramunicipal.

Para Vital Moreira,

"a reforma das áreas metropolitanas e a nova figura das "comunidades urbanas" pode ser um bom sucedâneo parcial para a necessária instância regional de administração territorial autónoma."[58]

---

[57] JN de 12.02.2004, citando Miguel Cadilhe como moderador numa das sessões da conferência "Porto-Cidade Região", p. 25.

[58] MOREIRA, Vital (2002), "Menos Terreiro do Paço", in *Público*, p. 5.

Ainda para este autor, tem sentido

"... constituir, pela via da promoção da agregação voluntária de municípios, estruturas supramunicipais de razoável dimensão, um novo patamar de organização territorial entre os municípios e o Estado, capazes de constituir uma plataforma de descentralização de novas atribuições, que não cabem na limitada escala municipal."[59]

A primeira das referidas leis *"estabelece o regime de criação, o quadro de atribuições e competências das áreas metropolitanas e o funcionamento dos seus órgãos"*, enquanto que a segunda determina *"o regime de criação, o quadro de atribuições e competências das comunidades intermunicipais de direito público e o funcionamento dos seus órgãos."*

Num primeiro ponto diremos que a Lei 10/2003 vem regular uma matéria que de algum modo já faz parte da nossa realidade institucional – as AMs – introduzindo algumas alterações nomeadamente quanto à forma da sua instituição que agora passa a ser por escritura pública e à sua divisão em dois tipos.

Grandes Áreas Metropolitanas (GAM) e Comunidades Urbanas (ComUrb) são as formas que, de acordo com âmbito territorial e demográfico, podem assumir as futuras AMs. Uma GAM pode formar-se pela agregação de pelo menos nove municípios e 350.000 habitantes, ao passo que para a formação de uma ComUrb bastam três municípios e 150.000 habitantes. Tanto uma como outra são pessoas colectivas públicas de *natureza associativa* e de âmbito territorial que visam a prossecução de interesses comuns dos municípios integrantes.

Para os dois tipos de áreas metropolitanas a Lei prevê o exercício das mesmas atribuições e exige para a sua constituição que haja um nexo de contiguidade territorial ligando os respectivos municípios.

---

[59] MOREIRA, Vital (2004), "A Reforma da Administração Territorial", in *Público*, p. 5.

Determina o artigo 6.º da Lei 10/2003, que são atribuições das áreas metropolitanas, por objecto de contratualização com o Governo[60]: a articulação dos investimentos municipais de interesse supramunicipal; a coordenação de actuações entre os municípios e os serviços da administração central, nas áreas das infra-estruturas de saneamento básico e de abastecimento público, da saúde, da educação, do ambiente, conservação da natureza e recursos naturais, da segurança e protecção civil, das acessibilidades e transportes, dos equipamentos de utilização colectiva, da promoção do turismo, cultura e valorização do património, dos apoios ao desporto, à juventude e às actividades de lazer; do planeamento e gestão estratégica, económica e social; e da gestão territorial na área dos municípios integrantes.

Assim e relativamente às atribuições em geral conferidas às áreas metropolitanas, pode-se dizer que há um reforço do seu poder de decisão, em comparação com o quadro legal definido pela Lei n.º 44/91, de 2 de Agosto. Veja-se por exemplo, no âmbito da gestão territorial: no caso das GAM a Junta tem competências como a promoção e a elaboração dos Planos Regionais de Ordenamento do Território e a participação na elaboração de Planos Especiais de Ordenamento e nas ComUrb, a promoção e elaboração dos Planos Intermunicipais e a participação na elaboração de Planos Especiais de Ordenamento do Território.

Para além dos fins públicos referidos as AMs prosseguirão ainda as atribuições que sejam para elas transferidas pela Administração central e pelos municípios.

Relativamente à Lei n.º 11/2003, esta sim, manifesta vontade de ser inovadora ao criar as comunidades intermunicipais. Estas comunidades podem ser de fins gerais ou de fins específicos, impondo-se assim um novo quadro para a associação de municípios, revogando a legislação[61] existente.

---

[60] A transferência destas atribuições, de acordo com o n.º 4 do referido artigo 6.º, *"será objecto de contratualização com o Governo, obedecendo a contratos tipo com a definição de custos padrão"*.

[61] A Lei n.º 172/99, de 21 de Setembro que estabelecia que a associação de municípios é uma pessoa colectiva de direito público, criada por dois ou mais municípios, para a realização de interesses específicos.

As atribuições previstas para estas associações de municípios – comunidades intermunicipais na letra da lei – são as mesmas que estão previstas para as AMs. Esta previsão não deixa de ser surpreendente e até algo incompreensível atendendo ao facto de que para estas entidades não há a exigência de um número mínimo de municípios nem de população para a sua constituição. A diferença está na titularidade das atribuições. Para as AMs a Lei fala na contratualização de transferência de atribuições ao passo que para as comunidades intermunicipais, a Lei fala na contratualização do exercício de competências da administração central.

Quanto à estrutura e funcionamento dos órgãos de todas estas entidades, está prevista uma assembleia que será constituída por representantes das assembleias municipais, a sair dos membros eleitos directamente, com a excepção das associações de municípios de fins específicos em que a assembleia será constituída pelos presidentes e vereadores das câmaras dos municípios associados.

A junta, constituída pelos presidentes das câmaras municipais, é o órgão executivo nas GAM e nas ComUrb. Nas Comunidades intermunicipais de fins gerais existe um conselho directivo constituído, também, pelos presidentes das respectivas câmaras municipais.

Nas GAM, por proposta da junta à assembleia, pode ser criado um conselho de administração, composto no máximo por três elementos. Nas GAM e nas ComUrb, também por proposta da junta à assembleia, pode ser nomeado um administrador executivo. Face à quantidade e diversidade de competências previstas para a junta[62], compreende-se a necessidade daquele conselho e dos administradores executivos. O que é questionável é a atribuição da função política a uns e a funcional a outros.

O conselho directivo das associações de municípios de fins específicos é composto por representante dos municípios associados, eleitos pela assembleia intermunicipal.

O financiamento destas novas entidades será, fundamentalmente garantido pelo produto das contribuições dos municípios que as integram, pela contrapartida da contratualização da transferência de atribuições ou

---

[62] Veja-se o artigo 18.º da Lei 10/2003, de 13 de Maio.

competências e pelos fundos comunitários que lhe sejam atribuídos. Relevante é o facto de para as AMs a Lei prever *"transferências do Orçamento do Estado"*[63], coisa que não acontece para as comunidades intermunicipais.

Feita esta breve apresentação, é tempo de perguntar se esta iniciativa legislativa, tão voluntariosamente[64] apresentada pelo Governo, tem condições para fazer esquecer a regionalização.

De referir, desde já, que há autores[65] que defendem a existência de vícios de constitucionalidade específicos relativamente à natureza destas entidades que redundam basicamente na violação dos princípios da tipicidade das autarquias locais e da reserva do poder regulamentar para formas de administração de raiz democrática, ao nível do poder local.

A CRP estabelece um *numerus clausus*[66] às categorias das autarquias locais, de modo que respeitando o princípio da tipicidade, não podem ser criadas outras. No entanto, a Constituição abre uma excepção para as *"grandes áreas urbanas"* e para as ilhas, prevendo que a lei pode estabelecer *"outras formas de organização territorial autárquica"*, sendo que *"a divisão administrativa do território será estabelecida por lei."*[67] Foi ao abrigo desta previsão, como já foi referido, que foram criadas, por lei, a AM de Lisboa e a AM do Porto. Assim, acompanhando as dúvidas de Freitas do Amaral, perguntamos se não será de classificar este processo de criação de um nível territorial intermédio entre a administração central e o município, no mínimo um retrocesso face ao modelo constitucionalmente previsto de organização territorial autárquica.

---

[63] Alínea b) do n.º 3 do artigo 7.º da Lei 10/2003, de 13 de Maio.

[64] Medida que pretende dar corpo a uma Resolução do Conselho de Ministros, do XV Governo Constitucional e largamente apresentada para uma verdadeira descentralização.

[65] Freitas do Amaral em parecer elaborado a pedido da Junta Metropolitana de Lisboa.

[66] Cfr. anotações ao artigo 238.º da CRP, que corresponde actualmente ao 236.º, em GOMES CANOTILHO, J. J. & MOREIRA, Vital (1993), *Constituição da República Portuguesa*, p. 884.

[67] Artigo 236.º n.º 3 e n.º 4 da CRP.

Um dos argumentos apresentados para combater a regionalização era o de as regiões serem criadas por imposição, de cima para baixo. O ideal seria, dizia-se, deixar aos municípios a iniciativa para o estabelecimento do respectivo mapa de cada região, dando a estes a possibilidade de escolherem os respectivos parceiros. O caminho era, então, dar espaço às associações de municípios para que estas se desenvolvessem, de baixo para cima.
Mas,

"ao contrário do que alguns pretendem, a constituição de associações de municípios, ainda que muito alargadas, não constitui alternativa à instituição de regiões administrativas, pois que não conseguirá obter assim dimensão mínima adequada para uma unidade territorial eficaz situada entre o Estado e o município"[68].

Muitos são os autores que têm assumido uma posição similar a esta ideia de Caupers. Apesar de ser uma posição tomada num contexto de discussão da regionalização, entendemos que ela pode ser aqui invocada, atendendo à natureza da reforma que estas duas recentes leis pretendem efectuar.

Por outro lado, este modelo de descentralização corre o risco de produzir, uma simples soma de vontades sem qualquer consciência colectiva em que os municípios mais fortes dominarão os mais fracos, daí resultando mais um factor de desequilíbrio.

Este processo de criação das áreas metropolitanas já tinha sido anteriormente defendido. Para Baptista Dias *"o procedimento mais correcto seria a sua previsão em lei-quadro, deixando ao poder local instituído a faculdade da sua criação e a delimitação geográfica."*[69]

---

[68] CAUPERS, João, "Dos Argumentos Contra a Regionalização ao Modo de a Fazer" in António Barreto (org.), *Regionalização Sim ou Não,* (1998), p. 155.

[69] DIAS, J. P. Baptista, "Descentralização Administrativa e Alternativas à Regionalização", in *Revista de Administração e Políticas Públicas*, (2001), p. 95.

Ao deixar para os municípios a livre iniciativa da constituição ou não, destas associações, impondo apenas os limites mínimos de população, número de municípios e contiguidade acima já referidos, não há garantia alguma que o resultado final vá de facto reflectir as melhores parcerias para um alinhamento de objectivos estratégicos que sirva a esse território em particular e o país em geral. É muito provável que, por exemplo, dois municípios vizinhos não explorem uma aproximação frutuosa apenas pelo facto de as suas lideranças não serem da mesma família política. O contrário também pode suceder. A aproximação de dois municípios ser estimulada mais pela proximidade política dos seus presidentes do que propriamente pela identificação de factores de natureza geográfica, histórica, económica ou social.

Por outro lado, não há garantia de que todos os municípios vão aderir a este repto, podendo criar-se situações de "ilhas" por associar, o que certamente provocará algum "ruído" se futuramente se quiser aproveitar a delimitação territorial destas entidades para efectuar outras alterações à estrutura da Administração Pública, como por exemplo a nível de reorganização dos serviços desconcentrados do Estado.

Uma reforma com os objectivos a que esta se propõe, deveria ser acompanhada com uma proposta contendo regras e orientações mais concretas e, eventualmente, mais restritivas no sentido de as soluções finais em termos de mapa surgirem, pelo menos, de forma implícita. Não sendo assim, teremos uma regionalização *"ad libitum"*.

Como diz Jorge Gaspar, *"as restrições são insuficientes para orientar a construção de uma geometria, que deveria reproduzir uma visão, um modelo..."*[70].

Para o Secretário de Estado da Administração Local, *"irão existir entre duas a quatro Grandes Áreas Metropolitanas, oito a dez*

---

[70] GASPAR, Jorge, "A geometria das Áreas Metropolitanas e das Comunidades Intermunicipais. Ordenamento do Território, Planeamento e Desenvolvimento Regional." Texto disponível em www.anmp.pt e referente à intervenção proferida na Conferência: *Áreas Metropolitanas e Comunidades Intermunicipais*, Évora, Outubro de 2003. Consulta efectuada em 26 de Dezembro de 2003.

Comunidades Urbanas e de dez a doze Comunidades Intermunicipais..."[71]

O que agora é uma adesão voluntária pode vir a tornar-se mais tarde, numa imposição. Isto porque, apesar de não estar na letra da lei, não se descortinando se é uma convicção séria ou se será uma forma de atrair alguns mais cépticos, a verdade é que esta reforma vai sendo apresentada como o caminho para, nomeadamente, a substituição dos círculos eleitorais, extinção dos distritos e respectivos Governadores Civis e extinção de alguns serviços públicos locais prestados pela Administração central e a sua prestação pelas novas entidades[72]. É o Secretário de Estado da Administração Local que assume que

"estamos a elaborar com a Associação Nacional de Municípios um estudo no sentido destas novas entidades supramunicipais poderem vir a cobrar e a liquidar os impostos municipais. Em Espanha foi um grande sucesso: os municípios, em 10 anos, subiram em 24% a sua capacidade de aumentar receitas, só pela cobrança de impostos."[73]

Esta ambição de, com esta reforma, se chegar ao ponto de as novas divisões territoriais darem origem também a divisões administrativas do Estado, sairá gorada se pequenas rivalidades e desejo de protagonismo

---

[71] RELVAS, Miguel, no Debate "Descentralizar. Regionalizar. Desconcentrar. Como Fazer?", Lisboa, 9 de Julho de 2003 em http://www.margemesquerda.org/egf.htm. Consulta em 10.10.2003. A confirmar-se esta previsão, assistiremos à criação de cerca de vinte e cinco destas entidades.

[72] Por exemplo, em determinados concelhos é deficitário à Administração Central manter um Serviço de Finanças. No futuro podem as AM e as ComUrb substituírem-se aquele serviço cobrando os impostos. Este argumento foi utilizado pelo Secretário de Estado da Administração local, na apresentação às Assembleias Municipais do Projecto de Constituição da Comunidade Urbana do Vale do Sousa, em 29.09.2003 em Lousada, (recolha do autor).

[73] RELVAS, Miguel, no Debate "Descentralizar. Regionalizar. Desconcentrar. Como Fazer?", Lisboa, 9 de Julho de 2003 em http://www.margemesquerda.org/egf.htm. Consulta em 10.10.2003

continuarem a orientar a discussão, entre os representantes dos municípios, na constituição destas realidades. As ComUrb que se vão anunciando são pequenos agrupamentos de cinco ou seis municípios. Por outro, lado há quem proponha a divisão da actual AML e a criação de uma AM da Península de Setúbal. E, não podemos esquecer que não é criando *"pequenas quintinhas"* que o nosso País se prepara para competir com comunidades da dimensão das existentes, por exemplo e por serem as mais próximas, em Espanha.

Mas, como já demonstramos, estas novas entidades não são novas autarquias, no sentido constitucional. As autarquias locais continuam a ser as Regiões Administrativas, os Municípios e as Freguesias, tal como, ainda, fixa a Constituição.

A introdução destas novas entidades não passa de uma extensão do direito municipal, na perspectiva em que estamos perante figuras de direito público criadas por vontade dos municípios como aliás já acontece com as actuais associações de municípios.

Sendo a coordenação da administração do território um dos problemas por todos reconhecido, é tempo de perguntar qual será o contributo destas leis para um novo e mais racional reordenamento da Administração no território. Será razoável esperar que a emergência destas novas e inúmeras entidades metropolitanas vá contribuir de alguma forma para a resolução deste problema?

Pensamos que não. De facto, se actualmente alguns territórios se perdem já na malha das diversas formas de organização da Administração Pública, a introdução destas novas entidades, não vai, pelo menos de imediato, provocar qualquer alteração na administração periférica do Estado. Não vai provocar o desaparecimento nem a reorganização de nenhum dos serviços desconcentrados do Estado, ao contrário do que sucederia com a criação e a instituição das regiões administrativas como estava previsto.

De imediato, não iremos ter qualquer articulação e reorganização dos serviços ao nível de cada (sub) espaço regional, pelo contrário, provocará um agravamento na desorganização da desconexa administração central periférica.

Por outro lado, atendendo a que nem sequer há eleição directa para os órgãos destas pessoas colectivas, a participação dos cidadãos nas decisões públicas, princípio consagrado na CRP no artigo 2.º, *("... o aprofundamento da democracia participativa")*[74], sai claramente prejudicado. Esta solução intermunicipal já era prevista no Código Administrativo do Estado Novo que previa as federações de municípios, como *"associação de câmaras municipais, voluntária ou imposta por lei, para realização de interesses comuns dos respectivos concelhos."*[75] A federação podia surgir, nomeadamente, pela necessidade de executar um plano comum de urbanização e expansão e pelo estabelecimento e exploração de serviços de interesse público sob forma industrial. Para Lisboa e Porto, o Código estabelecia, desde logo, a sua federação obrigatória, com os concelhos vizinhos, desde que com eles houvesse relações intensas.

Como conclusão deste ponto, diremos que não estão, para já, garantidas as condições necessárias para que haja uma verdadeira descentralização. Para que tal pudesse ocorrer seria necessário:

- Um Poder Local/Regional autónomo e independente do Estado;
- A delimitação de áreas de competência e interesses das autarquias locais e regionais;
- A existência de uma gestão directamente responsável.

O modelo das Áreas Metropolitanas e das Associações Intermunicipais, agora proposto, não preenche, cabalmente, nenhum destes requisitos. Os municípios, por si só e por outras razões já referidas, também não são o suporte capaz para o qual o Estado possa efectuar a descentralização tão urgente e por todos exaltada.

---

[74] A democracia participativa, seguindo o raciocínio de GOMES CANOTILHO, J. J. & MOREIRA, Vital (1993), *Constituição da República Portuguesa*, p. 66, *"diz respeito à intervenção dos cidadãos, individualmente ou (sobretudo) através de organizações sociais ou profissionais..."*. Pretende-se uma participação nas tomadas de decisão de modo que se dilua a distância entre os órgãos representativos e os cidadãos interessados. Uma participação que vá além da *"periódica eleição dos órgãos representativos"*. Mas, se aqui nem eleição temos...

[75] Artigo 177.º do Código Administrativo, Diário do Governo de 31.12.1940.

Numa palavra, esta não é a reorganização necessária e suficiente para a nossa Administração Pública. Tal como Miguel Cadilhe, nós acreditamos que "... *a ideia da regionalização há-de voltar. Tenho a mais forte, tranquila e profunda convicção de que assim vai ser.*"[76]

5.5 Castelo de Paiva, e o seu enquadramento administrativo

5.5.1. Introdução

Durante o período da consulta pública, promovido pela Assembleia da República, sobre os projectos de lei apresentados visando a criação das regiões administrativas e depois durante o tempo que decorreu até ao referendo, sobre o mesmo assunto, Castelo de Paiva foi referido várias vezes como exemplo do "caos" a que chegou a divisão administrativa do país.

O que precisa uma terra de 17 mil habitantes para se tornar centro das atenções e alvo das disputas políticas? Apenas, o facto de simbolizar a confusão em como a administração do Estado se (des) organiza pelo país fora, estando envolta numa teia de burocracia que dá argumentos aos defensores da regionalização e aos que a condenam.

Castelo de Paiva, fica na margem esquerda do Douro, a meia centena de quilómetros do Porto e a quase o dobro dessa distância de Aveiro, sede do distrito a que está ligado.

Importa aqui referir que na reforma administrativa de 1936, o rio Douro deixava de ser uma divisória regional, indo as províncias, do Douro Litoral e de Trás-os-montes e Alto Douro, de um lado ao outro do rio. No caso de Castelo de Paiva, Espinho, Feira, Arouca, Cinfães e Resende, integrados no Douro Litoral, fundamentava a comissão da divisão provincial – que acima fizemos referência, que

---

[76] JN de 12.02.2004, citando Miguel Cadilhe como moderador numa das sessões da conferência "Porto-Cidade Região", p. 25.

"formar-se-á assim um agregado provincial na bacia do Douro inferior, abrangendo e compreendendo uma grande parte da região dos vinhos verdes, ligando concelhos que têm a mesma interdependência de interesses centralizados no Porto"[77],

invocando também a mais fácil comunicação destes com o Porto e a menor distância que os separa daquela cidade.

Recordamos que ao invocar o município de Castelo de Paiva, para demonstrar a falta de uma lógica[78] na organização da Administração do Estado, não estamos a apresentar um caso inédito ou um caso extremo. Estamos apenas a apresentar, de entre muitos, aquele que melhor conhecemos. Por exemplo, o município de Vila Nova de Foz Côa, do distrito da Guarda, é o único daquele distrito que se integra na CCRN.

Actualmente, quando se trata de questões relacionadas com a educação, Castelo de Paiva tem o Porto como destino, na Direcção Regional da Educação do Norte (DREN). No entanto, se for por exemplo, concursos para colocação de professores do 1º ciclo do ensino básico, o destino é Aveiro.

Quem quiser obter o passaporte tem de ir a Aveiro, sede do distrito, a uma hora e meia de viagem, em transporte próprio. Se utilizar transportes públicos, precisa de um dia inteiro.

Coimbra, também é destino, em questões administrativas de saúde. Castelo de Paiva depende da ARS de Coimbra, a mais de duas horas de viagem e para onde não há transportes públicos directos.

Mas, em relação à saúde, é grave o facto de, apesar de haver o Hospital Distrital de Penafiel a cerca de trinta minutos, os doentes de Castelo de Paiva são transportados para Santa Maria da Feira, demorando o dobro do tempo, aumentando com isso o sofrimento dos doentes.

A Comissão Regional de Reserva Agrícola Nacional, (RAN), tem sede em Braga, embora as reuniões sejam no Porto.

---

[77] Cfr. SANTOS, José António (1985), *Regionalização Processo Histórico*, p. 132.
[78] Como já foi referido no I Capítulo ao enumerar as diferentes setenta e quatro formas de delimitação espacial.

Em relação à Igreja, estão as paróquias deste concelho, integradas na Diocese do Porto.

Para efeito de estatística, Castelo de Paiva está na NUTS do Tâmega, (NUTS de nível III), somando os seus indicadores com os de municípios como: Ribeira de Pena, Resende ou Celorico de Basto (fig. 20).

Má sorte ter nascido em Castelo de Paiva, dir-se-á. Mas os problemas não ficam por aqui: Para os desempregados, o destino é S. João da Madeira, onde fica a delegação do Instituto de Emprego e Formação Profissional.

A segurança pública está a cargo da Guarda Nacional Republicana, com um Posto Territorial em Castelo de Paiva dependente do Destacamento Territorial de Oliveira de Azeméis que por sua vez está integrado no Grupo Territorial de São João da Madeira. Este Grupo Territorial, juntamente com o Grupo Territorial de Aveiro, Coimbra, Viseu, Guarda e Castelo Branco forma a Brigada Territorial n.º 5, que é uma das quatro em que se divide o continente. Estes Grupos Territoriais apresentam uma implantação geográfica coincidente com o distrito que lhe dá o nome, com excepção do Grupo Territorial de Aveiro que compartilha o respectivo distrito com o Grupo Territorial de S. João da Madeira. A organização da Guarda Nacional Republicana segue a lógica da agregação distrital.

Com a institucionalização dos GATs, serviços que prestam *"apoio técnico e de gestão às autarquias locais"*[79], Castelo de Paiva junta-se aos municípios de Penafiel, Paredes, Lousada, Paços de Ferreira e Felgueiras. Este GAT tem sede em Penafiel sendo Castelo de Paiva o único concelho do distrito de Aveiro a integrar o âmbito de actuação daquele serviço.

Mas, a lista não fica por aqui, recorde-se que Castelo de Paiva está integrado na Associação de Municípios do Vale de Sousa, (juntamente com Penafiel, Paredes, Felgueiras, Lousada e Paços de Ferreira), o que quer dizer que outro destino tem de tomar quem necessitar de contactar com esta associação, cuja sede se situa em Lousada. Esta Associação teve como embrião o GAT de Penafiel.

---

[79] Preâmbulo do Decreto-Lei n.º 58/79, de 29 de Março.

Este conjunto de Municípios iniciou em 2003 um projecto de Constituição de uma Comunidade Urbana que integrará, à partida, os municípios que já pertencem à associação[80].

Outras organizações privadas, em regra, também colocam, nas suas estruturas internas, Castelo de Paiva juntamente com os municípios da margem direita do Rio Douro. É o caso, nomeadamente, do Sindicato dos Professores do Norte e da Caixa Geral de Depósitos.

5.5.2. Castelo de Paiva e o mapa da regionalização

A Lei de criação das regiões administrativas – Lei 19/98, de 28 de Abril, Lei que depois foi submetida a referendo, colocava Castelo de Paiva na *Região de Entre Douro e Minho*. Esta região administrativa, de acordo com o artigo 3.º daquela Lei, abrangia

"a área dos seguintes municípios, incluídos nos distritos de Viana do Castelo, de Braga, do Porto, de Aveiro e de Viseu;
a)Distrito de Viana do Castelo: Arcos de Valdevez, Caminha, Melgaço, Monção, Paredes de Coura, Ponte da Barca, Ponte de Lima, Valença, Viana do Castelo e Vila Nova de Cerveira;
b)Distrito de Braga: Amares, Barcelos, Braga, Cabeceiras de Basto, Celorico de Basto, Esposende, Fafe, Guimarães, Póvoa de Lanhoso, Terras de Bouro, Vieira do Minho, Vila Nova de Famalicão e Vila Verde;
c)Distrito do Porto: Amarante, Baião, Felgueiras, Gondomar, Lousada, Maia, Marco de Canaveses, Matosinhos, Paços de Ferreira, Paredes, Penafiel, Porto, Póvoa de Varzim, Santo Tirso, Valongo, Vila do Conde e Vila Nova de Gaia;
e) Distrito de Aveiro, **Espinho** *e* **Castelo de Paiva***;*
f) Distrito de Viseu: **Cinfães** *"*[81].

---

[80] Comunidade Urbana do Vale do Sousa cuja apresentação pública da sua constituição teve lugar em 12 de Janeiro de 2004, em Lousada, na presença do Primeiro-ministro.
[81] O sublinhado é nosso.

Destaca-se na composição desta região, a inclusão dos municípios de Espinho e de Castelo de Paiva, por serem os únicos a abandonarem o conjunto dos que constituem o Distrito de Aveiro. Cinfães que se debate com problemas idênticos a Castelo de Paiva, de enquadramento administrativo, também abandona os restantes municípios que com este compõem o Distrito de Viseu, sendo que no caso deste Distrito a pulverização é maior, ao fragmentar-se por três diferentes regiões.

Mas esta não era a localização inicial prevista para Castelo de Paiva nos projectos de lei. Não fora a discussão pública[82] e Castelo de Paiva teria ficado na *Região da Beira Litoral* que previa abranger a área dos municípios incluídos nos distritos de Aveiro, de Viseu, e Coimbra. Esta era a proposta do PS e do PCP que se submetia ao recorte geográfico adoptado, com base na agregação de distritos.

Contra este critério de agregação dos distritos, insurgiu-se um dos mais convictos partidários da regionalização, Vital Moreira, ao escrever que

"nunca se há-de encontrar uma explicação razoável para a disparatada opção de constituir as regiões a partir da junção de distritos, desprezando a delimitação das actuais CCRs, que correspondem muito mais à moderna realidade geográfica, económica e sociológica do país."[83]

5.5.3. Castelo de Paiva e a Administração periférica do Estado

Vejamos agora, com mais pormenor, a malha das divisões administrativas dos diversos organismos da administração periférica do Estado com influência na população de Castelo de Paiva.

---

[82] Nomeadamente um abaixo-assinado, com algumas centenas de assinaturas que foi enviado aos partidos políticos com assento na Assembleia da República, pedindo a inclusão de Castelo de Paiva no "Grande Porto" e a tomada de posição da Assembleia Municipal a que já fizemos referência no capitulo anterior.

[83] MOREIRA, Vital (1998), *A Morte do Centro*, p. 12.

Como já foi referido, Castelo de Paiva é um dos dezanove concelhos do distrito de Aveiro, localizando-se no extremo nordeste deste distrito. Dois dos municípios vizinhos, Penafiel e Cinfães, já pertencem a dois distritos diferentes, Porto e Viseu, respectivamente.

A divisão distrital é uma circunscrição administrativa utilizada para delimitação de áreas de actuação, para além do Governador Civil, pela Administração Regional de Saúde, pelo Instituto de Gestão da Segurança Social, pelo Ministério das Finanças, pelo Ministério da Educação em algumas atribuições, e entre outros, pelo Serviço Nacional de Protecção Civil.

Assim, naqueles serviços em que a lógica da delimitação siga a estrutura distrital, Castelo de Paiva integra-se em espaços regionais juntamente com os municípios que lhe ficam a Sul.

Figura 17 – Mapa do Distrito de Aveiro

As Comissões de Coordenação Regional (CCR), cinco no continente, são os serviços incumbidos da política de planeamento e desenvolvimento regional, na respectiva área de actuação. Representam as NUTS de nível II para efeitos de agregação estatística e na sua configuração espacial não coincidem com os distritos, com a excepção para a CCR do Algarve que coincide em área com o distrito de Faro. Castelo de Paiva está no território de actuação da CCRN.

Figura 18 – Mapa da NUTS II – Norte que coincide com a respectiva CCR

Durante várias décadas os modos de desenvolvimento económico da Região Norte concentraram população e recursos numa estreita faixa de território litoral, que vai desde Espinho até Viana do Castelo. Uma faixa que raramente ultrapassa os 40 km de largura e em que se concentram as principais actividades económicas, com principal relevo para o sector terciário. Todo o restante território da Região, o que quer dizer, parte inte-rior dos distritos de Viana do Castelo, Braga, Porto e Aveiro, e os distritos de Vila Real e Bragança, viveu sempre de economias de subsistência, directa ou indirectamente dependentes da exploração da terra.

É sobre esta realidade que a CCR do Norte, que cobre a totalidade da área dos distritos de Viana do Castelo, Braga, Porto, Vila Real, e Bragança e ainda sete concelhos de Aveiro, dez concelhos de Viseu e um concelho da Guarda, se vai organizar em várias divisões sectoriais. Divisões, que não levam em conta a organização distrital.

Divide-se, por exemplo, em duas para efeitos de agricultura: Direcção Regional de Entre Douro e Minho e Direcção Regional de Trás-os-Montes. Castelo de Paiva integra a primeira. Divide-se esta em quatro Agrupamentos de Zonas Agrárias: Alto Minho, Baixo Minho, Sousa e Ribadouro e Área Metropolitana do Porto e Baixo Douro. Castelo de Paiva está no Agrupamento de Zonas Agrárias de Sousa e Ribadouro, juntamente com municípios da margem direita do Rio Douro e dois municípios do distrito de Viseu (figura 19).

As regiões vitivinícolas são várias dentro desta CCR. A região do vinhos verdes à qual Castelo de Paiva pertence, tem uma configuração muita próxima da configuração da Direcção Regional de Entre Douro e Minho.

Castelo de Paiva está, ainda em termos vinícolas, integrado na sub-região de Paiva, acompanhado das freguesias de Travanca e Souselo do vizinho concelho de Cinfães.

Figura 19 – Agrupamento de Zonas Agrárias, Sousa e Ribadouro[84]

Divide-se esta CCR em oito NUTS de nível III. Castelo de Paiva está integrado na NUTS do Tâmega, sendo neste caso o único concelho do distrito de Aveiro a integrá-la (mapa da fig. 20).

---

[84] Fonte: http://www.min-agricultura.pt/

Capítulo V - A Questão da Divisão Territorial

Figura 20 - NUTS III Tâmega

A organização para fins de promoção turística, ultrapassa qualquer uma destas duas principais circunscrições, a distrital e a da CCR. Castelo de Paiva integra a Região de Turismo da Rota da Luz, ligando-se, neste caso, a municípios que lhe ficam a Sul. Fazem parte desta Região de Turismo, como podemos ver no mapa da figura 21, quinze dos dezanove municípios do Distrito de Aveiro.

Em Castelo de Paiva foi recentemente instalado o CACE[85] do Vale do Sousa e Baixo Tâmega que, tal como o nome indica, servirá este concelho e mais um conjunto deles situados a Norte do Rio Douro.

O Ministério da Educação desdobra-se em serviços regionais, fazendo coincidir as Direcções Regionais de Educação com as CCRs. Direcções Regionais que se subdividem em Centros de Área Educativa (CAE).

---

[85] O Centro Apoio à Criação de Empresas visa fomentar o aparecimento de novas empresas, na área geográfica em que está implantado, dando-lhes condições técnicas e físicas para um desenvolvimento e crescimento, através dos Ninhos de Empresas.

Figura 21 – Mapa da Região de Turismo da Rota da Luz. Fonte: www.rotaluz.pt

Cabe à Direcção Regional de Educação do Norte (DREN), como serviço desconcentrado da Administração Central, assegurar a orientação, coordenação e apoio aos estabelecimentos de educação e ensino pertencentes aos concelhos abrangidos pelo âmbito territorial da Comissão de Coordenação da Região Norte.

De acordo com a nota introdutória disponível no *site* da DREN, estes serviços carecem de "*uma profunda alteração do seu quadro jurídico de actuação*", no sentido da regionalização e descentralização de funções.

"*Embora dotadas de autonomia administrativa, as direcções regionais educativas estão, por força da respectiva lei orgânica, fortemente limitadas. (...) as direcções regionais carecem de uma profunda alteração do seu quadro jurídico de actuação, nomeadamente nos domínios da gestão e aproveitamento dos diferentes recursos locais (planeamento), da coordenação das iniciativas que decorrem do gradual desenvolvimento das políticas locais de educação e ensino (acompanhamento e controlo) e do apoio às escolas, (...). Urge, assim, promover a aprovação de uma Nova Lei Orgânica das Direcções Regionais de Educação que permita "Modernizar, regionalizar e descentralizar a administração do Sistema Educativo"*[86].

Repare-se, são estes próprios serviços da administração central que acabam por reconhecer que a autonomia administrativa que está prevista não é suficiente e que é necessário descentralizar a administração do Sistema Educativo.

Na área da justiça, cível e criminal, o Tribunal de Comarca de Castelo de Paiva, integra o Circulo Judicial de Penafiel que, por sua vez, se integra no Distrito Judicial do Porto. Se a acção for de direito do trabalho, o destino é o Tribunal de Trabalho de Penafiel.

A partir de Janeiro de 2004, na área da justiça tributária, Castelo de Paiva deixa de pertencer ao Tribunal Tributário de 1.ª Instância de Aveiro[87] para ficar no âmbito do Tribunal Administrativo de Circulo e Tributário de Penafiel[88], criado no desenvolvimento da reforma da organização dos Tribunais Administrativos e Tributários. Importa observar que, na distribuição dos municípios pelos diversos tribunais, Castelo de Paiva é o único do distrito de Aveiro que tem um destino diferente. Todos os outros, desde Espinho a Mealhada, ficam sob a jurisdição do tribunal sedeado em Viseu.

---

[86] Consulta à página da DREN em 12.02.2003, em: http://www.dren.min-edu.pt
[87] Tribunais que funcionavam no âmbito do distrito.
[88] Este novo enquadramento da justiça administrativa e tributária iniciado pela Lei 15/2001, de 5 de Junho, teve, no Decreto-Lei 325/2003, de 29 de Dezembro, a concretização da definição da sede e área de jurisdição destes novos tribunais administrativos e tributários.

A área de jurisdição deste Tribunal Administrativo e Tributário compreende os municípios de: Amarante, Baião, Castelo de Paiva, Lousada, Marco de Canaveses, Paços de Ferreira, Paredes, Penafiel, Santo Tirso, Trofa e Valongo. Mais uma vez, um conjunto de municípios, sem correspondência a qualquer outra divisão administrativa.

Em Castelo de Paiva há um Centro de Saúde que cobre o município relativamente à sua actividade nas áreas da saúde pública e prestação de cuidados de saúde. Este Centro de Saúde integra a Sub-região de Saúde de Aveiro que por sua vez, juntamente com as sub regiões correspondentes aos distritos de Castelo Branco, Coimbra, Guarda Leiria e Viseu, compõem a Administração Regional de Saúde do Centro[89].

Esta é a organização territorial da administração do Estado para a saúde na Região Centro. Aqui utilizou-se a delimitação distrital para, por um lado criar as sub regiões e, por outro lado, agrupando os distritos, formar as Regiões de Saúde. Assim, Castelo de Paiva vê-se "arrastado" para uma Região de Saúde que lhe fica muito fora de mão.

5.5.4. Comunidade Urbana do Vale do Sousa

Os Municípios de Castelo de Paiva, Felgueiras, Lousada, Paços de Ferreira, Paredes e Penafiel, que já se encontravam ligados através de uma associação de municípios, não perderam tempo e já constituíram entre si uma Comunidade Urbana que tem por objecto a prossecução de interesses comuns destes municípios, nos termos da Lei 10/2003.

Estes municípios limitaram-se, praticamente, a aprovar a criação e a adesão a esta nova figura legal e a transferir para ela o património da anterior associação, apoiando-se num estudo realizado por uma empresa de Consultoria de Gestão e Tecnologias de Informação[90].

Não houve debate interno a nível municipal e também não houve, para já, grande abertura à entrada de outros municípios vizinhos, apesar de Cinfães, Marco de Canaveses e Amarante terem manifestado disponibilidade para analisarem a sua eventual entrada nesta ComUrb.

---

[89] Pessoa colectiva pública dotada de autonomia administrativa e financeira e de património próprio, sob a tutela do Ministério da Saúde, e com sede em Coimbra.

[90] Refira-se que as deliberações municipais de adesão à ComUrb foram tomadas antes das conclusões finais do referido estudo terem sido distribuídas a todos os autarcas. Deste estudo destacamos a grelha elaborada com as atribuições a manter ou a transferir para a ComUrb, por domínio e vertente de intervenção, grelha que apresentamos in anexo IV.

Figura 22 – Dados Populacionais do Vale do Sousa

	IPC[1]	População Residente	Área (Km²)	Densidade Populacional (Hab./Km²)	% Vale do Sousa
Castelo de Paiva	52.89	17 338	115	150.8	5.3
Felgueiras	60.02	57 595	115.7	497.8	17.6
Lousada	49.52	44 712	96.3	464.1	13.6
Paços de Ferreira	60.95	52 985	71.6	740.1	16.2
Paredes	56.54	83 376	156.3	533.3	25.4
Penafiel	55.83	71 800	212.2	338.3	21.9
Total	56.56	327 806	767.1	427.3	100%

Fonte: Censos 2001

Este é um conjunto de municípios com problemas estruturais idênticos e com um baixo poder de compra. No entanto apresenta boas perspectivas de desenvolvimento. A sua população é jovem – cerca de 46,7% tem menos de 24 anos e 25,9% menos de 15 anos. Refira-se que Lousada e Paredes são mesmo os Municípios mais jovens da União Europeia.

Figura 23 – Mapa da Comunidade urbana do Vale do Sousa no âmbito da CCRN e do continente.

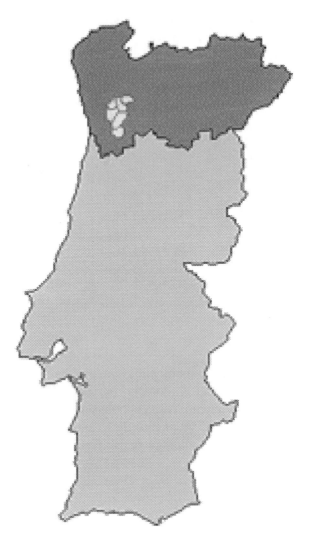

Fonte: www.valsousa.pt

CONCLUSÕES

1. A problemática da organização territorial no nosso País é um tema que continua a colocar-se incessantemente nos nossos dias. Prova disso são as recentes alterações às CCRs e o modelo proposto para a criação de Áreas Metropolitanas e das Comunidades Intermunicipais.

2. Tanto a nível da U.E. como a nível da generalidade dos governos dos Estados europeus, tem-se reconhecido a importância e a necessidade da existência de instâncias intermédias entre os municípios, comunas ou províncias e o Estado-Nação para, entre outras funções, a definição de políticas regionais.

3. Em Portugal, o modelo de descentralização municipal, instituído após o 25 de Abril, não foi capaz de evitar que as assimetrias entre o litoral e o interior, o norte e o sul, continuassem a aumentar, criando problemas de desertificação no interior e problemas de excessiva pressão urbana no litoral.

4. Problemas que são bem visíveis em estudos e relatórios recentemente apresentados, como por exemplo, o Programa de Recuperação de Áreas e Sectores Deprimidos (PRASD).

5. Portugal é, cada vez, mais um país de contrastes entre o litoral e o interior.

6. A exemplo de outros países da Europa que, com o fim de regimes ditatoriais, estabeleceram sistemas de organização territorial descentralizada, também a Constituição da República Portuguesa de 1976 proclamou princípios de autonomia para as regiões autónomas e de descentralização administrativa para o continente.

7. Para a concretização dessa descentralização no continente a Constituição consagra as Autarquias Locais e, entre elas, as regiões administrativas.

8. De acordo com a CRP, o país seria dividido em Regiões Plano com base nas potencialidades e nas características geográficas, naturais, sociais e humanas do território nacional, com vista ao seu equilibrado desenvolvimento e tendo em conta as carências e os interesses das populações. As regiões administrativas, deveriam corresponder às Regiões Plano.

9. Passados quase trinta anos sobre a sua consagração na CRP, as regiões administrativas continuam por instituir, sabendo-se, e cada vez com maior convicção, que o Poder Local é a instância privilegiada para o desenvolvimento socio-económico integrado, para o aprofundamento da democracia e para o combate à pobreza e ao subdesenvolvimento.

10. É hoje indiscutível a importante e indispensável função desempenhada quer pelos municípios quer pelas Regiões Autónomas, na promoção do desenvolvimento económico e social das respectivas populações. Assim, é incompreensível o medo que provoca a alguns a criação das regiões administrativas no continente.

11. Um novo modelo de organização da Administração Pública é absolutamente essencial. O modelo actual é confuso, rígido, burocrático, centralista, excessivamente hierarquizado, não promove a busca de economias de escala nem a partilha de informação entre os vários serviços.

12. O peso da administração periférica, directa e indirecta, do Estado português é excessivo, quando comparado com o da maioria dos países da Europa ocidental.

13. A Administração Pública portuguesa tem grandes défices de qualificação, está profundamente desequilibrada e é fortemente centralizada. Continua à espera de uma verdadeira reforma no sentido da racionalização, da descentralização, da coordenação territorial das políticas públicas e da introdução e utilização de novos instrumentos de gestão.

14. Num quadro de globalização e de integração europeia, com as consequentes deslocações dos centros de poder para fora do Estado-Nação, torna-se ainda mais visível a necessidade de desenvolvermos mecanismos de compensação que actuem contra essa privação de poderes e contra o alheamento, pelo cidadão comum, da coisa pública.

15. Digamos que a actual governança propõe estruturas de governação locais e regionais que assegurem o exercício da cidadania com características de visibilidade e de proximidade.

16. Sendo certo que desde sempre se procurou organizar o território nacional em unidades supramunicipais, a verdade é que a consciência colectiva dos concelhos se sobrepunha sempre a qualquer propósito de aliança permanente entre os mesmos. Assim, as divisões supramunicipais nunca surgiam para em conjunto os concelhos manifestarem ou decidirem alguma coisa, mas sim, para a actuação das diversas burocracias (fiscais, administrativas, religiosas ou militares).

17. Nesta matéria de regiões e regionalização, há grande diversidade a nível dos diferentes países da U.E. Encontramos Estados federados, como a Alemanha e a Bélgica; Estados completamente regionalizados, como são o caso da França, Espanha, Itália, Dinamarca ou Holanda; Estados parcialmente regiona-

lizados, como é o caso de Portugal; e casos de Estados em que não há regionalização, como sejam a Grécia e o Luxemburgo.

18. Quanto à natureza da regionalização há também uma grande variedade. Encontramos, de país para país ou dentro do mesmo país, regiões de natureza política, político-administrativa ou administrativa.

19. O exemplo da descentralização e da regionalização de Espanha, de modo algum pode ser apontado como meta no processo de descentralização e regionalização de Portugal. O regionalismo espanhol é tipicamente político, pelo que ultrapassa, em muito, o âmbito da regionalização administrativa que se pretende e defende para o continente português.

20. Em Itália, a regionalização foi também precipitada pela necessidade de resposta aos movimentos autonomistas que irromperam em várias regiões. Um primeiro grupo constituído por regiões de matriz política surgiu em meados do século XX e um segundo grupo de regiões de carácter essencialmente administrativo, surge quase três décadas após as primeiras.

21. Em França, a regionalização surgiu como corolário da necessidade de descentralização que promovesse o desenvolvimento económico e social das regiões e não como resposta a regionalismos. Motivo pelo qual poderá ser um modelo a ter em conta num processo de regionalização para Portugal.

22. O desenvolvimento do território é um dos pilares fundamentais em que se deverá centrar a discussão de qualquer reforma administrativa séria que pretenda contribuir para o progresso e a qualidade de vida da nossa sociedade. Desenvolvimento que deverá significar acesso de cada um, qualquer que seja o local em que vive, aos bens e serviços básicos da civilização.

23. Para alguns autores a criação de regiões (no nosso País) justifica-se, fundamentalmente por objectivos de desenvolvimento.

24. As preocupações com o desenvolvimento e o planeamento regional entraram, verdadeiramente, na agenda dos nossos governos na década de sessenta. É dessa época o primeiro órgão oficial com competências nesta matéria.

25. Para dar corpo à política de desenvolvimento e planeamento regional iniciada, ainda na década de sessenta o País é dividido em quatro regiões de planeamento, sendo, por sua vez, cada uma delas dividida em duas sub-regiões.

26. Com o 25 de Abril e o respectivo processo de democratização daí decorrente, surgem importantes alterações no exercício do poder local municipal que impunham um enquadramento e um acompanhamento técnico a nível regional.

27. Surgem, por um lado, os GATs e as CCRs e, por outro, a CRP consagrava já um sistema Político-Administrativo que respeitava os princípios da descentralização democrática e da autonomia das autarquias locais, nestas se incluindo as regiões administrativas.

28. A CRP define as regiões administrativas como pessoas colectivas territoriais dotadas de órgãos representativos que visam a prossecução de interesses próprios das populações respectivas, com atribuições, organização e competências dos órgãos reguladas por lei de acordo com o princípio da descentralização.

29. Por via do desencontro entre o que está constitucionalmente previsto sobre as regiões administrativas e da indecisão sobre a sua criação, a Administração Pública continua, por um lado, excessivamente centralizada e, por outro, foi-se desconcentrando sem obedecer a uma matriz regional que favorecesse a coordenação sectorial.

30. É unânime a opinião de que aumentará a eficácia e a eficiência da administração pública portuguesa com uma reforma que descentralize e desconcentre poderes.

31. No entanto, tal descentralização e desconcentração só explorarão todas as suas virtualidades se, em simultâneo, ocorrer um processo de regionalização acompanhado de uma reorganização da administração periférica do Estado que aproxime o maior número de serviços, a uma única matriz de referência regional.

32. Só com uma reorganização da administração pública que faça surgir novos actores capazes de mobilizarem o potencial endógeno das regiões, será possível combater as assimetrias regionais e racionalizar o planeamento e o investimento.

33. Após um processo de regionalização ideal, a Administração Pública Portuguesa passaria a contar com mais um nível de administração, incluído na Administração Local e com órgãos legitimados pelo voto, com uma Administração Central periférica reorganizada de forma a que o seu âmbito de actuação territorial coincidisse preferencialmente com as regiões e, também, mais "magra" e mais eficiente, porque dedicada às tarefas que são realmente de âmbito nacional.

34. A reforma da Administração territorial não pode ficar pela criação das comunidades urbanas, que pode ser um contributo para a descentralização, mas é insuficiente pelo que não dispensa a criação das regiões administrativas.

35. Estas novas figuras territoriais agora criadas, são apenas estruturas intermunicipais e não novas autarquias supramunicipais com legitimidade eleitoral e representatividade própria, como é indispensável para a existência de um autêntico poder local.

36. No caso concreto de Castelo de Paiva, apesar de pertencer ao distrito de Aveiro e excluindo as delimitações territoriais que

sigam cegamente a lógica distrital, todas as restantes configurações colocam este município ligado à margem direita do Rio Douro.

37. Assim, uma eventual reestruturação das áreas distritais na qual Castelo de Paiva deixe de pertencer a Aveiro, ou, mesmo a supressão destas circunscrições, será vivida em Castelo de Paiva sem qualquer drama.

BIBLIOGRAFIA

- AGUIAR DE LUQUE, Luis, "Le système institutionnel espagnol" in *Les systèmes politiques des pays de l'union européenne*, sous la direction d'Yves Guchet, (1994), Paris: Armand Colin, pp. 111-139.
- ALONSO SANTOS, José Luís & CAETANO, Lucília (EDS.) (2002), *Modelos de Organización Territorial en la Raya Central Ibérica – Una Visión de Conjunto*, Salamanca: Ediciones Universidad de Salamanca.
- ALVES, Jorge de Jesus Ferreira (1992), *Lições de Direito Comunitário*, I Volume, 2ª edição, Coimbra: Coimbra Editora.
- ALVES, Jorge de Jesus Ferreira (1992), *Tratados que Instituem a Comunidade Europeia e a União Europeia*, Coimbra: Coimbra Editora.
- ALVES, Jorge de Jesus Ferreira (1993), *Lições de Direito Comunitário*, III Volume, Coimbra: Coimbra Editora.
- AMARAL, Carlos Eduardo Pacheco (1998), *Do Estado Soberano ao Estado das Autonomias. Regionalismo, subsidiariedade e autonomia para uma nova ideia de Estado*, Porto: Edições Afrontamento.
- AMARAL, Diogo Freitas (1985), *Uma Solução para Portugal*, 11ª edição, Mem Martins: publicações Europa América.
- AMARAL, Diogo Freitas (1986), *Curso de Direito Administrativo*, Vol. I, Coimbra: Almedina.
- AMARAL, Diogo Freitas (2002), *Curso de Direito Administrativo*, Vol. I, 2ª edição, 6ª reimpressão, Coimbra: Almedina.
- AMARAL, Diogo Freitas, "Ordenamento do Território, Urbanismo e Ambiente: Objecto, Autonomia e Distinções" in *Revista Jurídica do Urbanismo e do Ambiente*, n.º 1, (1994), Coimbra: Livraria Almedina, pp. 11-22.

- ARROJA, Pedro, "Centralização e inteligência" in *Cataláxia – Crónicas de Economia Política*, (1993), Porto: Vida Económica, pp.193-196.
- BAGUENARD, Jacques (1980), *La Descentralisation*, 5ª édition, Paris: Presses Universitaires de France.
- BARRETO, António, "Fora de Tempo e a Despropósito" in António Barreto (org.), *Regionalização Sim ou Não*, (1998), Lisboa: Publicações Dom Quixote, pp. 19-35.
- BARROSO, Alfredo, (1998), *Contra a Regionalização*, Cadernos democráticos 5, Lisboa: Gradiva-Publicações.
- BENKO, Georges & LIPIETZ, Alain, (org.), (1992), *As Regiões Ganhadoras – Distritos e Redes: Os novos Paradigmas da Geografia Económica* – trad. de António Gonçalves (1994), Oeiras: Celta Editora.
- BESSA, Daniel, "Capital de queixa" in *Público* de 19 de Maio de 1996, p. 9.
- BODINEAU, Pierre (1995), *La Régionalisation*, Paris: Presses Universitaires de France.
- BOURDIEU, Pierre (1989), *O Poder Simbólico*, tradução portuguesa de Fernando Tomaz, Lisboa: Difel.
- CAETANO, Marcello, *Manual de Direito Administrativo*, Tomo I, 10ª edição, 4ª reimpressão, revista e actualizada pelo Prof. Doutor Diogo Freitas do Amaral, (1990), Coimbra: Livraria Almedina.
- CALDAS, E. de Castro & LOUREIRO, M. de Santos & outros, (1966), *Regiões Homogéneas no Continente Português – Primeiro ensaio de delimitação*, Lisboa: Fundação Gulbenkien.
- CAMPOS, A. Correia, "Regionalização: O Anátema", in António Barreto (org.), *Regionalização Sim ou Não*, (1998), Lisboa: Publicações Dom Quixote, pp. 37-49.
- CARREIRA, H. Medina, "A Regionalização", in António Barreto (org.), *Regionalização Sim ou Não*, (1998), Lisboa: Publicações Dom Quixote, pp. 141-150.
- CARRETERO PEREZ, Adolfo, "Los Principios Generales del Sistema Financiero de las Comunidades Autónomas" in *Organización Territorial del Estado (Comunidades Autónomas)*, volumen I, Madrid (1984), Instituto de Estudios Fiscales, pp. 553-591.
- CARVALHO, Joaquim dos Santos (1996), *O Processo Orçamental das Autarquias Locais*, Coimbra: Almedina.

- CATARINO, João "A concorrência Fiscal Inter-Regiões no Quadro Europeu: A Dialética entre a Regionalização e o Tributo", in *Ciência e Técnica Fiscal*, n.º 402, (Abril - Junho 2001), pp. 7-105.
- CAUPERS, João (1994), *A Administração Periférica do Estado*, Lisboa: Aequitas Editorial Notícias.
- CAUPERS, João (2000), *Introdução ao Direito Administrativo*, Lisboa: Âncora Editora.
- CAUPERS, João, "Dos Argumentos Contra a Regionalização ao Modo de a Fazer" in António Barreto (org.), *Regionalização Sim ou Não*, (1998), Lisboa: Publicações Dom Quixote, pp. 151-158.
- CHIAVENATO, Idalberto (1993), *Teoria Geral da Administração - Volume 2*, 4ª edição, São Paulo: McGraw-Hill.
- CHORINCAS, Joana (2002), "Dinâmicas Regionais em Portugal – Demografia e Investimentos", Departamento de Prospectiva e Planeamento do Ministério das Finanças, consulta em *www.dpp.pt*.
- COELHO, Maria Helena da Cruz & MAGALHÃES, Joaquim Romero (1986), *O Poder Concelhio – das origens às cortes constituintes*, Coimbra: Centro de Estudos e Formação Autárquica.
- COLLADO, Pedro Escribano & YSERN, José Luis Rivero, "La Provincia en los Estatutos de Autonomia y en la L.O.A.P.A." in *Organización Territorial del Estado (Comunidades Autónomas)*, volumen II, Madrid (1984), Instituto de Estudios Fiscales, pp. 885-924.
- CONDESSO, F. (1999) *Direito do Urbanismo: Noções Fundamentais*, Lisboa: Quid Juris.
- CONSTANCIO, Vítor, Intervenção na Conferência sobre Regionalização e Desenvolvimento em Lisboa, 1982, in *Conferência sobre Regionalização e Desenvolvimento*, INCM e IED (1984)
- *CONSTITUIÇÃO DA REPÚBLICA PORTUGUESA*, (1976), Lisboa: I. N. C. M.
- COVAS, António (1997), *Integração Europeia, Regionalização Administrativa e Reforma do Estado-Nacional*, INA.
- CRAVINHO, João, "Um contributo pessoal para um novo paradigma de organização e gestão da administração pública", in *Moderna Gestão Pública*, (2000), Lisboa: Edição INA, pp. 99-114.
- D`ALBERGO, Ernesto, "La Innovación Asimétrica: Gobierno Metropolitano y Gobernanza en Italia ", in *GAPP-Gestión y Análisis*

de Políticas Públicas, n.º 24, Mayo/Agosto 2002, Madrid: Instituto Nacional Administración Pública, pp. 39-50.
- DE VAL Pardo, I. (1999), *Administración de Entidades Públicas*, Madrid: Instituto de Estudios Económicos.
- DEYON, Pierre (2001), "O desenvolvimento territorial: contexto histórico", artigo consultado no site *http://www.france.org.br/abr/ imagesdelafrance/territorio.htm*.
- DIAS, José Figueiredo & OLIVEIRA, Fernanda Paula (2001), *Direito Administrativo*, Coimbra: Centro de Estudos e Formação Autárquica (CEFA).
- DIAS, J. P. Baptista, "Descentralização Administrativa e Alternativas à Regionalização", in *Revista de Administração e Políticas Públicas*, Vol. II, n.º 1, (2001), pp. 86-97.
- DRAY, António (1995), *O Desafio da Qualidade na Administração Pública*, Lisboa: Editorial Caminho.
- DOMINGUEZ MARTIN, Salvador, "Problematica da las Autonomias Territoriales", in *Organización Territorial del Estado (Comunidades Autónomas)*, volumen I, Madrid (1984), Instituto de Estudios Fiscales, pp. 717-801.
- DUCHÈNE, Chantal "L`Experience Française" in *Território e Administração -Gestão de Grandes Áreas Urbanas,* Actas do Seminário, Lisboa (2001), Fundação para a Ciência e a Tecnologia, pp. 125-132.
- DURÃES DA SILVA, Guilherme A. (2000), *Regionalização e Estrutura do Poder em Portugal,* tese de mestrado em Estudos Europeus, Braga: Escola de Economia e Gestão da Universidade do Minho.
- FARIA, Duarte Lynce (1996), *Regionalizar, o Referendo do Portugal Esquecido – Ensaio Sobre as Perspectivas de Desenvolvimento Regional e os Factores de Delimitação*, Venda Nova: Bertrand Editora.
- FERMISSON, João – "A gestão dos processos de desenvolvimento regional em Portugal: constrangimentos e práticas inovadoras" in *Regiões e Cidades na União Europeia: Que Futuro – Actas do VI Encontro da APDR – Volume I,* (1999), Coimbra: APDR, pp. 531-546.
- FERNANDES, Abel (1998), *Fundamentos, Competências e Financiamento das Regiões na Europa: Uma Perspectiva*

Comparada, Lisboa: Comissão de Apoio à Reestruturação do Equipamento e da Administração do Território – MEPAT.
- FERNANDES, António T. (1988), *Os fenómenos políticos – Sociologia do poder*, Porto: Edições Afrontamento.
- FERNANDEZ SEGADO, Francisco (1992), *El Sistema Constitucional Español*. Capitulo XII La Organización Territorial del Estado: El Estado Autonómico. Madrid: Dykinson, pp. 865-1032.
- FERREIRA, Abílio Afonso (1997), *Regionalização, Europa das Regiões, Reordenamento do Território Nacional*, Porto: Rés Editora.
- FERREIRA, Elisa, "Desorganização Territorial Disfarçada de Descentralização", Intervenção no Debate "Descentralizar. Regionalizar. Desconcentrar. Como Fazer?". Lisboa, 9 de Julho de 2003. Consulta em 10.10.2003 ao texto disponível em http://www.margemesquerda.org/egf.htm.
- FERREIRA, Maria Júlia & Rosado, Ana Rita, "As Grandes Áreas Portuguesas. Conceitos e Delimitação Espacial", in *Território e Administração - Gestão de Grandes Áreas Urbanas,* Actas do Seminário, Lisboa (2001), Fundação para a Ciência e a Tecnologia, pp. 41-57.
- FIGUEIREDO, Ernesto V. S. (1988), *Portugal: que regiões?* 1ª edição, Braga: Instituto Nacional de Investigação Cientifica.
- FRIEDMAN, Thomas L. (2000), Compreender a Globalização, Lisboa: Quetzal Editores.
- GASPAR, Jorge (1993), *As Regiões Portuguesas*, Lisboa, MPAT – SEPDR.
- GASPAR, Jorge, "A geometria das Áreas Metropolitanas e das Comunidades Intermunicipais. Ordenamento do Território, Planeamento e Desenvolvimento Regional." Texto disponível em www.anmp.pt/ e referente à intervenção proferida na Conferência: *Áreas Metropolitanas e Comunidades Intermunicipais,* Évora, Outubro de 2003.
- GIRÃO, Amorim, "Esboço duma Carta Regional de Portugal" *In Cadernos Municipais*, n.º 40/41, Janeiro/Abril 1987, Regionalização, p. 54.
- GOMES CANOTILHO, J. J. (1993), *Direito constitucional*, 6ª Edição, Coimbra: Almedina.

- GOMES CANOTILHO, J. J. & MOREIRA, Vital (1993), *Constituição da República Portuguesa - Anotada*, 3ª Edição revista, Coimbra: Coimbra Editora.
- GONÇALVES, Júlio Dá Mesquita "A Reforma Administrativa em Portugal: Os Primórdios, a Teoria, a Panorâmica e a Finalidade", in *Reformar a Administração Pública: Um Imperativo*, fórum 2000, Lisboa: I.S.C.S.P. (1999), pp. 31-40.
- GRANDBOIS, Gisèle, "L'intégration des Enjeux Environnementaux et de Développement Durable dans les Travaux de Vérification du Bureau du Vérificateur Général du Canada" in *Revista Jurídica do Urbanismo e do Ambiente*, n.º 17 Junho (2002), IDUAL, Coimbra : Almedina, pp. 175-189.
- GUTERRES, António, "Desenvolvimento Regional e Integração Europeia" in *Conferência sobre Regionalização e Desenvolvimento*, (1984), Braga: INCM e IED, pp. 383-389.
- JOÃO PAULO II, *Ano Centenário – "Centesimus Annus", Carta Encíclica* (1991), Braga: Editorial A. O.
- KIRKBY, Mark, "O Processo de Regionalização" in *A Regionalização e o País*, Lisboa, (1998), Finisterra, Revista de Reflexão e Crítica, pp. 77-109.
- LABASSE, Jean, (1993), *Que Regiões para a Europa ?*, tradução de Joaquim Nogueira Gil, (1994), Lisboa: Instituto Piaget.
- LAGE, Carlos, "Desenvolvimento nacional, desenvolvimento regional e Regiões Administrativas" In *Cadernos Municipais*, n.º 40/41, Janeiro/Abril 1987. Regionalização, pp. 42-52.
- LEFÈVRE, Christian "Políticas urbanas y gobernabilidad de las ciudades: el «modelo francés»", in *GAPP-Gestión y Análisis de Políticas Públicas*, n.º 24, Mayo / Agosto 2002, Madrid: Instituto Nacional de Administración Pública, pp. 17-24.
- LOPES, A. Simões (1995), *Desenvolvimento Regional: problemática, teoria e modelos*, 4ª edição, Lisboa: Fundação Calouste Gulbenkian.
- LOPES, A. Simões, "Regionalização e Desenvolvimento", in *Regionalização e Desenvolvimento*, (1996), I.S.C.S.P., pp. 125-131.
- MACHO, Ricardo García, "El Principio Autonómico en Relación con el Federal", in *Organización Territorial del Estado (Comunidades*

Autónomas), volumen II, Madrid, (1984), Instituto de Estudios Fiscales, pp. 1165-1188.
- MADIOT, Yves (1993), *L`aménagement du territoire*, 2ª édition, Paris: Masson.
- MALAFAYA-BAPTISTA, Filipa & TEIXEIRA, Miguel Branco, "Um novo protagonismo para as Áreas Metropolitanas? O caso do Porto" in *Regiões e Cidades na União Europeia: Que Futuro – Actas do VI Encontro da APDR – Volume I*, (1999), Coimbra: APDR, pp. 391-405.
- MARCOU, Gérard, "L`Organisation Politique et Administrative", in *L`Aménagement du Territoire en France et en Allemagne*, DATAR, Paris: La Documentation Française, (1994), pp. 35-66.
- MARQUES, Ludgero, "Pela Metropolização", in António Barreto (org.), *Regionalização Sim ou Não,* (1998), Lisboa: Publicações Dom Quixote, pp. 201- 206.
- MARTINS, G. Câncio, "A Regionalização, o Planeamento Regional e Urbano e a Dimensão Europeia", in *Regionalização e Desenvolvimento*, Forum 2000, Lisboa: I.S.C.S.P. (1996), pp. 105-121.
- MERCED MONGE, Mercedes de la, "Madrid, una metrópoli para la Europa del siglo XXI", in *GAPP-Gestión y Análisis de Políticas Públicas*, n.º 24, Mayo / Agosto 2002, Madrid: Instituto Nacional de Administración Pública, pp. 99-106.
- MIRANDA, Jorge (1994), *Manual de Direito Constitucional*, Tomo III – 3ª Edição, Revista e Actualizada. Coimbra: Coimbra Editora.
- MONTEIRO, Nuno Gonçalo – Entrada: "Os concelhos e as comunidades", in *História de Portugal* – IV Volume, (1993), Círculo de Leitores, pp. 303-331.
- MOREAU, Jacques (1976), *Administration Régionale, Locale et Municipale*, Troisième Édition, Paris, Dalloz.
- MOREIRA, Adriano (1995), "Conceito de Estratégia Nacional", in *Portugal Hoje*, Lisboa: Instituto Nacional de Administração, pp. 308-322.
- MOREIRA, José Manuel (1993), *Como se perdeu e como justificar a devolução do poder ao Governo Local?*, Porto: Faculdade de Economia da Universidade do Porto.
- MOREIRA, José Manuel (2002), *Ética, Democracia e Estado - Para uma nova cultura da Administração Pública,* Cascais: Principia Publicações Universitárias e Científicas.

- MOREIRA, Vital (1997), *Administração Autónoma e Associações Públicas*, Coimbra: Coimbra Editora.
- MOREIRA, Vital (1998), *A Morte do Centro*, Coimbra: Audimprensa.
- MOREIRA, Vital (2001), *Organização Administrativa*, Coimbra: Coimbra Editora.
- MOREIRA, Vital (2002), "Menos Terreiro do Paço", in *Público*, 30 de Julho, p.5.
- MOREIRA, Vital (2004), "A Reforma da Administração Territorial", in *Público*, 27 de Janeiro, p. 5.
- MORIN, Edgar (1977), *La méthode. La Nature de la Nature*, Paris: Seuil.
- OLAYA INIESTA, Antonio & CANTOS, José Maria & SANZ GÓMEZ, Maria Mercedes, "La descentralización del sector público Español en el contexto de la Unión Europea" in *Regiões e Cidades na União Europeia: Que Futuro? Actas do VI Encontro Nacional da APDR*, Vol. I, (1999), Coimbra: APDR, pp. 181-203.
- OLIVEIRA, Fernanda Paula, "Uma breve aproximação à noção de Ordenamento do Território", in *Revista de Administração e Políticas Públicas*, Volume II, n.º 1, (2001), pp. 137-157.
- OLIVEIRA, Fernanda Paula, "Breve referencia a la política de las grandes ciudades y de las áreas metropolitanas en Portugal", in *GAPP - Gestión y Análisis de Políticas Públicas*, n.º 24 Mayo / Agosto 2002, Madrid: Instituto Nacional de Administración Pública, pp. 59-74.
- OLIVEIRA, Luís Valente (1996), *Regionalização*, Porto: Edições ASA.
- OLIVEIRA, Luís Valente (1997), *Novas Considerações sobre a Regionalização*, Porto: Edições ASA.
- OLIVEIRA ROCHA, J. A., "O Futuro da Governação Local", in *Economia Pública Regional e Local – Actas do 1º Encontro Ibérico APDR – AECR*, (2000), Coimbra: APDR, pp. 49-64.
- OLIVEIRA ROCHA, J. A., "Papel do Estado e Administração Pública", in *A Reinvenção da Função Pública*, (2002), Lisboa, Edição INA.
- OPELLO, Walter C. Jr. (1985), "Local Government and Political Culture" in *Portuguese Rural Country. Comparative Politics*. Vol 13: pp. 217-289.
- OPELLO, Walter C. Jr. & ROSOW, Stephen J. (1999), *The Nation-State and Global Order*, London: Lynne Rienner Publishers.

- PADDISON, Ronan (1983), *The Fragmented State: The Political Geography of Power*, Oxford: Basil Blackwell.
- PARDAL, Luís & CORREIA, Eugénia (1995), *Métodos e Técnicas de Investigação Social*, 1ª edição, Porto: Areal Editores.
- PEREIRA, Margarida & SILVA, Carlos Nunes, "As grandes Áreas Urbanas – Contributos para a Definição de Alternativas ao Modelo Institucional Vigente", in *Território e Administração - Gestão de Grandes Áreas Urbanas*, Actas do Seminário, Lisboa (2001), Fundação para a Ciência e a Tecnologia, pp. 73-89
- PEREIRA DE SOUSA, Fernando António (1979), *A população Portuguesa nos inícios do século XIX*, Porto, (polic.).
- PERROUX, François (1961), *L'économie du XXe siecle,* Paris: Presses Universitaires de France.
- PERROUX, François, *Ensaio sobre A Filosofia do Novo Desenvolvimento*, tradução de L. M. Macaísta Malheiros, (1987), Lisboa: Fundação Calouste Gulbenkien.
- HILIP, Olivier, (2001) "O Préfet" in *Análises e reflexões*, por consulta no site: http://www.france.org.br/abr/imagesdelafrance/prefet.htm.
- PINHO, Paulo (1998), *Regionalização e Ambiente*, Lisboa: Comissão de Apoio à Restruturação do Equipamento e da Administração do Território, MEPAT.
- PINTO, Maria Luís Rocha, "As Tendências Demográficas", in *Portugal 20 anos de Democracia,* (1994), Lisboa: Circulo de Leitores, p. 296-306.
- PINTO, Ricardo Leite & ALMEIDA, José M. Ferreira de (2001), *O Sistema Político-Administrativo Português*, INA.
- PORTAS, Nuno, "A Instituição Metropolitana", in *Cadernos Municipais*, n.º 40/41, Janeiro/Abril 1987. Regionalização, pp. 55-60.
- PORTO, Manuel, "Um Processo Infeliz de «Regionalização» ", in António Barreto (org.), *Regionalização Sim ou Não*, (1998), Lisboa: Publicações Dom Quixote, pp. 231-241.
- QUEIRÓ, Afonso R, Entrada: "Descentralização" in *Dicionário Jurídico da Administração Pública*, Volume III, Director: José Pedro Fernandes, Lisboa: 1990, pp. 569-574.
- QUEIRÓ, Afonso R, Entrada: "Desconcentração" in *Dicionário Jurídico da Administração Pública*, Volume III, Director: José Pedro Fernandes, Lisboa: 1990, pp. 577-582.

- RAMIRES FERNANDES, Manuel, (1996), *A Problemática da Regionalização,* Coimbra: Almedina.
- REBELO DE SOUSA, Marcelo (1999), *Lições de Direito Administrativo*, Lisboa: LEX.
- REIS, José – "Por Uma Cultura do Território: Notas Sobre o Processo de Regionalização (1995-1998) ", *Finisterra – Revista de reflexão e Crítica*, 27/28, Lisboa (1998), A regionalização e o País, pp. 33-47.
- RELVAS, Miguel, no Debate "Descentralizar. Regionalizar. Desconcentrar. Como Fazer?", Lisboa, 9 de Julho de 2003. Consulta em 10.10.2003 ao texto disponível em http://www.margemesquerda.org/egf.htm.
- RAOUX, Alain & TERRENOIRE, Alain (1993), *A Europa e Maastricht Guia - Prático para a Europa de 93*, Lisboa: publicações Dom Quixote.
- RODRíGUEZ ÁLVAREZ, José Manuel, "Presentación", in *GAPP - Gestión y Análisis de Políticas Públicas*, n.º 24, Mayo / Agosto 2002, Madrid: Instituto Nacional de Administración Pública, pp. 3-5.
- RODRIGUES, José Conde, "A Nação Cercada: Crise do Estado-Nação ou Crise da Soberania", in *Finisterra - Revista de reflexão e Crítica*, 27/28, Lisboa (1998), A regionalização e o País, pp. 139-167.
- RUIVO, Fernando "Um Estado Labiríntico: A Propósito das Relações entre o Poder Central e o Poder Local em Portugal", in COSTA, Manuel da Silva & NEVES, J. Pinheiro, Coordenação, (1993), *Autarquias Locais e Desenvolvimento,* Porto: Edições Afrontamento, pp. 39-48.
- RUIVO, Fernando, (2000), *O Estado Labiríntico*, Porto: Edições Afrontamento.
- SÁ GOMES, Nuno (1999), *Manual de Direito Fiscal*, volume I, Lisboa: Editora Rei dos Livros, pp. 277-314 (subsecção VI – Impostos Locais).
- SÁ, Luís (1989), *Regiões Administrativas – O Poder Local que Falta,* Lisboa: Editorial Caminho, SA.
- SÁ, Luís (1994), *As Regiões, a Europa e a «Coesão Económica e Social»,* Lisboa: Edições Cosmos.
- SÁ, Luís, "Regionalização: conceito, «modelos» e processo institucional" In *PODER LOCAL - revista de administração democrática*, n.º 128 (Setembro de 1996).

- SÁ, Luís, "Modelos Políticos de Regionalização: Sobre os Modelos para Portugal" In *Regionalização e Desenvolvimento*, Forum 2000, Lisboa: I.S.C.S.P. (1996), pp. 27-49.
- SALGADO, Argimiro Rojo (1996), *La Exigencia de Participación Regional en la Unión Europea*, Madrid: Centro de Estudios Constitucionales.
- SANCHES, José Luís Saldanha, "Poderes Tributários do Municípios e Legislação Ordinária", in *Fiscalidade,* n.º 6, Abril 2001, Lisboa: Instituto Superior de Gestão, pp. 117-133.
- SANTOS, António Carlos & GONÇALVES, Maria Eduarda & MARQUES, Maria Manuel Leitão (2001), *Direito Económico*, 4ª edição revista e actualizada, Coimbra: Almedina.
- SANTOS, António Pedro Ribeiro, "A Administração Autárquica no Constitucionalismo Português", in *Estudos em Homenagem a Joaquim M. da Silva Cunha*, (1999), Porto: Fundação Universidade Portucalense Infante D. Henrique, pp. 123-209.
- SANTOS, José António, (1985), *Regionalização Processo Histórico*, Lisboa, Livros Horizonte.
- SANTOS SILVA, A., "A Regionalização Não Ressuscita, o Território Não Morreu", in *Público* – 21 de Dezembro de 2002,
- SARAIVA, José H, "Evolução Histórica dos Municípios Portugueses", Comunicação apresentada na sede do Centro de Estudos Sociais em 07.11.1956, in *Problemas de Administração Local,* (1957) Lisboa: Centro de Estudos Político-Sociais.
- SÉRVULO CORREIA, J. M. (1982), *Noções de Direito Administrativo*, Lisboa: Editora Danúbio.
- SILVA PENEDA, José A. - Entrada: "Descentralização", in *POLIS Enciclopédia Verbo da Sociedade e do Estado 2.* 2ª edição revista e actualizada (1997). Lisboa: Editorial Verbo, pp. 130-134.
- SIMÕES, Jorge Abreu, "Parcerias público-privadas no sector da saúde", in *A Reinvenção da Função Pública*, (2002), Lisboa, Edição INA, pp. 185-207.
- SOUSA FRANCO, António L. (1997), *Finanças Públicas e Direito Financeiro,* Volume I - 4ª Edição – 5ª Reimpressão – Coimbra: Almedina.
- STEFANI, Giorgio, "L`Italie: Compétences et Moyens Financiers des Régions", in *Les Finances Régionales*, Sous la direction de Luc SAÏDJ, (1992), Paris : Economica, pp. 49-57.

- STRAUSS-KAHN, Dominique (2002), *A Chama e a Cinza - O Socialismo, A globalização e a Europa*, 1ª edição portuguesa, Lisboa, Terramar - Editores, Distribuidores e Livreiros, Lda.
- QUEIRÓ, José G. – Entrada: "Administração Regional", in *POLIS Enciclopédia Verbo da Sociedade e do Estado 1*. 2ª edição revista e actualizada (1997). Lisboa: Editorial Verbo, pp. 143-144.
- URETA DOMINGO, Juan Carlos, "La Reforma de la Administración Periférica del Estado como Presupuesto del Estado de Autonomías", in *Organización Territorial del Estado (Comunidades Autónomas)*, volumen IV, Madrid (1984), Instituto de Estudios Fiscales, pp. 3099-3145.
- VANDELLI, Luciano (1991), *Pouvoirs Locaux,* (Traduit de l'talien par Mariangela Portelli du livre publié par Il Mulino, Bologne, Sous le titre Poteri Locali), Paris: Economica.
- VIDIGAL, Luís (1989), *O Municipalismo em Portugal no Século XVIII*, Lisboa: Livros Horizonte.

Outros:

- I Conferência Ibero-Americana de Ministros da Administração Pública e Reforma do Estado, (1999), Lisboa: Departamento de Documentação e Artes Gráficas da DGAP.
- *A Imagem dos Serviços Públicos em Portugal 2001* – Equipa de Missão para a Organização e Funcionamento da Administração do Estado, (Janeiro 2002), Lisboa: MREAP.
- *Cadernos Municipais*, n.º 40/41, Janeiro/Abril 1987, Regionalização. Entrevista conduzida por José Manuel Fernandes a JOSÉ MATTOSO, pp. 9-13.
- Carta Europeia de Autonomia Local. Conselho da Europa. Adoptada e aberta à assinatura em Estrasburgo, a 15 de Outubro de 1985.
- *Consulta Pública sobre a Regionalização – Relatório / Parecer –* Comissão de Administração do Território, Poder Local, Equipamento Social e Ambiente, (1997), Lisboa, Assembleia da República.
- *Descentralização, Regionalização e Reforma Democrática do Estado –* Comissão de Apoio à Reestruturação do Equipamento e da Administração do Território – MEPAT – 2ª Edição (1998).

- JN de 12.02.2004, citando Miguel Cadilhe como moderador numa das sessões da conferência "Porto-Cidade Região", p. 25.
- *LIVRO BRANCO SOBRE A REGIONALIZAÇÃO – Anexos* (1980), Lisboa: Secretaria de Estado da Administração Regional e Local.
- *MUNICÍPIOS & REGIÕES de Portugal*, n.º 5, Outubro de 2003.
- Ofício-Circulado n.º 20059, de 06/02/2002 – DGCI: Direcção de Serviços do IRC.
- Ofício-Circulado n.º 20079, de 14/02/2003 – DGCI: Direcção de Serviços do IRC.
- Ofício-Circulado n.º 20091, de 22/01/2004 – DGCI: Direcção de Serviços do IRC.
- *OS MUNICÍPIOS DA REGIÃO NORTE* (2002), suporte CD, INE, ISBN 972-673-635-8
- *Privatización de Empresas y Descentralización de Servicios Públicos* (1998), Coordenadores: Lourdes Torres / Vicente Pina, Madrid: Ediciones Gráficas Ortega.
- *REGIONALIZAÇÃO - Um Imperativo Nacional e Europeu* (1996), Gabinete da Presidência, Câmara Municipal do Porto.
- *REINVENTAR A ADMINISTRAÇÃO PÚBLICA – DA BUROCRACIA À EFICÁCIA* (1994) Relatório sobre o estado da Administração Pública americana e as opções fundamentais para a sua reforma elaborado sob a direcção do Vice-Presidente Al Gore, Lisboa Quetzal Editores.

Legislação:

Portugal:
- Código Administrativo, Diário do Governo de 31.12.1940.
- Lei n.º 2133, de 20 de Dezembro de 1967.
- Decreto-Lei n.º 48 905, de 11 de Março de 1969
- Decreto-Lei n.º 58/1979, de 29 de Março.
- Decreto-Lei n.º 494/1979, de 21 de Dezembro.
- Decreto-Lei n.º 338/1981, de 10 de Dezembro.
- Resolução do Conselho de Ministros n.º 1/82, *Linhas Gerais do Processo de Regionalização do Continente*, DR I Série n.º 2 de 4.01.1982.

- Decreto-Lei n.º 46/1989, de 15 de Fevereiro.
- Lei n.º 44/1991, de 2 de Agosto – Cria as Áreas Metropolitanas de Lisboa e Porto.
- Lei n.º 56/1991, de 13 de Agosto, Lei quadro das regiões administrativas.
- Resolução da Assembleia da República n.º 16/93, *Constituição de uma comissão para a reforma do ordenamento administrativo do País*, DR I Série n.º 129 de 3.06.1993.
- Lei Constitucional n.º 1/1997, quarta revisão constitucional, DR I Série, n.º 218.
- Lei 19/1998, de 28 de Abril.
- Decreto-Lei n.º 135/1999, de 22 de Abril.
- Decreto-Lei n.º 380/1999, de 22 de Setembro.
- Lei Constitucional n.º 1/2001, quinta revisão constitucional, DR I Série-A, n.º 286.
- Resolução do Conselho de Ministros n.º 162/2001, *Cria uma estrutura de missão,* DR I Série - B n.º 266 de 16.11.2001.
- Decreto-Lei n.º 244/2002, de 5 de Novembro.
- Decreto-Lei n.º 310/2002, de 18 de Dezembro.
- Lei n.º 10/2003, de 13 de Maio
- Lei n.º 11/2003, de 13 de Maio
- Decreto-Lei n.º 104/2003, de 23 de Maio
- Relatório do estudo efectuado pela empresa *Cap Gemini Ernst & Yong* a pedido da Associação de Municípios do Vale do Sousa, no âmbito da preparação da decisão de constituição da ComUrb, Outubro de 2003.
- Decreto-Lei n.º 325/2003, de 29 de Dezembro.
- Resolução do Conselho de Ministros n.º 11/2004, de 22 de Janeiro de 2004, que aprova o mapa «Portugal menos favorecido».

Espanha :
- Ley Orgánica 3/1979, de 18 de diciembre, de Estatuto de Autonomía para el País Vasco.
- Ley Orgánica 4/1979, de 18 de diciembre, de Estatuto de Autonomía de Cataluña.
- Ley Orgánica 8/1980, de 22 de septiembre, de Financiación de las Comunidades Autónomas.

- Ley Orgánica 1/1981, de 6 de abril, por la que se aprueba el Estatuto de Autonomía de Galicia.
- Ley Orgánica 5/1982 de 1 de julio, de Estatuto de Autonomía de la Comunidade Valenciana
- Ley Orgánica 6/1981, de 30 de diciembre, de Estatuto de Autonomía para Andalucía.
- Ley Orgánica 8/1982, de 10 de agosto, de Estatuto de Autonomía de Aragón
- Ley Orgánica 10/1982, de 10 de agosto, de Estatuto de Autonomía de Canarias
- Ley Orgánica 13/1982, de 10 de agosto, de Reintegración y Amejoramiento del Régimen Foral de Navarra.

França:
- Constituição de 4 Outubro de 1958.
- Código Geral das Colectividades Territoriais.
- Lei nº 92.125, de 6 de Fevereiro de 1992.

Itália:
- Estatuto da Sardenha
- Lei constitucional de 18 Outubro de 2001.
- Lei n.º 142, de 8 de Junho de 1990.

Sítios na Internet:

http://www.amal.pt/
http://www.anmp.pt/
http://www.ces.fr/rapport/
http://www.cyberitalian.com/
http://www.datar.gouv.fr/
http://www.dgcl.interieur.gouv.fr/
http://www.dpp.pt/
http://www.dren.min-edu.pt/
http://www.europa.eu.int/
http://www.france.org.br/

http://www.gipuzkoakultura.net/
http://www.governo.gov.pt/
http://www.igsap.map.es/
http://www.insee.fr/
http://www.interieur.gouv.fr/
http://www.istat.it/
http://www.ladocumentationfrancaise.fr/
http://www.law.cornell.edu/
http://www.legifrance.gouv.fr/
http://www.margemesquerda.org/
http://www.premier-ministre.gouv.fr/
http://www.publico.pt/
http://www.regione.sardegna.it/
http://www.service-public.fr/
http://www.terravista.pt/
http://www.vie-publique.fr/

ANEXOS

A N E X O I – Quadro de Competências, na área do Ambiente, num quadro de regionalização.

A N E X O II – Município de Castelo de Paiva – Assembleia Municipal – Regionalização – Tomada de Posição.

A N E X O III – *"A regionalização para Portugal: um desafio nacional no dobrar do milénio, breves conclusões do encontro nacional promovido pela Associação Nacional de Municípios Portugueses realizado em Loulé Vila Moura, em 12 e 13 de Abril de 1996"*.

A N E X O IV – Atribuições a manter ou a transferir para a ComUrb do Vale do Sousa, por domínio e vertente de intervenção.

ANEXO I

Quadro de Competências, na área do Ambiente, num quadro de regionalização.

	Central	Regional	Local
Ar	*Definição de Política* *Normativo/Regulamentar* *Planeamento* *Licenciamento* *Gestão* *Monitorização* *Inspecção* *Estudos e projectos*	*Planeamento* *Licenciamento* *Gestão* *Monitorização* *Fiscalização* *Estudos e projectos*	*Planeamento* *Monitorização* *Fiscalização*
Ruído	*Definição de Política* *Normativo/Regulamentar* *Inspecção* *Estudos e projectos*	*Licenciamento* *Gestão* *Monitorização* *Fiscalização* *Estudos e projectos*	*Monitorização* *Fiscalização*
Resíduos	*Definição de Política* *Normativo/Regulamentar* *Planeamento* *Licenciamento* *Gestão* *Monitorização* *Inspecção/Fiscalização* *Estudos e projectos*	*Planeamento* *Licenciamento* *Gestão* *Monitorização* *Fiscalização* *Estudos e projectos*	*Gestão* *Estudos e projectos*
Água	*Definição de Política* *Normativo/Regulamentar* *Planeamento* *Licenciamento* *Gestão* *Monitorização* *Inspecção* *Estudos e projectos*	*Planeamento* *Licenciamento* *Gestão* *Monitorização* *Fiscalização* *Estudos e projectos*	*Gestão* *Fiscalização* *Estudos e projectos*

	Central	**Regional**	**Local**
Ar	*Definição de Política* *Normativo/Regulamentar* *Planeamento* *Licenciamento* *Gestão* *Monitorização* *Inspecção* *Estudos e projectos*	*Planeamento* *Licenciamento* *Gestão* *Monitorização* *Fiscalização* *Estudos e projectos*	*Planeamento* *Monitorização* *Fiscalização*
Ruído	*Definição de Política* *Normativo/Regulamentar* *Inspecção* *Estudos e projectos*	*Licenciamento* *Gestão* *Monitorização* *Fiscalização* *Estudos e projectos*	*Monitorização* *Fiscalização*
Resíduos	*Definição de Política* *Normativo/Regulamentar* *Planeamento* *Licenciamento* *Gestão* *Monitorização* *Inspecção/Fiscalização* *Estudos e projectos*	*Planeamento* *Licenciamento* *Gestão* *Monitorização* *Fiscalização* *Estudos e projectos*	*Gestão* *Estudos e projectos*
Água	*Definição de Política* *Normativo/Regulamentar* *Planeamento* *Licenciamento* *Gestão* *Monitorização* *Inspecção* *Estudos e projectos*	*Planeamento* *Licenciamento* *Gestão* *Monitorização* *Fiscalização* *Estudos e projectos*	*Gestão* *Fiscalização* *Estudos e projectos*

ANEXO II

MUNICÍPIO DE CASTELO DE PAIVA
ASSEMBLEIA MUNICIPAL

REGIONALIZACÃO – TOMADA DE POSIÇÃO

No âmbito da consulta pública prevista na deliberação n.º 12-PL/96 de 2 de Maio de 1996, solicitada pela Assembleia da República, através da Comissão de Administração do Território, Poder Local, Equipamento Social e Ambiente, em relação aos projectos de Lei N.º 49/VII, 94/VII, 136/VII, 143/VII e 144/VII, sobre as Regiões Administrativas, publicados na separata n.º 11/VII do Diário da Assembleia da República de 21 de Maio de 1996, a Assembleia Municipal de Castelo de Paiva, reunida em sessão ordinária no dia 4 de Outubro de 1996, toma a seguinte posição:

1. A Regionalização impõe-se como instrumento necessário e inadiável para a reforma do Estado e da Administração Pública e para a promoção do desenvolvimento social, económico e ambiental do país, visando a mobilização das capacidades e potencialidades regionais e a dinamização do investimento público que conduza à correcção das grandes disparidades ou assimetrias inter e intra-regionais.

2. A Regionalização conduzirá também a um aprofundamento da democracia, possibilitando aos cidadãos empenhar-se e participar mais directa e eficazmente na promoção do desenvolvimento regional e na defesa da autonomia municipal.

3. A Regionalização implicara que crescentes parcelas do Poder sejam transferidas da Administração Central para as Regiões, como de resto sucede ao nível dos Municípios e Freguesias, cujo papel decisivo no progresso e na democracia pós-25 de Abril ninguém ousará contestar.

4. A Regionalização garantirá o aproveitamento das potencialidades e dos recursos endógenos das novas áreas geográficas, contribuindo para a redução das disparidades existentes e levando todo o espaço a uma maior coesão social e económica.

5. A Regionalização deve fazer-se num quadro de grande rigor e austeridade financeira que, melhorando a estrutura funcional da Administração Pública, não crie novos custos supérfluos.

6. Nestes pressuposto e tendo em conta:

a) a localização geográfica do Concelho de Castelo de Paiva, (margem esquerda do Rio Douro, confinando com a Área Metropolitana do Porto), e os fortes laços económicos e sociais que o ligam à outra margem daquele Rio;
b) o facto de Castelo de Paiva ser um dos membros da Associação de Municípios do Vale do Sousa, onde mantém relações preferenciais e projectos comuns de desenvolvimento;
c) a pertença de Castelo de Paiva à região demarcada do Vinho Verde, produto de grande peso na economia concelhia;
d) a existência do Porto Fluvial de Sardoura como infra-estrutura fundamental na navegabilidade do Douro, com grande projecção possível na industria turística e noutros desenvolvimentos;
e) a inclusão de Castelo de Paiva na área do PROZED;
f) as ligações efectivas na área da Justiça (Circulo Judicial de

Penafiel), da Educação, da Electricidade, das Telecomunicações, dos Serviços Regionais de Agricultura e, em síntese, integração na área de jurisdição da C.C.R.N.;

g) as expectativas dos Paivenses serem beneficiários de novas estruturas na área da saúde (Centro Hospitalar do Vale do Sousa e Hospitais Centrais do Porto) e na rede de abastecimento de água do Rio Paiva – (que abastecerá todo o grande Porto e será explorada a partir de Castelo de Paiva).

1. A Assembleia Municipal de Castelo de Paiva pronuncia-se a favor da Regionalização, reivindicando para todas as Assembleia Municipais uma intervenção activa na definição final das áreas de cada região;

2. No caso concreto de Castelo de Paiva declara-se desde já a favor da criação de uma Região que integre, à partida, o território da actual da C.C.R.N.

Castelo de Paiva, 4 de Outubro de 1996.

(Aprovado em sessão de 04 de Outubro de 1996)

O Presidente da Assembleia Municipal

ANEXO III

"A regionalização para Portugal: um desafio nacional no dobrar do milénio, breves conclusões do encontro nacional promovido pela Associação Nacional de Municípios Portugueses realizado em Loulé Vila Moura, em 12 e 13 de Abril de 1996".

"A Associação Nacional de Municípios Portugueses entendeu ser especialmente oportuno e necessário promover uma exigente e participada reflexão sobre uma questão primacial para o futuro da nossa vida colectiva: a Regionalização do País.

Tal reflexão fez-se com uma muito ampla participação dos mais responsáveis representantes da nossa vida autárquica, e de muitos responsáveis de diversos e significativos sectores da vida e da actividade da sociedade civil, que gratamente se saúdam.

E igualmente deram a sua significativa presença e a sua participação a esta reflexão os mais altos responsáveis do Governo, com destaque para Suas Excelências o Senhor Primeiro Ministro e o Ministro do Equipamento, do Planeamento e da Administração do Território, presenças que se assinalam como forma de empenhamento da Administração Central, numa causa essencial para a construção do futuro do País.

E no termo desta reflexão, formulam-se as seguintes conclusões gerais:

A1. A Regionalização constitui um necessário e inadiável processo de reforma do Estado e da Administração Publica; uma base insubstituível para a modernização do Estado; e um caminho gerador do progresso, de liberdade e de paz.

A2. A Regionalização constitui um quadro claramente fortalecedor da unidade e da coesão nacionais que são, em si mesmas, um bem inestimável; e que não podem ser postas em causa por qualquer geração de dirigentes políticos.

A3. A Regionalização constitui igualmente um quadro institucional indubitavelmente fortalecedor dos Municípios. O quadro próprio onde o seu peso possa contar de modo real e efectivo, e por via desse quadro fazer ouvir-se, com clareza e com eficácia, a nível nacional.

A4. A Regionalização consistirá, substancialmente, numa efectiva partilha do poder entre a Administração Central, isto é, os órgãos de Governo, e outros poderes, de nível intermédio, as Regiões, situadas entre o primeiro e o escalão local. A Regionalização constituirá o necessário complemento, muitas vezes tentado e sempre adiado, da estrutura administrativa do Pais.

A5. A Regionalização deve constituir, essencialmente um instrumento do desenvolvimento; o instrumento de execução de uma política de desenvolvimento; e de uma política de desenvolvimento regional.

A6. A Regionalização tem por objectivo estratégico primacial a coesão económica e social do espaço nacional e o desenvolvimento global e integrado do Pais. E visa, ainda harmonizar internamente os níveis de bem-estar e de prosperidade material; e encontrar os mecanismos que possam aproveitar e valorizar as energias endógenas, e forçar a redução das disparidades de desenvolvimento.

A7. A Regionalização corresponde, estruturalmente, à vontade de aproximar a Administração dos administrados, e de assegurar uma desejável diversificação àquilo que, de facto, não tem que ser uniforme. E implicará um efectivo chamamento de um maior número de pessoas à vida pública, o que só por si é garante de estabilidade e de consolidação e aprofundamento da própria democracia.

A8. A Regionalização, uma vez institucionalizada, vai marcar, de modo significativo, as próximas gerações. Vai criar um novo quadro de decisão colectiva. E tal circunstância obrigará a que, necessariamente o processo de Regionalização, nas suas várias vertentes e implicações, deva ser suficientemente aprofundado de modo a produzir-se num quadro de fecundidade e de segura consolidação das esperanças que suscita e que contém.

A9. A Regionalização deverá ser dimensionada para que possa dar resposta aos objectivos estratégicos essenciais que nela estão intrinsecamente contidos; e possa ainda constituir-se em força mobilizadora de capacidade criativa e de capacidade de realização, e ser, para cada uma das Regiões a constituir, um vector de afirmação no País, na Europa e no Mundo.

A10. A Regionalização, tendo em conta as profundas e duradouras consequências para o País que necessariamente transporta, justifica um amplo e saudável consenso das forças políticas e sociais, quanto à forma do processo a implementar, e ainda quanto ao respectivo conteúdo. Para obtenção dum tal consenso, é indispensável incentivar e promover um grande e participado debate nacional.

E formulam-se ainda as seguintes conclusões complementares:

B. Quanto ao "Modelo Espacial da Regionalização":

B.1. A Regionalização deverá adequar-se claramente aos objectivos estratégicos essenciais de desenvolvimento económico e social do País, e ser um vector activo da participação operosa dos cidadãos na vida pública.

B.2. A Regionalização deverá estar aberta à consideração no seu "modelo espacial", das realidades e especificidades das Áreas Metropolitanas, muito especialmente quando a respectiva dimensão humana, social e económica o justifiquem.

B.3. A Regionalização deverá estimular a autonomia dos Municípios e o fortalecimento de outros níveis de poder local, tendo em conta, quanto aos primeiros, que se trata de instituições necessárias e úteis, veneráveis no seu espírito, e indiscutivelmente ligadas ao próprio carácter do povo português.

B.4. A Regionalização deverá promover, num quadro de exigência, a modernização da Administração Pública, no objectivo da sua abertura e do seu papel de fomento da participação e da intervenção dos cidadãos.

C. Quanto ao *"Processo Institucional da Regionalização":*
C.1. A Regionalização deve fazer-se num quadro de clara austeridade. O centro das atenções de uma administração moderna é o cidadão comum, e não é, nem deve ser, aquele que detém o poder em qualquer momento, mesmo quando ele for designado, para tal, pela sociedade.
C.2. A Regionalização deve fazer-se ainda num quadro de exigência, que promova o emagrecimento da estrutura funcional da Administração Pública, aliviando-a de um peso excessivo, que tem demasiados custos e cada vez se justifica menos.
C.3. A Regionalização deve traduzir-se no reforço, para níveis progressivamente mais europeus, da capacidade financeira dos Municípios, não só por virtude de novas competências que, saudavelmente, lhes devem ser, e lhes vão ser atribuídas, mas também por virtude de competências que já exercem.
C.4. A Regionalização deve ser institucionalizada em simultâneo para todo o espaço nacional, e deve viabilizar-se, no processo de institucionalização, numa activa participação dos Municípios, mormente nas áreas marginais das Regiões a instituir.

D. Quanto às *"Competências das Regiões":*
D.1. Não devem, rigorosamente ser transferidas para as Regiões a criar, quaisquer funções que assegurem a unidade e a coesão do estado, isto é, não devem ser transferidas para as Regiões a criar, rigorosamente, quaisquer atribuições de soberania.
D.2. As atribuições e competências da regiões a criar resultarão, em regra, de competências e atribuições agora exercidas pela Administração Central, pelo Estado, e só uma procura de escalas pode eventualmente levar a que os Municípios entendam de pôr, ao nível regional, algumas preocupações comuns.
D.3 Tais atribuições e competências poderão ser ordenadas nos seguintes grandes grupos:

a) Desenvolvimento económico e social
b) Fomento da actividade económica e da criação de emprego;
c) Ordenamento do território;
d) Ambiente, recursos hídricos e conservação da natureza;
e) Infra-estruturas viárias e equipamentos;
f) Educação e formação profissional;
g) Saúde;
h) Cultura e património histórico;
i) Desporto e ocupação de tempos livres;
j) Turismo;
l) Abastecimento público;
m) Protecção civil;
n) Apoio técnico aos Municípios.

D.4. O processo de transferências de atribuições e competências deve ser gradativo e temporalizado, isto é, gradual e compassadamente programado. Tudo para que os cidadãos possam sentir as reais vantagens e a clara eficácia de todo o processo de reforma administrativa que se implementou.

D.5. *O princípio geral do processo de Regionalização é integrar mais responsáveis para conduzir o destino colectivo, fazendo-o sempre com graus acrescidos de eficácia e de humanização. A bem do futuro colectivo de Portugal. A bem de todos os portugueses. E a bem dos nossos filhos e dos filhos dos nossos filhos, que vão perpetuar a nossa vontade e o nosso génio que, queremos, vivam um futuro mais digno e mais justo".*

ANEXO IV

Atribuições a manter ou a transferir para a ComUrb do Vale do Sousa, por domínio e vertente de intervenção

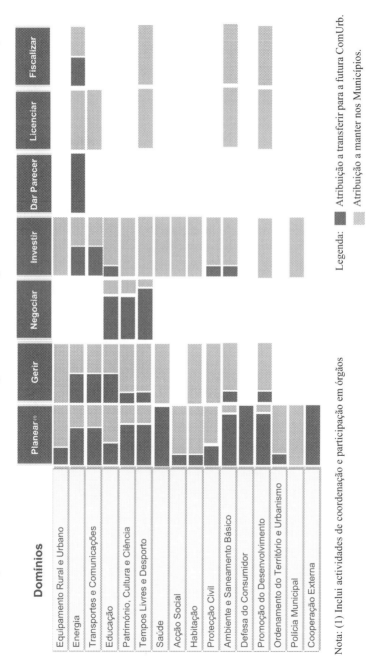